Seoul | Corea

Guida ai ristoranti e ai caffè

redatta da veri abitanti del posto

Cosa mangiare, dove andare e come prenotare

Con il **codice QR** per un'esperienza culinaria senza soluzione di continuità

Coreano | Cinese | Giapponese | Thailandese | Vietnamita | Americano | Italiano
Messicano | Francese | Indiano | Spagnolo | Mediterraneo | Medio Oriente

FANDOM MEDIA

Copyright © 2024 di FANDOM MEDIA

Tutti i diritti riservati. Nessuna parte di questa pubblicazione può essere riprodotta, distribuita o trasmessa in qualsiasi forma o con qualsiasi mezzo, comprese fotocopie, registrazioni o altri metodi elettronici o meccanici, senza il previo consenso scritto dell'editore, tranne nel caso di brevi citazioni contenute in recensioni critiche e di alcuni altri usi non commerciali consentiti dalla legge sul copyright.

Per le richieste di autorizzazione, contattateci a:

marketing@newampersand.com

ISBN 979-11-93438-21-3

Guida alle regioni di Seoul

Fiume Hangang

- Dobong-gu
- Nowon-gu
- Gangbuk-gu
- Eun-pyeong-gu
- Seongbuk-gu
- Jung-nang-gu
- Seo-daemun-gu
- Jongno-gu
- Dong-daemun-gu
- Gangseo-gu
- Mapo-gu
- Jung-gu
- Seong-dong-gu
- Gwangjin-gu
- Gangdong-gu
- Yang-cheong-gu
- Yeong-deungpo-gu
- Yongsan-gu
- Guro-gu
- Dongjak-gu
- Songpa-gu
- Gangnam-gu
- Geum-cheon-gu
- Gwanak-gu
- Seocho-gu

① Apgujeong / Cheongdam / Garosu-gil
압구정 / 청담 / 가로수길

Apgujeong e Cheongdam sono quartieri di lusso rinomati per l'atmosfera elegante, le boutique di alto livello e la dinamica scena gastronomica. Qui i visitatori possono esplorare un'ampia gamma di ristoranti di alto livello che offrono piatti gourmet, caffè chic specializzati in caffè artigianali e sofisticate boutique di dolci che propongono delizie decadenti. Garosu-gil offre una vasta gamma di opzioni gastronomiche, dagli accoglienti bistrot ai ristoranti alla moda, dalle panetterie gourmet alle caffetterie di dolci.

② Seocho / Seorae Village
서초 / 서래마을

Seocho, situata lungo il fiume Hangang e più a sud, offre viste panoramiche e un ambiente rilassato perfetto per le attività all'aperto. I visitatori possono esplorare diversi punti di ristoro, dai caffè sul fiume ai ristoranti che servono barbecue coreano e cucina tradizionale. Le attrazioni vicine, come l'Express Bus Terminal e i grandi magazzini Shinsegae, offrono un'idea del vivace stile di vita e dello shopping di Seoul. Il Seorae Village, noto come il quartiere francese di Seoul, è caratterizzato da strade di ispirazione europea e da un'atmosfera deliziosa. Questo quartiere è un paradiso per gli appassionati di cucina, con panetterie, bistrot e caffè francesi che offrono dolci, crepes e caffè.

③ Hannam-dong / Itaewon
한남동 / 이태원

Hannam-dong è famosa per i suoi ristoranti di alto livello, i caffè chic e i locali specializzati, che attraggono una clientela sofisticata alla ricerca di gusti raffinati e atmosfere eleganti. Itaewon, un dinamico quartiere multiculturale, presenta un'ampia gamma di cucine internazionali, dall'autentico kebab turco agli stuzzicanti tacos messicani, a testimonianza della sua variegata comunità di espatriati e dell'ambiente cosmopolita.

④ Myeong-dong
###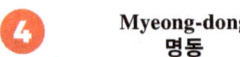

Situato nel cuore di Seoul, Myeongdong è un quartiere vivace e animato, rinomato per lo shopping, l'intrattenimento e le deliziose offerte gastronomiche. Quest'area vivace attira abitanti e turisti con la sua atmosfera vivace e la sua variegata scena culinaria, dalle tradizionali bancarelle di street food coreano ai caffè alla moda che offrono dessert e bevande degni di Instagram, oltre a cucine internazionali.

5 Jongno / Gwanghwamun / Insa-dong
종로 / 광화문 / 인사동

Queste aree costituiscono il cuore pulsante di Seoul, ricco di storia, cultura e specialità culinarie. Presentano punti di riferimento storici come il Palazzo Gyeongbokgung e mercati tradizionali che offrono una panoramica del ricco patrimonio di Seoul. Insa-dong richiama i visitatori con le sue strade animate da case da tè tradizionali, negozi di artigianato e gallerie che espongono arti e mestieri coreani e internazionali. Sono famose per i loro vicoli tortuosi pieni di tesori nascosti, tra cui ristoranti caratteristici, caffè eleganti e bar sotterranei.

6 Samcheong-dong
삼청동

Rinomato per la sua miscela di architettura coreana tradizionale e raffinatezza moderna, questo quartiere storico offre gallerie d'arte, negozi di antiquariato e caffè accoglienti. L'offerta gastronomica spazia dall'autentica cucina coreana servita nelle hanok (case tradizionali coreane) ai caffè alla moda. Qui si può gustare l'autentica cucina coreana nei ristoranti tradizionali annidati all'interno di pittoreschi hanok o optare per una piacevole passeggiata assaggiando i tradizionali spuntini coreani.

7 Seongsu-dong
성수동

Un tempo area industriale, si è trasformata in un quartiere alla moda, che attrae artisti, designer e appassionati di gastronomia. I visitatori possono intraprendere un'avventura culinaria, esplorando caffè artigianali, ristoranti alla moda e ristoranti fusion, oltre a visitare i pop-up store sperimentali di marchi rinomati. La vicina Seoul Forest offre una fuga serena dal trambusto urbano, grazie al verde lussureggiante, ai tranquilli sentieri e alle strutture ricreative che la rendono un rifugio rinfrescante.

8 Hongdae
홍대

Hongdae, abbreviazione dell'area universitaria di Hongik, è un quartiere vivace e rinomato per la sua energia giovanile, l'ambiente artistico e le diverse offerte culinarie. Rifugio di giovani artisti, musicisti e designer, Hongdae pulsa di una dinamica cultura di strada e ospita una miriade di caffè, ristoranti e trattorie, oltre ad accoglienti bistrot che servono cucina internazionale.

9 Yeouido
여의도

Yeouido è un quartiere vivace, celebrato per il suo skyline suggestivo, l'ambiente dinamico e le diverse offerte culinarie. Adagiato lungo lo scenografico fiume Hangang, offre panorami mozzafiato e ampi spazi ricreativi per gli abitanti del luogo e i turisti, con una vasta gamma di luoghi di ristoro, dai caffè caratteristici ai bistrot chic e ai ristoranti di lusso.

10 Jamsil
잠실

Ancorata dall'iconica Lotte Tower e dal vasto complesso Lotte World, che comprende il più grande parco divertimenti al coperto del mondo, Jamsil è un centro vivace per gli abitanti e i turisti.
Il lago di Seokchon ne accresce il fascino, offrendo viste panoramiche e una fuga tranquilla. I visitatori possono godere di una vasta gamma di esperienze culinarie, dagli accoglienti caffè ai ristoranti di lusso, rendendo Jamsil un paradiso gastronomico.

Ristoranti e caffè per regione

1 Apgujeong / Cheongdam / Garosu-gil
압구정 / 청담 / 가로수길

Scansiona l'elenco interattivo su Naver Map!

Fonte: NAVER Map (https://map.navaer.com/)

1 Bong Mil Ga (Gangnam-gu Office Station) 봉밀가 강남구청역 | Naengmyeon - Noodle freddi P. 56
3 Boseulboseul (Filiale principale di Apgujeong) 보슬보슬 압구정본점 | Kimbap P. 89
4 Buvette 부베트 | Francese P. 125
5 Centre Cheongdam 센트레 청담 | Occidentale - Generale P. 135
6 Clap Pizza Cheongdam 클랩피자 청담 | Pizza all'americana P. 114
7 Dae Ryeo Do 대려도 | Cinese - Generale P. 94
8 Dak Euro Ga (Filiale principale di Apgujeong) 닭으로가 압구정 본점 | Dak Galbi - Pollo marinato saltato in padella P. 52

9	Dong Hwa Go Ok (Filiale di Seolleung) 동화고옥 선릉점	Hanjeongsik - Table d'hôte coreano P. 77
10	Dotgogi 506 돝고기506	Samgyeopsal - Grilled Pork	Jeyuk Bokkeum - Maiale piccante saltato in padella P. 55
11	Evett 에빗	Cucina coreana contemporanea P. 83
12	Forest Cheongdam 포레스트 청담	Italiano P. 115
13	Gebang Sikdang 게방식당	Gejang - Granchio crudo marinato P. 64
14	Geumsu Bok-guk (Filiale di Apgujeong) 금수복국 압구정점	Bok-guk - Zuppa di pesce palla P. 43
15	Gudeul 구들	Cucina coreana contemporanea P. 84
16	Homuran (Cheongdam) 호무랑 (청담)	Ramen / Soba / Sushi P. 99
17	Illyang Huoguo 인량훠궈	Cinese - Huogo / Malatang P. 98
18	Jeongsikdang 정식당	Cucina coreana contemporanea P. 84
19	Jeremy Burger 제레미버거	Burger P. 111
20	Jin Jeonbok Samgyetang (Filiale principale) 진전복삼계탕 본점	Samgyetang - Zuppa di pollo al ginseng P. 36
21	JS Garden (Filiale di Apgujeong) JS 가든 압구정점	Cinese - Generale P. 95
22	Kantipur 칸티푸르	Indiano P. 129
23	Kappo Akii (Filiale di Samseong) 갓포아키 삼성점	Sushi / Sashimi / Donburi P. 101
24	Kkanbu Chicken (Filiale di Apgujeong Station) 깐부치킨 압구정역점	Korean Fried Chicken P. 71
25	Little Saigon (Apgujeong Station) 리틀사이공 압구정점	Vietnamita P. 107
26	Menchuru (Filiale di Sinsa) 멘츠루 신사점	Ramen / Soba P. 99
27	Mia Saigon 미아사이공	Vietnamita P. 107
28	Mong Jung Heon (Filiale di Cheongdam) 몽중헌 청담점	Cinese - Dimsum P. 94
29	Mukjeon 묵전	Jeon - Pancake coreano P. 73
30	Mutan (Filiale principale di Apgujeong) 무탄 압구정본점	Cinese - Generale P. 95
31	Namsan Teo (Filiale principale di Cheongdam) 남산골 청담본점	Budaejjigae - Stufato della base militare P. 43
32	ON 오엔	Occidentale - Generale P. 135
33	Pairing Room 페어링룸	Italiano P. 115
34	Passionne 파씨오네	Francese P. 125
35	People The Terrace 피플더테라스	Occidentale - Generale P. 136
36	Pro Ganjang Gejang (Filiale principale di Sinsa) 프로간장게장 신사본점	Gejang - Granchio crudo marinato P. 64
37	Queen's Park (Filiale di Cheongdam) 퀸즈파크 청담점	Occidentale - Generale P. 136
38	Samwon Garden 삼원가든	Korean BBQ P. 50
39	Seobaekja Ganjang Gejang 서백자간장게장	Gejang - Granchio crudo marinato P. 65
40	Sun The Bud 썬더버드	Occidentale - Generale P. 137
41	Sushi Koji 스시코우지	Sushi / Sashimi / Donburi P. 102
42	Teukbyeolhan Obok Susan 특별한오복수산	Sushi / Sashimi / Donburi P. 102
43	Traga 트라가	Spagnolo P. 131
44	Volpino 볼피노	Italiano P. 116
1	Cafe413 Project 카페413 프로젝트	Caffè e dessert P. 143
2	Conte de Tulear 꽁티드툴레아	Caffè e dessert P. 143
3	Dalmatian 달마시안	Caffè e dessert P. 144
4	Yeon Hoe Dawon 연회다원	Tradizionali case da tè coreane P. 159

Bibimbap - Ciotola di riso misto | **Samgyetang** - Zuppa di pollo al ginseng | **Bok-guk** - Zuppa di pesce palla **Budaejjigae** - "Stufato della base militare" **Dak Galbi** - Pollo marinato saltato in padella | **Gejang** - Granchio crudo marinato **Hanjeongsik** - Table d'hôte coreano **Jeon** - Pancake coreano | **Juk** - Porridge | **Kalguksu** - Tagliatelle tagliate a coltello **Kimbap** - Rotolo di riso alle alghe **Miyeok-guk** - Zuppa di alghe | **Naengmyeon** - Noodle freddi **Samgyeopsal** - Pancia di maiale alla griglia **Jeyuk Bokkeum** - Maiale piccante saltato in padella **Seolleong-tang / Gom-tang** - Zuppa di manzo (ossa) **Sundubu Jjigae** - Stufato di tofu morbido

② Seocho / Seorae Village 서초 / 서래마을

Scansiona l'elenco interattivo su Naver Map!

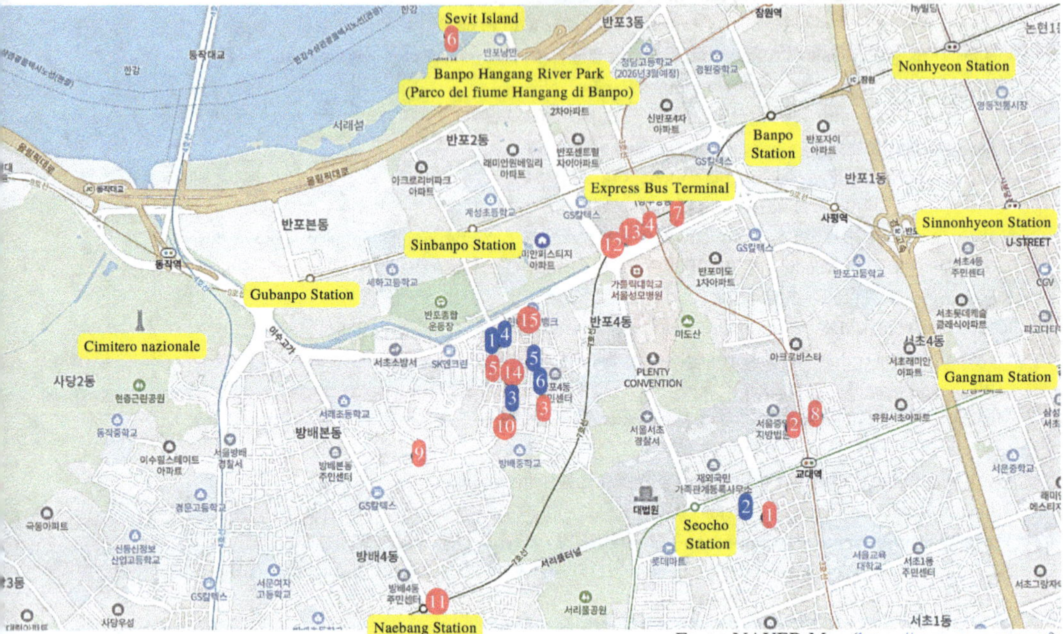

Fonte: NAVER Map (https://map.navaer.com/)

#	
1	Sam Dae Samgye Jang In 3대삼계장인 | Samgyetang - Zuppa di pollo al ginseng **P. 36**
2	Baksikgot 박식곳 | Bibimbap - Ciotola di riso misto **P. 30**
3	Brooklyn The Burger Joint 브루클린 더 버거조인트 | Burger **P. 111**
4	Cha'R (Famille Station) 차알 파미에스테이션점 | Cinese all'americana **P. 93**
5	Cocina España 꼬시나 에스파냐 | Spagnolo **P. 131**
6	Isola Restaurant 이솔라 레스토랑 | Italiano **P. 116**
7	Modern Nullang (Filiale di Central City) 모던눌랑 센트럴시티점 | Cinese - Generale **P. 96**
8	Pujuok 푸주옥 | Seolleong-tang / Gom-tang - Zuppa di manzo (ossa) **P. 45**
9	Seocho Myeon Ok (Filiale principale) 서초면옥 본점 | Naengmyeon - Noodle freddi **P. 56**
10	Seorae Miyeok 서래미역 | Miyeok-guk - Zuppa di alghe **P. 44**
11	Slim Bibimbap (Filiale principale di Bangbae) 슬림비빔밥 방배본점 | Bibimbap - Ciotola di riso misto **P. 30**
12	Sugar Skull (Filiale di Central City) 슈가스컬 센트럴시티점 | Messicano - Tex-Mex **P. 123**
13	Villa de Spicy (Filiale di Famille Station) 빌라드스파이시 파미에스테이션점 | Tteokbokki **P. 89**
14	Woo Cham Pan (Filiale principale di Seorae) 우참판 서래본점 | Korean BBQ **P. 50**
15	Yoon 윤 | Francese **P. 126**

#	
1	Cafe de Lyon (Filiale principale di Seorae) 카페드리옹 서래본점 | Caffè e dessert **P. 144**
2	Cafe Eero 카페 이로 | Caffè e dessert **P. 145**
3	Le Pain Asser 르빵아쎄르 | Caffè e dessert **P. 145**
4	MAILLET | Caffè e dessert **P. 146**
5	Munsell Coffee 먼셀커피 | Caffè e dessert **P. 146**
6	Tea Plant 티플랜트 | Caffè e dessert **P. 147**

③ Hannam-dong / Itaewon 한남동 / 이태원

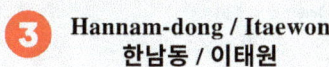 

Scansiona l'elenco interattivo su Naver Map!

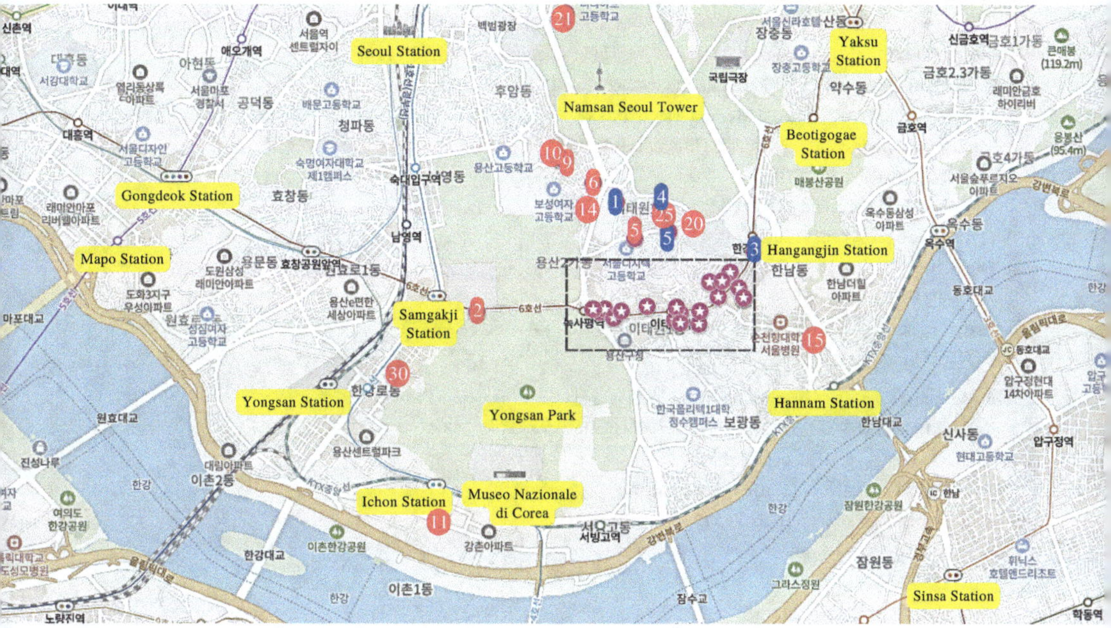

Fonte: NAVER Map (https://map.navaer.com/)

#	
1	Arabesque 아라베스크 | Mediterraneo e Medio Oriente **P. 133**
2	Baecnyun Tojong Samgyetang (Gukbang Garden) 백년토종삼계탕 국방가든 | Samgyetang - Zuppa di pollo al ginseng **P. 37**
3	Buddha's Belly 부다스벨리 | Thailandese **P. 105**
4	Buzza Pizza 부자피자 | Pizza all'italiana **P. 119**
5	Cho Seung Dal 초승달 | Sushi / Sashimi / Donburi **P. 82**
6	CommeMoa 꼼모아 | Francese **P. 126**
7	Coreanos Kitchen 코레아노스키친 | Messicano - Tex-Mex **P. 124**
8	Dubai Restaurant 두바이레스토랑 | Mediterraneo e Medio Oriente **P. 133**
9	H5NG | Cinese all'americana **P. 93**
10	Haebangchon Dak 해방촌닭 | Korean Fried Chicken **P. 71**
11	Han Ppuri Juk (Filiale principale di Ichon) 한뿌리죽 이촌본점 | Juk - Porridge **P. 68**
12	Hannam Myeon Ok 한남면옥 | Naengmyeon - Noodle freddi **P. 57**
13	Il Chiasso 일키아소 | Italiano **P. 117**
14	Jacoby Burger 자코비버거 | Burger **P. 112**
15	Jangjinyeong Ganjang Gejang 장지녕 간장게장 | Gejang - Granchio crudo marinato **P. 65**
16	Jeonji Jeonneung 전지전능 | Jeon - Pancake coreano **P. 74**

| 17 | Kervan Restaurant 케르반 레스토랑 | Mediterraneo e Medio Oriente **P. 134**
| 18 | Kkuing 꾸잉 | Vietnamita **P. 108**
| 19 | La Cruda 라 크루다 | Messicano - Autentico **P. 122**
| 20 | La Cucina 라 쿠치나 | Italiano **P. 117**
| 21 | Mok Myeok Sanbang (Filiale di Namsan Tower) 목멱산방 남산타워점 | Bibimbap - Ciotola di riso misto **P. 31**
| 22 | Motor City (Filiale di Itaewon) 모터시티 이태원점 | Pizza all'americana **P. 114**
| 23 | Oasis Hannam 오아시스 한남 | Occidentale - Generale **P. 137**
| 24 | Petra 페트라 | Mediterraneo e Medio Oriente **P. 134**
| 25 | Saladaeng Embassy 살라댕앰버시 | Thailandese **P. 105**
| 26 | Seo 쎄오 | Francese **P. 127**
| 27 | Sowana 소와나 | Korean BBQ **P. 51**
| 28 | Taji Palace 타지팰리스 | Indiano **P. 129**
| 29 | Tapas Bar 타파스바 | Spagnolo **P. 132**
| 30 | The 100 (Baek) Terrace 더백테라스 | Burger **P. 112**
| 31 | Vatos (Filiale di Itaewon) 바토스 이태원점 | Messicano - Autentico **P. 122**
| 32 | DOTZ | Occidentale - Generale **P. 138**
| 1 | Bo Market (Filiale di Gyeongridan) 보마켓 경리단점 | Caffè e dessert **P. 147**
| 2 | Kervan Bakery & Cafe 케르반베이커리&카페 | Caffè e dessert **P. 148**
| 3 | Passion 5 패션 5 | Caffè e dessert **P. 148**
| 4 | Rain Report 레인리포트 | Caffè e dessert **P. 149**
| 5 | uphill namsan | Caffè e dessert **P. 149**

4 Myeong-dong 명동

Scansiona l'elenco interattivo su Naver Map!

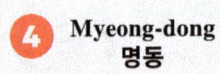

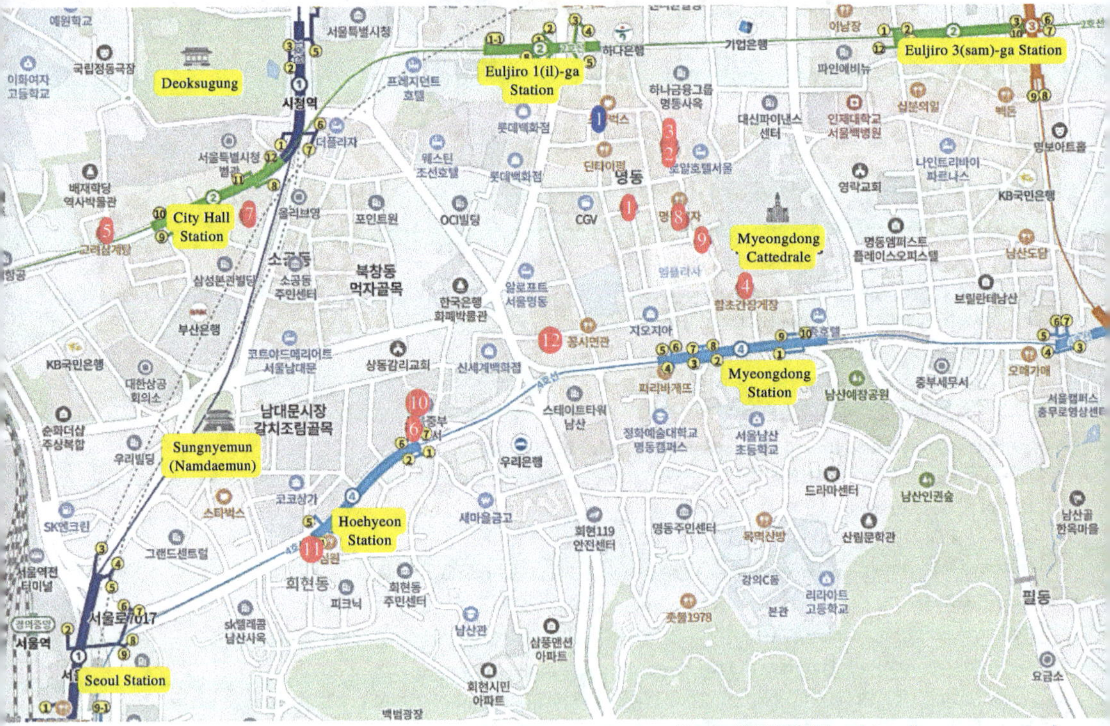

Fonte: NAVER Map (https://map.navaer.com/)

#		
1	Baekje Samgyetang 백제삼계탕	Samgyetang - Zuppa di pollo al ginseng **P. 37**
2	Bonjuk&Bibimbap Cafe (Myeongdong 2a filiale) 본죽&비빔밥cafe 명동 2호점	Bibimbap - Ciotola di riso misto/ Juk - Porridge **P. 31**
3	Hadonggwan 하동관	Seolleong-tang / Gom-tang - Zuppa di manzo (ossa) **P. 45**
4	Hamcho Ganjang Gejang 함초간장게장	Gejang - Granchio crudo marinato **P. 66**
5	Korea Samgyetang 고려삼계탕	Samgyetang - Zuppa di pollo al ginseng **P. 38**
6	L'Amant Secret 라망시크레	Francese **P. 127**
7	Manjok Ohyang Jokbal 만족오향족발	Jokbal - Piedi di maiale **P. 54**
8	Myeongdong Chungmu Kimbap 명동충무김밥	Kimbap **P. 90**
9	Myeongdong Hamheung Myeon Ok (Filiale principale) 명동함흥면옥 본점	Naengmyeon - Noodle freddi **P. 57**
10	Palais de Chine 팔레드신	Cinese - Generale **P. 96**
11	Tong Tong Kimbap (Filiale di Hoehyeon) 통통김밥 회현점	Kimbap **P. 90**
12	Wang Bi Jip (Filiale di Myeongdong Central) 왕비집 명동중앙점	Korean BBQ **P. 51**
1	Seolbing (Filiale di Myeongdong) 설빙 명동점	Caffè coreano e dessert **P. 163**

5 Jongno / Gwanghwamun / Insa-dong
종로 / 광화문 / 인사동

Scansiona l'elenco interattivo su Naver Map!

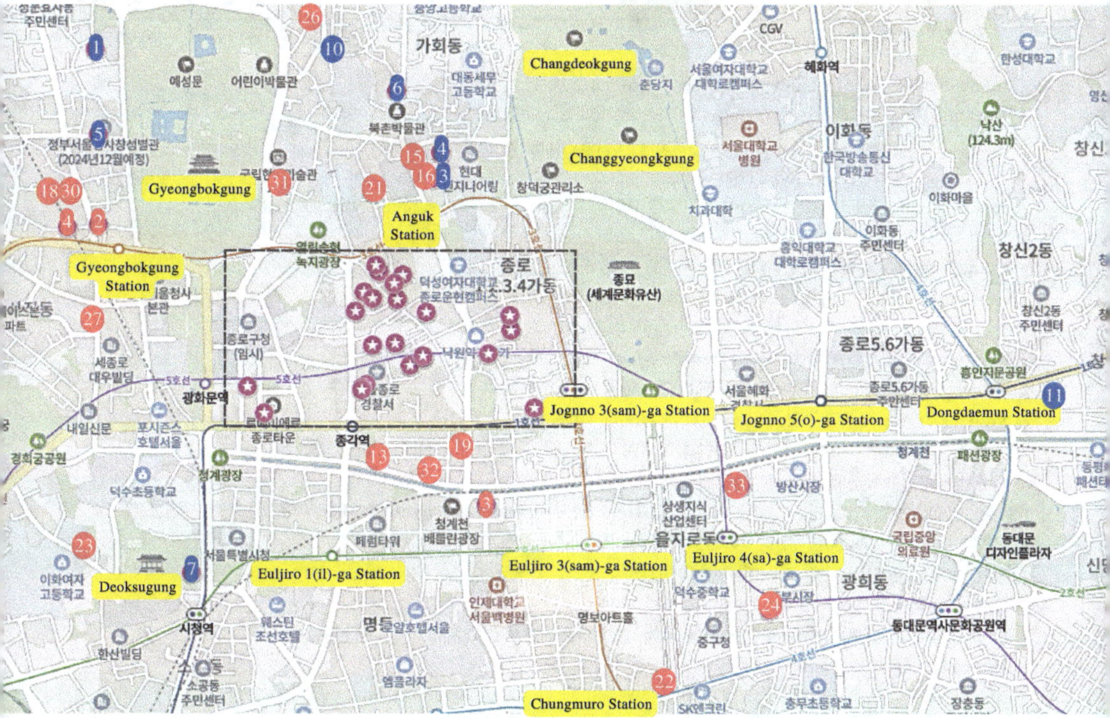

Fonte: NAVER Map (https://map.navaer.com/)

#		
1	Balwoo Gongyang 발우공양	Hanjeongsik - Table d'hôte coreano **P. 77**
2	Bonjuk&Bibimbap Cafe (Filiale di Gyeongbokgung Station) 본죽&비빔밥cafe 경복궁역점	Bibimbap - Ciotola di riso misto / Juk - Porridge **P. 32**
3	Chai797 (Filiale di Euljiro) 차이797 을지로점	Cinese - Generale **P. 97**
4	Chebudong Janchi Jip 체부동잔치집	Jeon - Pancake coreano **P. 74**
5	Chwiyabeol Guksi 취야벌 국시	Kalguksu - Tagliatelle tagliate a coltello **P. 60**
6	El Carnitas (Filiale di Ikseon) 엘까르니따스 익선점	Messicano - Autentico **P. 123**
7	Gam Chon 감촌	Sundubu Jjigae - Stufato di tofu morbido **P. 47**
8	Hanaro Hoegwan 하나로회관	Hanjeongsik - Table d'hôte coreano **P. 78**
9	Imun Seolleongtang 이문설렁탕	Seolleong-tang / Gom-tang - Zuppa di manzo (ossa) **P. 46**

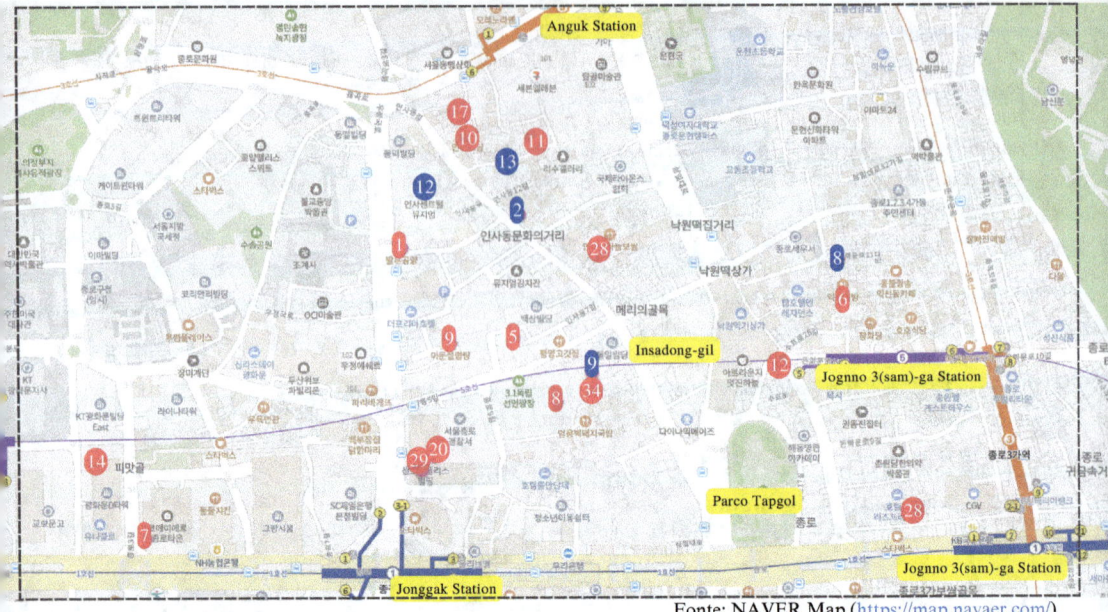

Fonte: NAVER Map (https://map.navaer.com/)

| 10 | Insadodam 인사도담 | Bibimbap - Ciotola di riso misto **P. 32**
| 11 | Insadong Chon 인사동 촌 | Hanjeongsik - Table d'hôte coreano **P. 78**
| 12 | Jang Su Samgyetang 장수삼계탕 | Samgyetang - Zuppa di pollo al ginseng **P. 39**
| 13 | Jongno Samgyetang 종로삼계탕 | Samgyetang - Zuppa di pollo al ginseng **P. 39**
| 14 | Juyu Byeoljang (Filiale di D Tower) 주유별장 D타워점 | Cucina coreana contemporanea **P. 85**
| 15 | Keun Giwa Jip 큰기와집 | Gejang - Granchio crudo marinato **P. 66**
| 16 | Kkang Tong Mandu 깡통만두 | Kalguksu - Tagliatelle tagliate a coltello **P. 61**
| 17 | Kkot Bap E Pida 꽃밥에피다 | Cucina coreana contemporanea **P. 85**
| 18 | Maji 마지 | Hanjeongsik - Table d'hôte coreano **P. 79**
| 19 | Mala Jung Dok 마라중독 | Cinese - Huogo / Malatang **P. 98**
| 20 | Michael By Haevichi 마이클바이해비치 | Italiano **P. 118**
| 21 | Nyahang in Anguk 냐항in안국 | Vietnamita - Bahn Mi **P. 108**
| 22 | Obaltan (Filiale di Chungmuro) 오발탄 충무로점 | Gopchang - Intestini alla griglia **P. 53**
| 23 | Odd House 오드하우스 | Occidentale - Generale **P. 138**
| 24 | Ojangdong Hamheung Naengmyeon 오장동 함흥냉면 | Naengmyeon - Noodle freddi **P. 58**
| 25 | Palpandong Kkoma Gimbap & Toast 팔판동꼬마김밥 앤 토스트 | Kimbap **P. 91**
| 26 | Sabal 사발 | Bibimbap - Ciotola di riso misto **P. 33**
| 27 | San Chon 산촌 | Hanjeongsik - Table d'hôte coreano **P. 79**
| 28 | Simin Sikdang (Filiale principale) 시민식당 본점 | Samgyeopsal - Pancia di maiale alla griglia **P. 55**
| 29 | Soowoon 수운 | Hanjeongsik - Table d'hôte coreano **P. 80**
| 30 | To Sok Chon Samgyetang 토속촌 삼계탕 | Samgyetang - Zuppa di pollo al ginseng **P. 38**
| 31 | The Hanok Which Smith Likes 스미스가좋아하는한옥 | Italiano **P. 118**
| 32 | Jin Joong Uyuk Myeongwan Gwanghwamun 진중 우육면관 광화문 | Cinese - Generale **P. 97**
| 33 | Woo Lae Oak 우래옥 | Naengmyeon - Noodle freddi **P. 58**
| 34 | Yangban Daek 양반댁 | Hanjeongsik - Table d'hôte coreano **P. 80**

| 1 | Archivist 아키비스트 | Caffè e dessert **P. 150**
| 2 | Ddong Cafe 또옹카페 | Caffè e dessert **P. 152**
| 3 | Dotori Garden 도토리가든 | Caffè e dessert **P. 150**
| 4 | Hollow 할로우 | Caffè e dessert **P. 151**
| 5 | onground 온그라운드 | Caffè e dessert **P. 151**
| 6 | Osulloc Tea House (Filiale di Bukchon) 오설록티하우스 북촌점 | Tradizionali case da tè coreane **P. 162**

| 7 | Sarang 사랑 | Tradizionali case da tè coreane P. 161
| 8 | Tteul An 뜰안 | Tradizionali case da tè coreane P. 162
| 9 | Areumdaun Cha Bakmulgwan 아름다운 차 박물관 | Tradizionali case da tè coreane P. 159
| 10 | Cha Masineun Tteul 차 마시는 뜰 | Tradizionali case da tè coreane P. 160
| 11 | Cha Cha Tea Club 차차티클럽 | Tradizionali case da tè coreane P. 160
| 12 | Damccot (Filiale di Annyeong Insadong) 담장옆에국화꽃 안녕인사동점 | Tradizionali case da tè coreane P. 164
| 13 | Hanok Chat Jip 한옥찻집 | Tradizionali case da tè coreane P. 161

6 Samcheong-dong 삼청동

Scansiona l'elenco interattivo su Naver Map!

Fonte: NAVER Map (https://map.navaer.com/)

| 1 | Bukchon Makguksu 북촌막국수 | Kalguksu - Tagliatelle tagliate a coltello P. 61
| 2 | Hwang Saeng Ga Kalguksu 황생가칼국수 | Kalguksu - Tagliatelle tagliate a coltello P. 62
| 3 | Kkul Bapsang 꿀밥상 | Hanjeongsik - Table d'hôte coreano P. 81
| 4 | Siraegi Dameum 시래기담은 | Bibimbap - Ciotola di riso misto P. 33
| 5 | So Seon Jae 소선재 | Hanjeongsik - Table d'hôte coreano P. 81

| 1 | Geoul Hanok Mirror Room 거울한옥 미러룸 | Caffè coreano e dessert P. 164
| 2 | Suyeon Sangbang 수연상방 | Tradizionali case da tè coreane P. 163

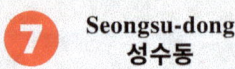 **Seongsu-dong 성수동**

 Scansiona l'elenco interattivo su Naver Map!

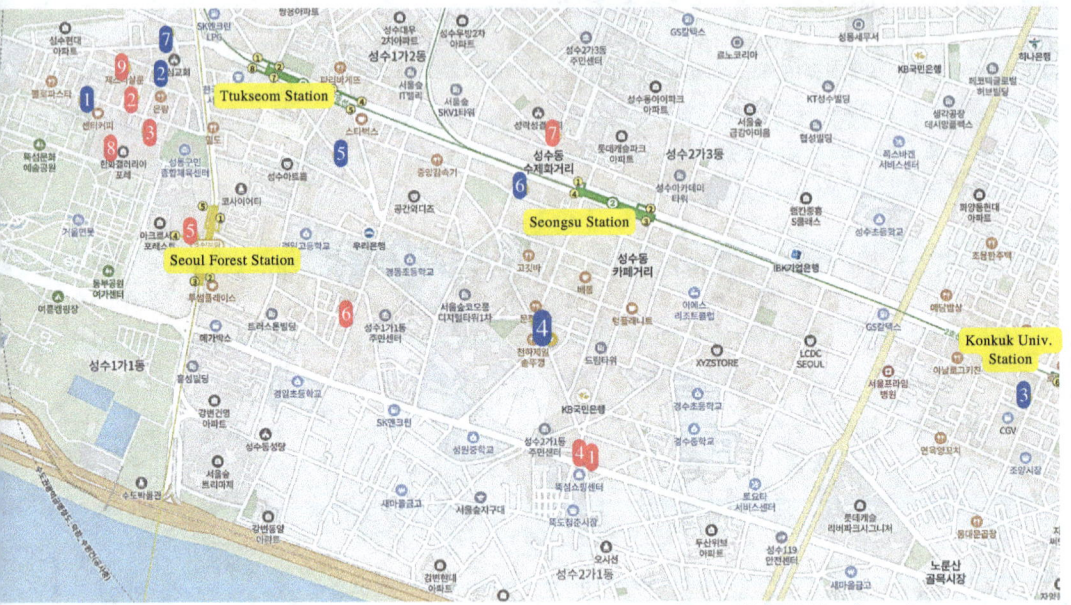

Fonte: NAVER Map (https://map.navaer.com/)

1. Chil Seong Ot Dak 칠성옻닭 | Samgyetang - Zuppa di pollo al ginseng P. 40
2. Daban 다반 | Cucina coreana contemporanea P. 86
3. Halmeoniui Recipe 할머니의 레시피 | Bibimbap - Ciotola di riso misto P. 34
4. Maha Chai (Filiale principale di Seongsu) 마차하이 성수본점 | Thailandese P. 106
5. Maison Pipeground 메종 파이프그라운드 | Occidentale - Generale P. 139
6. Rongmen 롱멘 | Ramen / Soba P. 100
7. Seongsu Jokba 성수족발 | Jokbal - Piedi di maiale P. 54
8. Seouloin (Filiale di Seoul Forest) 서울로인 서울숲점 | Cucina coreana contemporanea P. 86
9. Zesty Saloon Seongsu 제스티살룬 성수 | Burger P. 113
1. Around Day 어라운드데이 | Caffè e dessert P. 152
2. Bontemps (Filiale di Seoul Forest) 봉땅 서울숲점 | Caffè e dessert P. 153
3. Meerkat Jokjang 미어캣족장 | Caffè degli animali P. 141
4. Nudake Seongsu 누데이크 성수 | Caffè e dessert P. 153
5. Pumpkin Pet House 펌킨 펫하우스 | Caffè degli animali P. 141
6. Scene 쎈느 | Caffè e dessert P. 154
7. Seoul Aengmusae 서울앵무새 | Caffè e dessert P. 154

8 Hongdae 홍대

Scansiona l'elenco interattivo su Naver Map!

Fonte: NAVER Map (https://map.navaer.com/)

1	Bebap 비밥 | Bibimbap - Ciotola di riso misto **P. 34**
2	Bibiri 2 비비리2 | Bibimbap - Ciotola di riso misto **P. 35**
3	Chosun Choga Hankki (Filiale di Mapo) 조선초가한끼 마포점 | Hanjeongsik - Table d'hôte coreano **P. 82**
4	Double Play Chicken (Filiale di Hongdae) 더블플레이치킨 홍대점 | Korean Fried Chicken **P. 72**
5	El Bistec 엘비스텍 | Spagnolo **P. 132**
6	Euijeongbu Budaejjigae 의정부 부대찌개 | Budaejjigae - Stufato della base militare **P. 44**
7	Eulmildae Pyeongyang Naengmyeon 을밀대 평양냉면 | Naengmyeon - Noodle freddi **P. 59**
8	Fullinamite 풀리너마이트 홍대 | Burger **P. 113**
9	Ixchel 익스첼 | Messicano - Tex-Mex **P. 124**
10	Janchi Hoegwan 잔치회관 | Jeon - Pancake coreano **P. 75**
11	Jang In Dakgalbi (Filiale di Hongdae) 장인닭갈비 홍대점 | Dak Galbi - Pollo marinato saltato in padella **P. 53**
12	Ok Dong Sik 옥동식 | Seolleong-tang / Gom-tang - Zuppa di manzo (ossa) **P. 46**
13	Oreno Ramen (Filiale principale) 오레노라멘 본점 | Ramen / Soba **P. 100**
14	Osteria Rio 오스테리아 리오 | Italiano **P. 119**
15	Seosan Kkotge 서산 꽃게 | Gejang - Granchio crudo marinato **P. 67**
16	Soi Yeonnam 소이연남 | Vietnamita **P. 109**
17	Spacca Napoli 스파카나폴리 | Pizza all'italiana **P. 120**
18	Swig Vin 스위그뱅 | Occidentale - Generale **P. 139**
19	The Kitchen Asia (Filiale di Hongdae) 더키친아시아 홍대점 | Indiano **P. 130**
20	Yeokjeon Hoegwan 역전회관 | Korean BBQ **P. 52**

1	Ferret World 페럿월드 | Caffè degli animali **P. 142**
2	Miikflo (Filiale di Hongdae) 미크플로 홍대점 | Caffè e dessert **P. 155**
3	Mohssen's Sweets (Filiale principale di Hongdae) 모센즈스웃 홍대본점 | Caffè e dessert **P. 155**
4	Mokhwaci Lounge 목화씨라운지 | Caffè e dessert **P. 156**
5	Roof Cat Me 루프캣미 | Caffè degli animali **P. 142**
6	Sutek 수택 | Caffè e dessert **P. 156**
7	Tailor Coffee (Filiale di Yeonnam) 테일러커피 연남점 | Caffè e dessert **P. 157**
8	the SameE 더세임카페 | Caffè e dessert **P. 157**

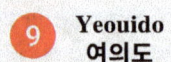 **Yeouido 여의도**

 Scansiona l'elenco interattivo su Naver Map!

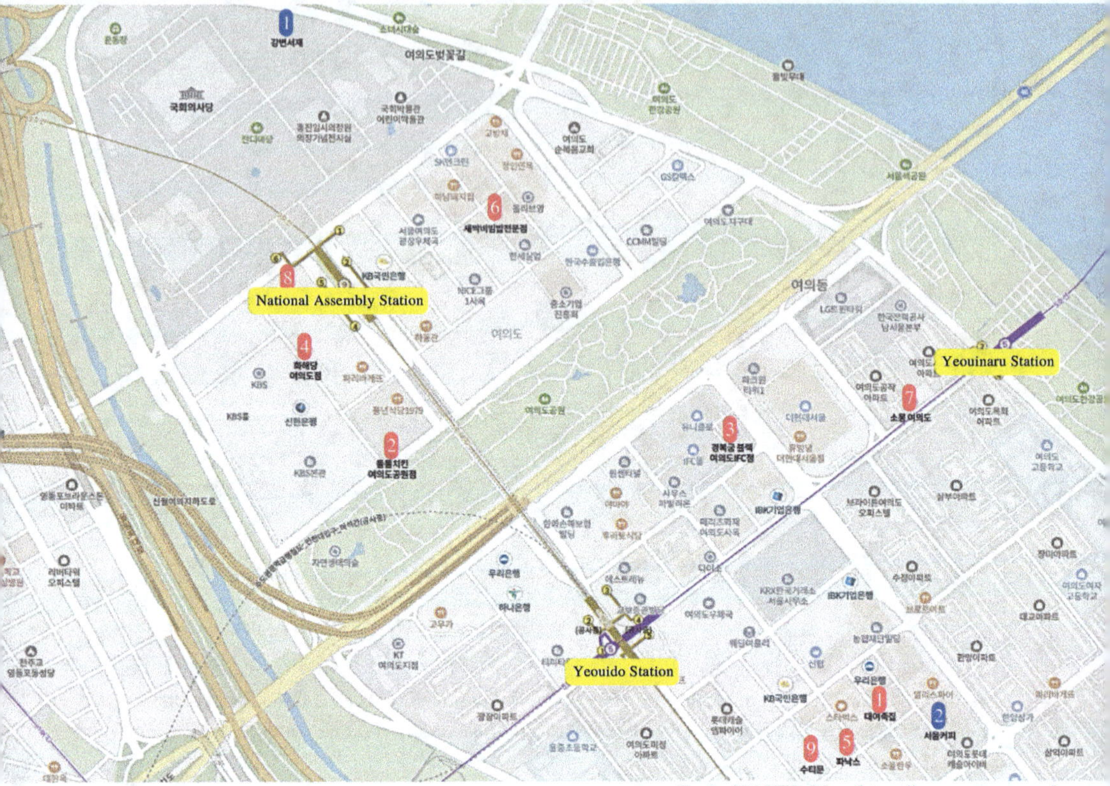

Fonte: NAVER Map (https://map.navaer.com/)

1. Daeyeo Juk Jip 대여죽집 | Juk - Porridge **P. 69**
2. Dul Dul (Two Two) Chicken (Filiale di Yeouido Park) 둘둘치킨 여의도공원점 | Korean Fried Chicken **P. 72**
3. Gyeongbokgung Black (Filiale di Yeouido IFC) 경복궁 블랙 여의도IFC점 | Hanjeongsik - Table d'hôte coreano **P. 82**
4. Hwa Hae Dang (Filiale di Yeouido) 화해당 여의도점 | Gejang - Granchio crudo marinato **P. 67**
5. Panax 파낙스 | Samgyetang - Zuppa di pollo al ginseng **P. 40**
6. Saessak Bibimbap Jeonmunjeom 새싹비빔밥전문점 | Bibimbap - Ciotola di riso misto **P. 35**
7. Somong 소몽 | Ramen / Soba **P. 101**
8. Sushi Miso (Filiale di National Assembly) 스시미소 국회의사당점 | Sushi / Sashimi / Donburi **P. 103**
9. Sutimun 수티문 | Hanjeongsik - Table d'hôte coreano **P. 87**

1. Ganngbyeon Seojae 강변서재 | Caffè e dessert **P. 158**
2. Seoul Coffee 서울커피 | Caffè e dessert **P. 158**

 **Jamsil 잠실**

 Scansiona l'elenco interattivo su Naver Map!

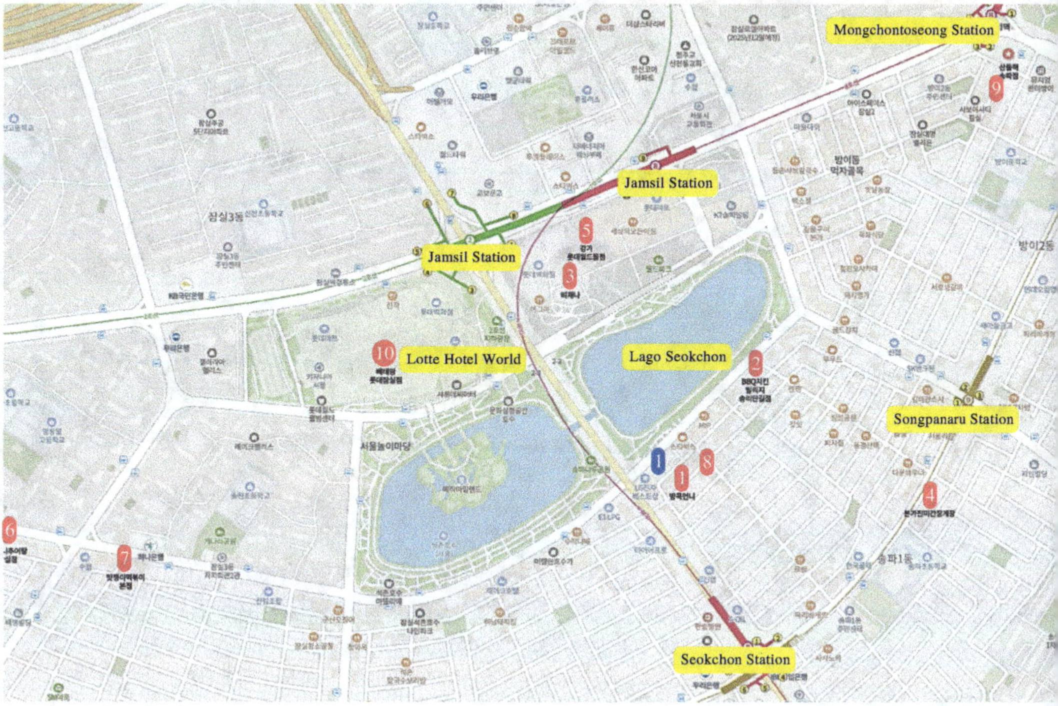

Fonte: NAVER Map (https://map.navaer.com/)

1. Bangkok Eonni 방콕언니 | Thailandese **P. 106**
2. BBQ Chicken Village (Filiale di Songlidan-gi) BBQ치킨 빌리지 송리단길점 | Korean Fried Chicken **P. 73**
3. Bicena 비채나 | Cucina coreana contemporanea **P. 87**
4. Bonga Jinmi Ganjang Gejang 본가진미 간장게장 | Gejang - Granchio crudo marinato **P. 68**
5. Gangga (Filiale di Lotte World Mall) 강가 롯데월드몰점 | Indiano **P. 130**
6. Halmeoni Chueo-tang (Filiale di Jamsil) 할머니추어탕 잠실점 | Chueo-tang - Zuppa di pesce fango **P. 47**
7. Mat Jaeng I Tteokbokki (Filiale principale) 맛쟁이떡볶이 본점 | Tteokbokki **P. 91**
8. Pizzeria Lago 피제리아라고 | Pizza all'italiana **P. 120**
9. Sandlehae (Filiale di Songpa) 산들해 송파점 | Hanjeongsik - Table d'hôte coreano **P. 83**
10. Veteran (Filiale di Lotte Jamsil) 베테랑 롯데잠실점 | Kalguksu - Tagliatelle tagliate a coltello **P. 62**
1. My Seoul Bites 마이서울바이츠 | Korean Dessert **P.165**

Mercati tradizionali coreani e cibo di strada

Visitare i mercati tradizionali coreani offre un assaggio vibrante del patrimonio culinario della Corea e della vivace vita locale. Ogni mercato ha il suo carattere, con file di bancarelle colorate, venditori di prodotti e specialità locali che li rendono mete perfette per i turisti amanti del cibo.

Il mercato di Mangwon 망원시장 offre un tocco più moderno, combinando cibi tradizionali con offerte uniche e di tendenza. Qui si può trovare di tutto, dai classici snack fritti e torte di riso a dolci inventivi che riflettono l'evoluzione della cultura alimentare coreana. È anche un luogo popolare per i prodotti freschi e il cibo di strada, che offre ai visitatori un assaggio del lato giovane e innovativo di Seoul.

Il mercato di Gwangjang 광장시장 è una tappa obbligata per provare l'autentico cibo di strada coreano, come le bindaetteok 빈대떡 (frittelle di fagioli mung), i mayak kimbap 마약김밥 (mini involtini di riso che creano dipendenza). Questo mercato è particolarmente vivace ed è un luogo fantastico per sperimentare le tradizioni alimentari coreane in prima persona, mescolandosi con la gente del posto.

- 광장시장: 서울 종로구 예지동 2-1 **Gwangjang Market**: Jongno-gu Yeji-dong 2-1
- 망원시장: 서울 마포구 포은로6길 27 **Mangwon Market**: Mapo-gu Poeun-ro 6-gil 27
- 노량진 수산시장 서울 동작구 노들로 674 **Noryangjin Fish Market**: Dongjak-gu Nodeul-ro 674

Il mercato del pesce di Noryangjin 노량진수산시장 a Dongjak-gu è uno dei più grandi e famosi mercati del pesce della Corea, noto per la sua vasta selezione di frutti di mare freschi, dal pesce ai crostacei, al polpo e al granchio reale. I visitatori possono scegliere i frutti di mare vivi e farli preparare sul posto in uno dei ristoranti del mercato.

Ristoranti e caffè per tipo

Coreano - Hansik 한식

Bibimbap - Ciotola di riso misto 비빔밥
- 30 Baksikgot 박식곳 | Seocho / Seorae Village
- 30 Slim Bibimbap (Filiale principale di Bangbae) 슬림비빔밥 방배본점 | Seocho / Seorae Village
- 31 Mok Myeok Sanbang (Filiale di Namsan Tower) 목멱산방 남산타워점 | Hannam-dong / Itaewon
- 31 Bonjuk&Bibimbap Cafe (Myeongdong 2a filiale) 본죽&비빔밥cafe 명동 2호점 | Myeong-dong
- 32 Bonjuk&Bibimbap Cafe (Filiale di Gyeongbokgung Station) 본죽&비빔밥cafe 경복궁역점 | Jongno / Gwanghwamun / Insa-dong
- 32 Insadodam 인사도담 | Jongno / Gwanghwamun / Insa-dong
- 33 Sabal 사발 | Jongno / Gwanghwamun / Insa-dong
- 33 Siraegi Dameum 시래기담은 | Samcheong-dong
- 34 Halmeoniui Recipe 할머니의 레시피 | Seongsu-dong
- 34 Bebap 비밥 | Hongdae
- 35 Bibiri 2 비비리2 | Hongdae
- 35 Saessak Bibimbap Jeonmunjeom 새싹비빔밥전문점 | Yeouido

Samgyetang - Zuppa di pollo al ginseng 삼계탕
- 36 Jin Jeonbok Samgyetang (Filiale di Gangnam-gu Office) 진전복삼계탕 강남구청역 | Apgujeong / Cheongdam / Garosu-gil
- 36 Sam Dae Samgye Jang In 3대삼계장인 | Seocho / Seorae Village
- 37 Baecnyun Tojong Samgyetang (Gukbang Garden) 백년토종삼계탕 국방가든 | Hannam-dong / Itaewon
- 37 Baekje Samgyetang 백제삼계탕 | Myeong-dong
- 38 Korea Samgyetang 고려삼계탕 | Myeong-dong
- 38 To Sok Chon Samgyetang 토속촌 삼계탕 | Jongno / Gwanghwamun / Insa-dong
- 39 Jang Su Samgyetang 장수삼계탕 | Jongno / Gwanghwamun / Insa-dong
- 39 Jongno Samgyetang 종로삼계탕 | Jongno / Gwanghwamun / Insa-dong
- 40 Chil Seong Ot Dak 칠성옻닭 | Seongsu-dong
- 40 Panax 파낙스 | Yeouido

Bok-guk - Zuppa di pesce palla 복국
- 43 Geumsu Bok-guk (Filiale di Apgujeong) 금수복국 압구정점 | Apgujeong / Cheongdam / Garosu-gil

Budaejjigae - "Stufato della base militare" 부대찌개
- 43 Namsan Teo (Filiale principale di Cheongdam) 남산터 청담본점 | Apgujeong / Cheongdam / Garosu-gil
- 44 Euijeongbu Budaejjigae 의정부대찌개 | Hongdae

Miyeok-guk - Zuppa di alghe 미역국
- 44 Seorae Miyeok 서래미역 | Seocho / Seorae Village

Seolleong-tang / Gom-tang - Zuppa di manzo (ossa) 설렁탕 / 곰탕
- 45 Pujouk 푸주옥 | Seocho / Seorae Village
- 45 Ha Dong Gwan 하동관 | Myeong-dong
- 46 Imun Seolleongtang 이문설렁탕 | Jongno / Gwanghwamun / Insa-dong
- 46 Ok Dong Sik 옥동식 | Hongdae

Sundubu Jjigae - Stufato di tofu morbido 순두부찌개
- 47 Gam Chon 감촌 | Jongno / Gwanghwamun / Insa-dong

Korean BBQ - Manzo
- 50 Samwon Garden 삼원가든 | Apgujeong / Cheongdam / Garosu-gil
- 50 Woo Cham Pan (Filiale principale di Seorae) 우참판 서래본점 | Seocho / Seorae Village
- 51 Sowana 소와나 | Hannam-dong / Itaewon
- 51 Wang Bi Jip (Filiale di Myeongdong Central) 왕비집 명동중앙점 | Myeong-dong
- 52 Yeokjeon Hoegwan 역전회관 | Hongdae

Korean BBQ - Dak Galbi - Pollo marinato saltato in padella 닭갈비
- 52 Dak Euro Ga (Filiale principale di Apgujeong) 닭으로가 압구정 본점 | Apgujeong / Cheongdam / Garosu-gil
- 53 Jang In Dakgalbi (Filiale di Hongdae) 장인닭갈비 홍대점 | Hongdae

Korean BBQ - Gopchang - Intestini alla griglia 곱창
- 53 Obaltan (Filiale di Chungmuro) 오발탄 충무로점 | Jongno / Gwanghwamun / Insa-dong

Korean BBQ - Jokbal - Piedi di maiale 족발
- 54 Manjok Ohyang Jokbal 만족오향족발 | Myeong-dong
- 54 Seongsu Jokbal 성수족발 | Seongsu-dong

Korean BBQ - Samgyeopsal - Pancia di maiale alla griglia | Jeyuk Bokkeum - Maiale piccante saltato in padella 삼겹살 / 제육볶음
- 55 Dotgogi 506 돝고기506 | Apgujeong / Cheongdam / Garosu-gil
- 55 Simin Sikdang (Filiale principale) 시민식당 본점 | Jongno / Gwanghwamun / Insa-dong

Naengmyeon - Noodle freddi 냉면
- 56 Bong Mil Ga (Gangnam-gu Office Station) 봉밀가 강남구청역점 | Apgujeong / Cheongdam / Garosu-gil
- 56 Seocho Myeon Ok (Filiale principale) 서초면옥 본점 | Seocho / Seorae Village
- 57 Hannam Myeon Ok 한남면옥 | Hannam-dong / Itaewon
- 57 Myeongdong Hamheung Myeon Ok (Filiale principale) 명동함흥면옥 본점 | Myeong-dong
- 58 Ojangdong Hamheung Naengmyeon 오장동 함흥냉면 | Jongno / Gwanghwamun / Insa-dong
- 58 Woo Lae Oak 우래옥 | Jongno / Gwanghwamun / Insa-dong
- 59 Eulmildae Pyeongyang Naengmyeon 을밀대 평양냉면 | Hongdae

Kalguksu - Tagliatelle tagliate a coltello 칼국수
- 60 Chwiyabeol Guksi 취야벌 국시 | Jongno / Gwanghwamun / Insa-dong
- 61 Kkang Tong Mandu 깡통만두 | Jongno / Gwanghwamun / Insa-dong
- 61 Bukchon Makguksu 북촌막국수 | Samcheong-dong
- 62 Hwang Saeng Ga Kalguksu 황생가 칼국수 | Samcheong-dong
- 62 Veteran (Filiale di Lotte Jamsil) 베테랑 롯데잠실점 | Jamsil

Gejang - Granchio crudo marinato 게장
- 64 Pro Ganjang Gejang (Filiale principale di Sinsa) 프로간장게장 신사본점 | Apgujeong / Cheongdam / Garosu-gil
- 64 Gebang Sikdang 게방식당 | Apgujeong / Cheongdam / Garosu-gil
- 65 Seobaekja Ganjang Gejang 서백자간장게장 | Apgujeong / Cheongdam / Garosu-gil
- 65 Jangjinyeong Ganjang Gejang 장지녕 간장게장 | Hannam-dong / Itaewon
- 66 Hamcho Ganjang Gejang 함초 간장게장 | Myeong-dong
- 66 Keun Giwa Jip 큰기와집 | Jongno / Gwanghwamun / Insa-dong
- 67 Seosan Kkotge 서산 꽃게 | Hongdae
- 67 Hwa Hae Dang (Filiale di Yeouido) 화해당 여의도점 | Yeouido
- 68 Bonga Jinmi Ganjang Gejang 본가진미 간장게장 | Jamsil

Juk - Porridge 죽
- 68 Han Ppuri Juk (Filiale principale di Ichon) 한뿌리죽 이촌본점 | Hannam-dong / Itaewon
- 69 Daeyeo Juk Jip 대여죽집 | Yeouido

Korean Fried Chicken
- 71 Kkanbu Chicken (Filiale di Apgujeong Station) 깐부치킨 압구정역점 | Apgujeong / Cheongdam / Garosu-gil
- 71 Haebangchon Dak 해방촌닭 | Hannam-dong / Itaewon
- 72 Double Play Chicken (Filiale di Hongdae) 더블플레이치킨 홍대점 | Hongdae
- 72 Dul Dul (Two Two) Chicken (Filiale di Yeouido Park) 둘둘치킨 여의도공원점 | Yeouido
- 73 BBQ Chicken Village (Filiale di Songlidan-gi) BBQ치킨 빌리지 송리단길점 | Jamsil

Jeon - Pancake coreano 전
- 73 Mukjeon | Apgujeong / Cheongdam / Garosu-gil
- 74 Jeonji Jeonneung | Hannam-dong / Itaewon
- 74 Chebudong Janchi Jip | Jongno / Gwanghwamun / Insa-dong
- 75 Janchi Hoegwan | Hongdae

Hanjeongsik - Table d'hôte coreano 한정식
- 77 Dong Hwa Go Ok 동화고옥 | Apgujeong / Cheongdam / Garosu-gil
- 77 Balwoo Gongyang 발우공양 | Jongno / Gwanghwamun / Insa-dong
- 78 Hanaro Hoegwan 하나로회관 | Jongno / Gwanghwamun / Insa-dong
- 78 Insadong Chon 인사동 촌 | Jongno / Gwanghwamun / Insa-dong
- 79 Maji 마지 | Jongno / Gwanghwamun / Insa-dong
- 79 San Chon 산촌 | Jongno / Gwanghwamun / Insa-dong
- 80 Soowoon | Jongno / Gwanghwamun / Insa-dong
- 80 Yangban Daek 양반댁 | Jongno / Gwanghwamun / Insa-dong
- 81 Kkul Bapsang 꿀밥상 | Samcheong-dong
- 81 So Seon Jae 소선재 | Samcheong-dong
- 82 Chosun Choga Hankki (Filiale di Mapo) 조선초가한끼 마포점 | Hongdae
- 82 Gyeongbokgung Black (Filiale di Yeouido IFC) 경복궁 블랙 여의도IFC점 | Yeouido
- 83 Sandlehae (Filiale di Songpa) 산들해 송파점 | Jamsil

Cucina coreana contemporanea
- 83 Evett 에빗 | Apgujeong / Cheongdam / Garosu-gil
- 84 Gudeul 구들 | Apgujeong / Cheongdam / Garosu-gil
- 84 Jeongsikdang 정식당 | Apgujeong / Cheongdam / Garosu-gil
- 85 Juyu Byeoljang (Filiale di D Tower) 주유별장 디타워점 | Jongno / Gwanghwamun / Insa-dong
- 85 Kkot Bap E Pida 꽃밥에피다 | Jongno / Gwanghwamun / Insa-dong
- 86 Daban 다반 | Seongsu-dong
- 86 Seouloin (Filiale di Seoul Forest) 서울로인 서울숲점 | Seongsu-dong
- 87 Sutimun 수티문 | Yeouido
- 87 Bicena 비체나 | Jamsil

Kimbap 김밥 Tteokbokki 떡볶이 Sundae 순대
- 89 Boseulboseul (Filiale principale di Apgujeong) 보슬보슬 압구정본점 | Apgujeong / Cheongdam / Garosu-gil

	Kimbap 김밥 Tteokbokki 떡볶이 Sundae 순대
89	Villa de Spicy (Filiale di Famille Station) 빌라드스파이시 파미에스테이션점	Seocho / Seorae Village
90	Myeongdong Chungmu Kimbap 명동충무김밥	Myeong-dong
90	Tong Tong Kimbap (Filiale di Hoehyeon) 통통김밥 회현점	Myeong-dong
91	Palpandong Kkoma Gimbap & Toast 팔판동꼬마김밥 앤 토스트	Jongno / Gwanghwamun / Insa-dong
91	Mat Jaeng I Tteokbokki (Filiale principale) 맛쟁이떡볶이 본점	Jamsil

Cinese

Cinese all'americana

93	Cha'R (Famille Station) 차알 파미에스테이션점	Seocho / Seorae Village
93	H5NG	Hannam-dong / Itaewon

Dimsum

94	Mong Jung Heon (Filiale di Cheongdam) 몽중헌 청담점	Apgujeong / Cheongdam / Garosu-gil

Generale

94	Dae Ryeo Do 대려도	Apgujeong / Cheongdam / Garosu-gil
95	JS Garden (Filiale di Apgujeong) JS 가든 압구정점	Apgujeong / Cheongdam / Garosu-gil
95	Mutan (Filiale principale di Apgujeong) 무탄 압구정본점	Apgujeong / Cheongdam / Garosu-gil
96	Modern Nullang (Filiale di Central City) 모던놀랑 센트럴시티점	Seocho / Seorae Village
96	Palais de Chine 팔레드신	Myeong-dong
97	Chai797 (Filiale di Euljiro) 차이797 을지로점	Jongno / Gwanghwamun / Insa-dong
97	Jin Joong Uyuk Myeongwan Gwanghwamun 진중 우육면관 광화문	Jongno / Gwanghwamun / Insa-dong

Huogo / Malatang

98	Illyang Huoguo 인량훠궈	Apgujeong / Cheongdam / Garosu-gil
98	Mala Jung Dok 마라중독	Jongno / Gwanghwamun / Insa-dong

Giapponese

Ramen / Soba

99	Homuran (Cheongdam) 호무랑 (청담)	Apgujeong / Cheongdam / Garosu-gil
99	Menchuru (Filiale di Sinsa) 멘쓰루 신사점	Apgujeong / Cheongdam / Garosu-gil
100	Rongmen 롱멘	Seongsu-dong
100	Oreno Ramen (Filiale principale) 오레노라멘 본점	Hongdae
101	Somong 소몽	Yeouido

Sushi / Sashimi / Donburi

101	Kappo Akii (Filiale di Samseong) 갓포아키 삼성점	Apgujeong / Cheongdam / Garosu-gil
102	Sushi Koji 스시코우지	Apgujeong / Cheongdam / Garosu-gil
102	Teukbyeolhan Obok Susan 특별한 오복수산	Apgujeong / Cheongdam / Garosu-gil
103	Cho Seung Dal 초승달	Hannam-dong / Itaewon
103	Sushi Miso (Filiale di National Assembly) 스시미소 국회의사당점	Yeouido

Thailandese

105	Buddha's Belly 부다스벨리	Hannam-dong / Itaewon
105	Saladaeng Embassy 살라댕앰버시	Hannam-dong / Itaewon
106	Maha Chai (Filiale principale di Seongsu) 마하차이 성수본점	Seongsu-dong
106	Bangkok Eonni 방콕언니	Jamsil

Vietnamita

107	Little Saigon (Apgujeong Station) 리틀사이공 압구정점	Apgujeong / Cheongdam / Garosu-gil
107	Mia Saigon 미아사이공	Apgujeong / Cheongdam / Garosu-gil
108	Kkuing 꾸잉	Hannam-dong / Itaewon
108	Nyahang in Anguk 냐항in안국	Jongno / Gwanghwamun / Insa-dong
109	Soi Yeonnam 소이연남	Hongdae

Americano

Burger

111	Jeremy Burger 제레미버거	Apgujeong / Cheongdam / Garosu-gil
111	Brooklyn The Burger Joint 브루클린 더 버거조인트	Seocho / Seorae Village
112	Jacoby Burger 자코비버거	Hannam-dong / Itaewon
112	The 100(Baek) Terrace 더백테라스	Hannam-dong / Itaewon
113	Zesty Saloon Seongsu 제스티살룬 성수	Seongsu-dong
113	Fullinamite 풀리너마이트 홍대	Hongdae

Pizza all'americana

114	Clap Pizza Cheongdam 클랩피자 청담	Apgujeong / Cheongdam / Garosu-gil
114	Motor City (Filiale di Itaewon) 모터시티 이태원점	Hannam-dong / Itaewon

Italiano

- 115 Forest Cheongdam 포레스트 청담 | Apgujeong / Cheongdam / Garosu-gil
- 115 Pairing Room 페어링룸 | Apgujeong / Cheongdam / Garosu-gil
- 116 Volpino 볼피노 | Apgujeong / Cheongdam / Garosu-gil
- 116 Isola Restaurant 이솔라 레스토랑 | Seocho / Seorae Village
- 117 Il Chiasso 일키아소 | Hannam-dong / Itaewon
- 117 La Cucina 라쿠치나 | Hannam-dong / Itaewon
- 118 Michael By Haevichi 마이클바이해비치 | Jongno / Gwanghwamun / Insa-dong
- 118 The Hanok Which Smith Likes 스미스가좋아하는한옥 | Jongno / Gwanghwamun / Insa-dong
- 119 Osteria Rio 오스테리아 리오 | Hongdae

Pizza all'italiana
- 119 Buzza Pizza 부자피자 | Hannam-dong / Itaewon
- 120 Spacca Napoli 부자피자 | Hongdae
- 120 Pizzeria Lago 피제리아라고 | Jamsil

Messicano

Autentico
- 122 La Cruda 라 크루다 | Hannam-dong / Itaewon
- 122 Vatos (Filiale di Itaewon) 바토스 이태원점 | Hannam-dong / Itaewon
- 123 El Carnitas (Filiale di Ikseon) 엘카르니따스 익선점 | Jongno / Gwanghwamun / Insa-dong

Tex-Mex
- 123 Sugar Skull (Filiale di Central City) 슈가스컬 센트럴시티점 | Seocho / Seorae Village
- 124 Coreanos Kitchen 코레아노스키친 | Hannam-dong / Itaewon
- 124 Ixchel 익스첼 | Hongdae

Francese

- 125 Buvette 부베트 | Apgujeong / Cheongdam / Garosu-gil
- 125 Passionne 파씨오네 | Apgujeong / Cheongdam / Garosu-gil
- 126 Yoon 윤 | Seocho / Seorae Village
- 126 CommeMoa 꼼모아 | Hannam-dong / Itaewon
- 127 Seo 쎄오 | Hannam-dong / Itaewon
- 127 L'Amant Secret 라망시크레 | Myeong-dong

Indiano

- 129 Kantipur 칸티푸르 | Apgujeong / Cheongdam / Garosu-gil
- 129 Taji Palace 타지팰리스 | Hannam-dong / Itaewon
- 130 The Kitchen Asia (Filiale di Hongdae) 더키친아시아 홍대점 | Hongdae
- 130 Gangga (Filiale di Lotte World Mall) 강가 롯데월드몰점 | Jamsil

Spagnolo

- 131 Traga 트라가 | Apgujeong / Cheongdam / Garosu-gil
- 131 Cocina España 꼬시나 에스파냐 | Seocho / Seorae Village
- 132 Tapas Bar 타파스바 | Hannam-dong / Itaewon
- 132 El Bistec 엘비스텍 | Hongdae

Mediterraneo e Medio Oriente

- 133 Arabesque 아라베스크 | Hannam-dong / Itaewon
- 133 Dubai Restaurant 두바이레스토랑 | Hannam-dong / Itaewon
- 134 Kervan Restaurant 케르반 레스토랑 | Hannam-dong / Itaewon
- 134 Petra 페트라 | Hannam-dong / Itaewon

Occidentale - Generale

- 135 Centre Cheongdam 센트레 청담 | Apgujeong / Cheongdam / Garosu-gil
- 135 ON 오엔 | Apgujeong / Cheongdam / Garosu-gil
- 136 People The Terrace 피플더테라스 | Apgujeong / Cheongdam / Garosu-gil
- 136 Queen's Park (Filiale di Cheongdam) 퀸즈파크 청담점 | Apgujeong / Cheongdam / Garosu-gil
- 137 Sun The Bud 썬더버드 | Apgujeong / Cheongdam / Garosu-gil
- 137 Oasis Hannam 오아시스 한남 | Hannam-dong / Itaewon
- 138 DOTZ | Hannam-dong / Itaewon
- 138 Odd House 오드하우스 | Jongno / Gwanghwamun / Insa-dong
- 139 Maison Pipeground 메종 파이프그라운드 | Seongsu-dong
- 139 Swig Vin 스위그뱅 | Hongdae

Caffè degli animali

- 141 Meerkat Jokjang 미어캣족장 | Seongsu-dong
- 141 Pumpkin Pet House 펌킨 펫하우스 | Seongsu-dong
- 142 Ferret World 페럿월드 | Hongdae
- 142 Roof Cat Me 루프캣미 | Hongdae

Caffè e dessert

- 143 Cafe413 Project 카페413 프로젝트 | Apgujeong / Cheongdam / Garosu-gil
- 143 Conte de Tulear 꽁티드툴레아 | Apgujeong / Cheongdam / Garosu-gil
- 144 Dalmatian 달마시안 | Apgujeong / Cheongdam / Garosu-gil
- 144 Cafe de Lyon (Filiale principale di Seorae) 카페드리옹 서래본점 | Seocho / Seorae Village
- 145 Cafe Eero 카페 이로 | Seocho / Seorae Village
- 145 Le Pain Asser 르빵아쎄르 | Seocho / Seorae Village
- 146 MAILLET | Seocho / Seorae Village
- 146 Munsell Coffee 먼셀커피 | Seocho / Seorae Village
- 147 Tea Plant 티플랜트 | Seocho / Seorae Village
- 147 Bo Market (Filiale di Gyeongridan) 보마켓 경리단점 | Hannam-dong / Itaewon
- 148 Kervan Bakery & Cafe 케르반베이커리&카페 | Hannam-dong / Itaewon
- 148 Passion 5 패션 5 | Hannam-dong / Itaewon
- 149 Rain Report 레인리포트 | Hannam-dong / Itaewon
- 149 uphill namsan uphill namsan | Hannam-dong / Itaewon
- 150 Archivist 아키비스트 | Jongno / Gwanghwamun / Insa-dong
- 150 Dotori Garden 도토리가든 | Jongno / Gwanghwamun / Insa-dong
- 151 Hollow 할로우 | Jongno / Gwanghwamun / Insa-dong
- 151 onground 온그라운드 | Jongno / Gwanghwamun / Insa-dong
- 152 Ddong Cafe 또옹카페 | Jongno / Gwanghwamun / Insa-dong
- 152 Around Day 어라운드데이 | Seongsu-dong
- 153 Bontemps (Filiale di Seoul Forest) 봉땅 서울숲점 | Seongsu-dong
- 153 Nudake Seongsu 누데이크 성수 | Seongsu-dong
- 154 Seoul Aengmusae 서울앵무새 | Seongsu-dong
- 154 Scene 쎈느 | Seongsu-dong
- 155 Miikflo (Filiale di Hongdae) 미크플로 홍대점 | Hongdae
- 155 Mohssen's Sweets (Filiale principale di Hongdae) 모센즈스위트 홍대본점 | Hongdae
- 156 Mokhwaci Lounge 목화씨라운지 | Hongdae
- 156 Sutek 수택 | Hongdae
- 157 Tailor Coffee (Filiale di Yeonnam) 테일러커피 연남점 | Hongdae
- 157 the SameE 더세임카페 | Hongdae
- 158 Ganngbyeon Seojae 강변서재 | Yeouido
- 158 Seoul Coffee 서울커피 | Yeouido

Tradizionali case da tè coreane

- 159 Yeon Hoe Dawon 연회다원 | Apgujeong / Cheongdam / Garosu-gil
- 159 Areumdaun Cha Bakmulgwan 아름다운 차 박물관 | Jongno / Gwanghwamun / Insa-dong
- 160 Cha Cha Tea Club 차차티클럽 | Jongno / Gwanghwamun / Insa-dong
- 160 Cha Masineun Tteul 차 마시는 뜰 | Jongno / Gwanghwamun / Insa-dong
- 161 Sarang 사랑 | Jongno / Gwanghwamun / Insa-dong
- 161 Hanok Chat Jip 한옥찻집 | Jongno / Gwanghwamun / Insa-dong
- 162 Osulloc Tea House (Filiale di Bukchon) 오설록티하우스 북촌점 | Jongno / Gwanghwamun / Insa-dong
- 162 Tteul An 뜰안 | Jongno / Gwanghwamun / Insa-dong
- 163 Suyeon Sangbang 수연상방 | Samcheong-dong

Dessert coreano

- 163 Seolbing (Filiale di Myeongdong) 설빙 명동점 | Myeong-dong
- 164 Damccot (Filiale di Annyeong Insadong) 담장옆에국화꽃 안녕인사동점 | Jongno / Gwanghwamun / Insa-dong
- 164 Geoul Hanok Mirror Room 거울한옥 미러룸 | Samcheong-dong
- 165 My Seoul Bites 마이서울바이츠 | Jamsil

AVVISO LEGALE

I ristoranti e i caffè qui elencati sono corretti al momento della stesura del presente documento. Dettagli quali disponibilità, orari di apertura e date di chiusura sono soggetti a modifiche. Consultare i siti web dei ristoranti e delle caffetterie per informazioni aggiornate prima di visitarli. controllare i siti web dei ristoranti e dei caffè per avere informazioni aggiornate prima di visitarli.

Se avete nuove informazioni, vi preghiamo di comunicarcele all'indirizzo editor@newampersand.com in modo da poterle includere nel prossimo aggiornamento. il nostro prossimo aggiornamento. Grazie mille.

NON ANDATE IN COREA SENZA QUESTI LIBRI!

Guida Turistica della Metro di Seul Corea
Come Godersi le 100 Migliori Attrazioni della Città Prendendo Semplicemente la Metro!

Lista della Spesa della Corea
Una Guida Locale a Oltre 150 Cose da Fare Assolutamente a Seul!

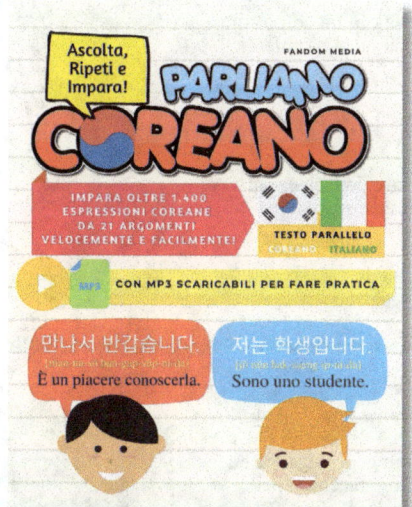

PARLIAMO COREANO
mpara oltre 1.400 Espressioni Coreane da 21 Argomenti Velocemente e Facilmente! Con MP3 Scaricabili Per Fare Pratica

GALATEO COREANO PER MANGIARE E BERE

- Quando si mangia, evitare di chinarsi per annusare il cibo, perché può essere visto come un segno di diffidenza. Anche se il piatto non è familiare, resistete all'impulso di annusarlo.

- Quando si pranza con una persona anziana, lasciare che sia lei a prendere le posate per prima. In un contesto di gruppo, aspettate che la persona più anziana inizi a mangiare prima di voi.

- Mettete la ciotola del riso a sinistra e quella della zuppa a destra. L'inversione di questa disposizione è riservata ai riti ancestrali ed è inappropriata per i pasti normali.

- Usate le bacchette per i contorni e un cucchiaio per il riso e la zuppa. Non sollevate la ciotola del riso, ma lasciatela sul tavolo e prendete il riso con il cucchiaio. Allo stesso modo, usate un cucchiaio per la zuppa piuttosto che bere direttamente dalla ciotola. Bere dalla ciotola è considerato maleducato.

- Non tenere mai il cucchiaio e le bacchette nella stessa mano. Quando si usano le bacchette, prendere il cibo dai piatti laterali con un unico movimento anziché mescolarlo.

- I rutti piccoli e naturali sono generalmente accettabili, ma soffiarsi il naso ad alta voce è scortese. Se dovete soffiarvi il naso, chiedete il permesso e andate in bagno o in un'altra area privata.

- Quando si riceve o si dà da bere a una persona anziana, usare entrambe le mani, oppure tenere il bicchiere con la mano destra e sostenere il polso con la sinistra. Con una persona più giovane o della stessa età, si può usare una sola mano.

- Se è il primo incontro e state usando un linguaggio formale, usate entrambe le mani finché non vi avvicinate.

- Riempite i bicchieri degli altri, ma aspettate che siano completamente vuoti.

- Quando si beve con una persona anziana, voltarsi e usare entrambe le mani. Se siete seduti tra due persone anziane, giratevi verso quella più giovane.

- Per i bicchieri da shot, è consuetudine finire il primo drink in un colpo solo, ma non è obbligatorio. Se siete i più giovani, fate attenzione ai bicchieri vuoti e versate le bevande.

- Il ricevente prenderà la bottiglia e vi verserà da bere. Se la bottiglia è lontana, concentratevi sulle persone vicine.

- La persona più anziana potrebbe bere per prima e passare il bicchiere in giro. Anche se molti preferiscono evitarlo per motivi di igiene, spesso partecipano per non offendere nessuno.

- Non versare il proprio drink. Si ritiene che porti sfortuna al compagno di bevute, probabilmente per incoraggiare il versamento reciproco.

- Aspettate che la persona più anziana proponga un brindisi o sollevi il bicchiere prima di bere.

- Evitare di bere in tre sorsi, perché ricorda le offerte durante i riti ancestrali.

- Se una persona anziana vi offre un drink, accettatelo con gentilezza anche se non potete berlo. Mettetelo sul tavolo e fate tintinnare i bicchieri per partecipare senza bere davvero.

COSE DA TENERE PRESENTI QUANDO SI MANGIA IN COREA

1. I prezzi dei menu coreani e la loro strategia di marketing

In molti ristoranti e caffè coreani, soprattutto quelli che si rivolgono a un pubblico giovane o che offrono una cucina di tipo occidentale, si possono vedere prezzi come 14,9 anziché 14.900 won. Non si tratta di un errore, ma di una strategia di marketing. Omettendo le ultime due cifre, i prezzi sembrano più bassi, facendo leva sul pregiudizio cognitivo che percepisce i numeri più bassi come più economici. Anche se il costo effettivo è più alto, 14,9 sembra meno caro di 14.900. Ricordate di moltiplicare il prezzo per 1.000 per conoscere il costo reale ed evitare sorprese alla cassa.

2. L'esperienza culinaria coreana: Servizio spaziale e corsi sequenziali

La cultura culinaria coreana differisce in modo significativo dalle pratiche occidentali, in particolare per quanto riguarda la struttura e il servizio dei pasti. Nella cucina tradizionale coreana, non esiste una sequenza rigorosa di portate, come antipasti, secondi e dessert. Al contrario, il pasto viene presentato tutto in una volta, con una varietà di piatti distribuiti sul tavolo contemporaneamente. Questo approccio riflette la natura spaziale della cucina coreana, che si concentra sull'esperienza comune di condividere e gustare più piatti insieme.

Quando si cena in Corea, anche nei ristoranti in stile occidentale, è possibile che i piatti arrivino tutti insieme, il che può essere sorprendente se si è abituati a una sequenza strutturata di portate. Per soddisfare le vostre preferenze, chiedete che i piatti vengano serviti in sequenza: prima gli antipasti, poi i secondi e per ultimi i dessert. In questo modo l'esperienza culinaria sarà in linea con le vostre aspettative e seguirà un formato più familiare e ordinato.

3. Ordinare al ristorante in Corea: un solo menu?

Nei ristoranti coreani è comune che il cameriere dia un solo menu a un gruppo, perché spesso le persone decidono insieme e aspettano che sia il più anziano a ordinare, dato che di solito è lui a pagare. Per rispetto, altri evitano di ordinare i piatti più costosi. Non offendetevi: chiedete altri menu se necessario!

4. Le mance in Corea

In Corea la mancia non è comune. La maggior parte dei ristoranti, dei caffè e dei taxi include il costo del servizio, quindi la mancia non è necessaria. Se ci provate, il personale potrebbe sentirsi in imbarazzo o rifiutare. In alcuni hotel di alto livello o luoghi turistici, le mance possono essere accettate, ma non sono previste o richieste.

5. Come leggere il menu coreano quando non c'è una versione tradotta?

Cenare fuori in Corea può essere difficile se il menu non è nella vostra lingua, ma applicazioni come Google Lens e Papago Lens possono aiutarvi. È possibile scattare una foto del menu per la traduzione o utilizzare la funzione della fotocamera in tempo reale. Google Lens supporta oltre 100 lingue, mentre Papago Lens ne offre 13. Se la traduzione sembra sbagliata, fate un controllo incrociato con l'altra app per verificarne l'accuratezza.

COME PRENOTARE UN RISTORANTE IN COREA

In Corea, due applicazioni popolari per la prenotazione di ristoranti sono Catchtable e Naver. Entrambe sono essenziali per prenotare i ristoranti, soprattutto per i visitatori stranieri. Sebbene alcuni ristoranti siano presenti su entrambe le app, molti sono esclusivi di una di esse, per cui è altamente consigliato avere entrambe le app. Ecco una rapida panoramica.

	Catchtable Global	**Naver**	**Catchtable Korea**
Lingue	Coreano, inglese, giapponese, cinese recensioni dei ristoranti tradotte dal coreano originale)		Coreano
Opzioni di iscrizione	Gmail, ID Apple, indirizzo e-mail	Numero di telefono (numero internazionale accettato) + indirizzo e-mail	Kakao Talk, ID Apple, ID Naver, numero di telefono coreano
Funzioni	Prenotazioni ristoranti, lista d'attesa sul posto	prenotazioni ristoranti, prenotazioni eventi	Prenotazioni ristoranti, lista d'attesa sul posto
Numero coreano richiesto per la prenotazione?	No	No	Si
Metodo di pagamento (per i depositi)	Carta di credito emessa all'estero	Banca/Carta di credito coreana	Banca/Carta di credito coreana
Disponibile presso:			

Per un'esperienza ottimale con Catchtable, scaricate sia l'applicazione globale che quella coreana. Alcuni ristoranti appaiono solo sulla versione coreana (e nemmeno su Naver), e le prenotazioni per questi richiedono un numero di telefono coreano. Se ne avete uno (ad esempio un piano prepagato) o conoscete qualcuno che ce l'ha, vi sarà molto utile. Le interfacce sono identiche ed è possibile utilizzare Google Lens o Papago per tradurre le schermate.

Come creare un account Naver

Naver offre servizi essenziali come mappe, notizie, comunità e prenotazioni di ristoranti ed eventi. Sebbene molte funzioni siano accessibili senza un account, le prenotazioni ne richiedono uno, quindi si consiglia di scaricare l'app Naver e di creare un account prima di visitare la Corea.

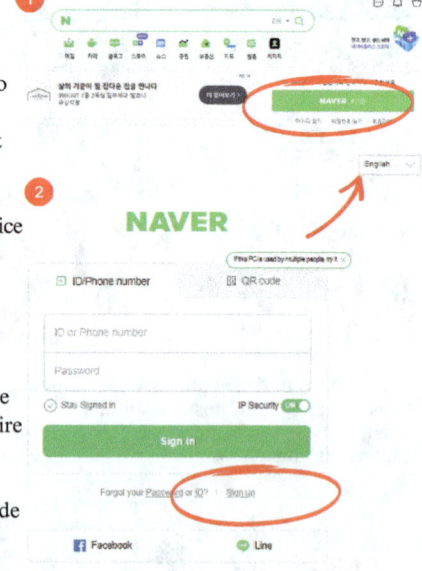

**Un numero di telefono (di qualsiasi paese) per ricevere un codice di verifica.

1. Visitare il sito naver.com su un PC o aprire l'app Naver sul proprio smartphone. Selezionare "NAVER 로그인 (log-in)".

2. Scegliere la lingua (coreano, inglese, giapponese o cinese) e fare clic su "Sign Up (Iscriviti)". Accettare le condizioni, quindi inserire nome, data di nascita ed e-mail.

3. Aggiungete il vostro numero di telefono, fate clic su "Send Code (Invia codice)" e inserite il codice di verifica ricevuto. Una volta verificato, fare clic su "Sign Up (Iscriviti)".

Verifica dell'account Naver (opzionale)

Sebbene l'account Naver dia accesso a molte funzioni, la verifica dell'account è utile perché alcuni ristoranti accettano prenotazioni solo da utenti verificati. Se non si dispone di un documento d'identità e di un numero di telefono coreano, è possibile verificare con un documento d'identità straniero, come un passaporto o una patente di guida.

1. Accedere a Naver.
2. Andare su Info account e selezionare "Edit (Modifica)".
3. Fare clic su "Verify (Verifica)".
4. Scorrere verso il basso, fare clic su "Se hai bisogno di aiuto" e selezionare "Help (Aiuto)".
5. Alla voce "Foreigners (without an alien registration card) ((Stranieri (senza carta di registrazione per stranieri))", compilare il modulo: - Caricare un documento d'identità rilasciato dal governo (ad esempio, passaporto o patente di guida) che mostri solo il nome, la data di nascita e il sesso. Coprire tutti gli altri dettagli sensibili.
6. Invia il modulo Naver esaminerà la tua richiesta e confermerà la verifica via e-mail entro 24 ore.

Questo passaggio facoltativo garantisce l'accesso alle prenotazioni dei ristoranti presso le località aderenti all'iniziativa.

Tradurre il testo coreano sull'app Naver

Quando si utilizza l'app Naver, la maggior parte dei contenuti viene visualizzata in coreano.
Fortunatamente, Naver dispone di una funzione di traduzione incorporata.

1. Aprire l'applicazione Naver e andare alla pagina che si desidera tradurre.
2. Toccare l'icona a doppia barra in basso a destra.
3. Selezionare l'opzione "번역기 실행" (Attiva traduttore).
4. Toccare "번역언어" (Lingua di traduzione) per scegliere la lingua preferita.
5. Scegliere tra inglese (영어), giapponese (일본어), cinese semplificato (중국어 간체) o cinese tradizionale (중국어 번체).

Toccare "번역" (Traduci) e tutto il testo verrà tradotto nella lingua selezionata.

Suggerimento: se si tocca due volte, il testo selezionato visualizzerà il testo originale in coreano.

COREANO/ HANSIK

La cucina coreana, nota come hansik 한식, vanta una ricca storia profondamente radicata nel patrimonio culturale della penisola coreana. Lunga secoli, riflette le origini agricole della regione e le diverse influenze dei Paesi vicini, come la Cina e il Giappone. Una delle sue caratteristiche principali è la fermentazione, una pratica che risale a migliaia di anni fa. Prodotti base come il kimchi, il doenjang 된장 (pasta di soia) e il gochujang 고추장 (pasta di peperoncino rosso) mostrano la complessità dei sapori e i benefici per la salute insiti nella cucina coreana. Un altro aspetto integrante della cucina coreana è il banchan, una tradizione che consiste nel servire vari piccoli contorni accanto al pasto principale. Nata da influenze buddiste durante il periodo dei Tre Regni, questa pratica enfatizza la semplicità e l'equilibrio. Si è evoluta nel tempo, offrendo una vasta gamma di piatti a base di verdure che completano la portata principale e forniscono una moltitudine di sapori, consistenze e sostanze nutritive.

Negli ultimi anni, la cucina coreana ha conosciuto un'impennata di popolarità in tutto il mondo. Fattori come l'aumento dei viaggi internazionali e l'influenza della cultura pop coreana hanno contribuito al suo riconoscimento globale. Piatti iconici come il barbecue coreano, il bibimbap, il kimchi e il bulgogi hanno catturato l'immaginazione degli appassionati di cucina di tutto il mondo. Inoltre, la natura salutista della cucina coreana, con la sua attenzione agli ingredienti freschi e ai cibi fermentati, ha risuonato con i consumatori attenti alla salute. L'armoniosa miscela di sapori, la presentazione vivace e l'esperienza culinaria comune aumentano ulteriormente il suo fascino, consolidando lo status della cucina coreana come protagonista del panorama culinario mondiale.

BIBIMBAP 비빔밥

Il Bibimbap 비빔밥 ("ciotola di riso misto") è un piatto rinomato della cucina coreana, celebrato per la sua saporita combinazione di riso, verdure, pasta di peperoncino (gochujang) e aggiunte facoltative come un uovo fritto o fette di carne tenera, il tutto sapientemente mescolato prima del consumo. Le sue origini sono intrise di tradizione: alcune storie suggeriscono che sia nato dalla pratica di mescolare le offerte rituali in una ciotola, mentre altre propongono che sia stato creato per utilizzare gli avanzi prima del nuovo anno lunare, ottenendo una miscela armoniosa di sapori. Indipendentemente dalle sue origini, il bibimbap è diventato un piatto forte sulle tavole coreane durante le celebrazioni, le stagioni del raccolto e persino i pranzi reali. Jeonju, conosciuta come la capitale culinaria della Corea, eleva il bibimbap a nuove vette con il suo rinomato Bibimbap Festival. Il bibimbap ha superato i confini, guadagnando popolarità in tutto il mondo alla fine del XX secolo. Dalle compagnie aeree che lo offrono come pasto in volo agli aeroporti internazionali che si riempiono del suo aroma invitante, il bibimbap ha catturato i cuori e le papille gustative di persone in tutto il mondo.

Nella maggior parte dei bibimbap, per quanto il riso sia caldo, le verdure rimangono fredde, risultando in un piatto tiepido una volta mescolato il tutto. Il bibimbap di Dolsot (pentola di pietra calda) compensa questa situazione mantenendo l'intero piatto caldo.

Una delle cose migliori del bibimbap dolsot è il nurungji (riso bruciacchiato) croccante che si forma sul fondo della pentola. Sfrigolando nella pentola di pietra calda, aggiunge una consistenza e un sapore deliziosi che si possono gustare dopo aver terminato la parte principale del piatto. Dopo aver finito di mangiare, raschiate il fondo della pentola di pietra per trovare il nurungji e mangiatelo, ma fate attenzione perché potrebbe essere ancora caldo!

Per gustare correttamente il bibimbap, aggiungete la salsa gochujang, che conferisce un sapore piccante e dolce (ma la quantità dipende da voi), e mescolate accuratamente tutti gli ingredienti, come suggerisce il nome! (Non mescolate con la forchetta o le bacchette come se fosse un'insalata). Naturalmente si perderà la bella presentazione colorata degli ingredienti nella ciotola, ma i sapori saranno molto più armoniosi.

SAMGYETANG 삼계탕

Il Samgyetang 삼계탕 ("zuppa di pollo al ginseng") consiste in un pollo giovane intero ripieno di aglio, riso, giuggiole e ginseng, cotto a fuoco lento in un brodo saporito, un intruglio robusto e ricco di benefici per la salute. Originario della dinastia Joseon, era inizialmente conosciuto come Gyesam-tang, che significa "zuppa di pollo al ginseng"; ha subito una trasformazione negli anni '60 con l'avvento della moderna refrigerazione. La tradizionale polvere di ginseng fu sostituita da un pezzo intero di ginseng, dando vita all'iconico samgyetang che conosciamo oggi. I coreani lo gustano durante i giorni più caldi del calendario lunare. I ristoranti specializzati in tutta la Corea hanno perfezionato l'arte del samgyetang, trasformandolo in una sensazione locale. Non stupitevi se vi viene offerta una bottiglietta di vino al ginseng; l'impegno per le esperienze salutari è profondo!

Un mito comune è che non si dovrebbero mangiare i datteri (giuggiole) perché assorbono gli elementi velenosi e i grassi degli ingredienti della zuppa. Sebbene sia vero che i datteri assorbono le proprietà medicinali, gli ingredienti del samgyetang fanno bene, quindi non c'è bisogno di evitarli!

BIBIMBAP 비빔밥

 Seocho / Seorae Village
서초 / 서래마을

Piatti coreani preparati con ingredienti freschi e di qualità

박식곳
Baksikgot

서울 서초구 서초중앙로 151
Seocho-gu Seochojungang-ro 151

Tel : 02-595-3080	**CHIUSO** Do
Prenotazione tel : O	**APERTO** Lu-Sa 10:30-21:00
Da asporto : O	**Ultimo ord :** 20:30
Pren. obbligatoria. : X	**Tempo pausa :** 15:00-16:00

Ambiente: L'interno è spazioso, con tavoli da quattro persone. Sono disponibili anche tavoli da solo.
Menu: Il bibimbap è il piatto principale del pranzo, mentre la cena offre una varietà di antipasti, tra cui hot pot, polpo saltato in padella e pancia di maiale.
Caratteristiche: Ogni tavolo è dotato di una cappa per tenerlo pulito e ogni posto a sedere viene fornito con una bottiglia d'acqua da 500 ml.
Suggerimento: il bibimbap con polpo è il più popolare grazie al polpo grasso e saporito.
Nota: durante l'ora di pranzo potrebbe esserci un po' di attesa.

Voci di menu più popolari

나물비빔밥 Namul (verdure) Bibimbap: 13.000
열무비빔밥 Yeolmu (ravanello giovane) Bibimbap: 13.000
낙지비빔밥 Nakji (polpo) Bibimbap: 13.000

Scelte di bibimbap più sane per chi è attento alle calorie

슬림비빔밥 방배본점
Slim Bibimbap
(Filiale principale di Bangbae)

서울 서초구 서초대로 108, 1층 104호
Seocho-gu Seocho-daero 108
slimbibimbap.co.kr   instagram.com/slim.bbb

Tel : 02-597-0854	**APERTO** Lu-Ve 10:00-20:00
Prenotazione tel : O	Sa, Do 11:00-20:00
Da asporto : O	**Ultimo ord :** 19:30
Pren. obbligatoria. : X	**Tempo pausa :** X

Ambiente: Interni spaziosi con arredamento pulito e dai toni bianchi. Ideale per cene informali.
Menu: Il menu è stato ideato da esperti di cucina coreana e dietologi. Ci sono molte opzioni deliziose ma sane e dietetiche, come lo Slim Bibimbap con cavolfiore, konjac e riso integrale, il Ketogenic Bibimbap con molte uova e il Tofu Yubu Sushi con tofu al posto del riso.
Caratteristiche: È possibile personalizzare il bibimbap con una varietà di erbe e verdure.
Suggerimento: il primo giorno di ogni mese è la giornata dei saldi e offrono sconti.
Nota: è possibile ordinare da asporto e consegnare a domicilio, quindi è consigliabile prendere in considerazione questa opzione se si è in presenza di una grande folla.

Voci di menu più popolari

8색 전주비빔밥 Bibimbap di Jeonju a 8 colori 9.900
돼지 김치찌개 Dwaeji (maiale) Kimchi Jjigae 8.900

3 Hannam-dong / Itaewon
한남동 / 이태원

Un luogo dove gustare il bibimbap in mezzo alla natura

목멱산방 남산타워점
Mokmyeoksangbang
Filiale di Namsan Tower

중구 남산공원길 627
Jung-gu, Namsangongwon-gil 627
instagram.com/m_horaeng

Tel : 0507-1366-1971	**CHIUSO** Chuseok, Seollal
Prenotazione tel : O	**APERTO** Tutti i gg 10:30 - 19:30
Da asporto : Solo bevande	**Ultimo ord :** 18:50
Pren. obbligatoria. : X	**Tempo pausa :** 15:00-16:00

Ambiente - Situato lungo il sentiero della montagna di Namsan, il ristorante si trova in un ambiente naturale ed è ospitato in un edificio tradizionale hanok. Il ristorante dispone di tavoli e sedie in stile contemporaneo, il che può essere comodo per coloro che non si sentono a proprio agio con le sedie a terra in stile coreano, ma deludente per coloro che cercano un'esperienza autentica. Il ristorante ha anche un'atmosfera da fast-food.
Menu - Un'ampia gamma di opzioni di bibimbap, incluse scelte vegane, tutte condite senza additivi chimici.
Caratteristiche - Chioschi self-service.
Suggerimento - Il mini pancake al kimchi, grande quanto un palmo, si abbina meravigliosamente al dolce e rinfrescante shikhye (punch di riso).
Nota - Non è disponibile un parcheggio. Le prenotazioni telefoniche sono difficili; utilizzare la funzione di prenotazione di Naver. Il modo più semplice per trovarlo è salire a piedi dall'ingresso del parco Namsan. Si prevede una camminata di 5 minuti.

Voci di menu più popolari

투뿔한우육회비빔밥 2+ Hanwoo Yukhoe (manzo crudo stagionato) Bibimmbap 14.000
손바닥김치전 Mini Kimchi Jeon (Pancake) 6.000
산방비빔밥 Sanbang Bibimbap 9.000

4 Myeongdong
명동

Un ristorante in franchising specializzato in porridge salutari e bibimbap

본죽&비빔밥cafe 명동 2호점
Bonjuk&Bibimbap Cafe
(Myeongdong 2a filiale)

서울 중구 명동9길 10. 2F
Jung-gu Myeongdong 9-gil 10, 2F
bonif.co.kr/menu/list?brdCd=BF102

Tel : 02-778-3562	**CHIUSO** Do
Prenotazione tel : X	**APERTO** Lu-Ve 09:00-21:00
Da asporto : O	Sa 09:00-15:00
Pren. obbligatoria. : X	**Ultimo ord :** Lu-Ve 20:30
	Sa 14:30
	Tempo pausa : 15:00-16:00

Ambiente: Situato al secondo piano e composto da tavoli per quattro persone.
Menu: Offre una varietà di opzioni di porridge e bibimbap.
Caratteristiche: Viene fornito con tre contorni e dongchimi (kimchi d'acqua di ravanello). Tutti i piatti sono disponibili per l'asporto e si possono apportare modifiche alla salinità, alla dolcezza, alla dimensione dei chicchi di riso e a opzioni come riso integrale o orzo.
Suggerimento: L'aggiunta di formaggio al porridge di polpo al kimchi lo rende meno piccante ed è consigliata.
Nota: durante l'orario di pranzo, il ristorante può essere affollato, quindi il cibo può richiedere un po' di tempo per essere servito.

Voci di menu più popolari

제육볶음비빔밥 Jeyuk Bokeum (Maiale piccante saltato in padella) Bibimbap 12.000
소고기불고기 Sogogi (manzo) Bulgogi Bibimbap 12.000
낙지김치죽 Nakji (Polpo) Porridge di kimchi 11.000
삼계죽 Porridge di Samgye (ginseng e pollo) 12.000

Jongno / Gwanghwamun / Insa-dong
종로 / 광화문 / 인사동

Un luogo dove si possono gustare sia il porridge che il bibimbap

본죽&비빔밥cafe 경복궁역점
Bonjuk&Bibimbap Cafe
(Filiale di Gyeongbokgung Station)

종로구 자하문로2길 1
Jongno-gu Jahamun-ro 2-gil 1
bonif.co.kr/menu/list?brdCd=BF102

Tel : 02-725-6288
Prenotazione tel : X
Da asporto : O
Pren. obbligatoria. : X
APERTO Tutti i gg 09:00-21:00
Ultimo ord : X
Tempo pausa :

Ambiente: Situato vicino al Palazzo Gyeongbokgung. Lo spazio è piccolo ma ha abbastanza tavoli per cenare da soli.
Menu: Offre una varietà di piatti unici a base di porridge e bibimbap.
Caratteristiche: Essendo un ristorante in franchising, la qualità e il servizio sono garantiti.
Suggerimento: provate i piatti stagionali in edizione limitata. È un ottimo posto per un pasto veloce prima o dopo aver visitato Gyeongbokgung.
Nota: sono disponibili opzioni di asporto e consegna, con possibilità di porzionare. Ci sono diverse sedi oltre a questa, quindi scegliete quella che si adatta al vostro itinerario.

Voci di menu più popolari

삼계죽 Samgye Juk (Ginseng e pollo) 12.000
소불고기 비빔밥 So Bulgogi (manzo marinato) Bibimbap 12.000

Un locale tradizionale hanjeongsik con opzioni vegane in un ambiente in stile hanok

인사도담
Insadodam

종로구 인사동16길 5-1
Jongno-gu Insadong 16-gil 5-1
instagram.com/insadodam

Tel : 0507-1365-0141
Prenotazione tel : O
Da asporto : X
Pren. obbligatoria. : X
APERTO Tutti i gg 11:00-22:00
Ultimo ord : 21:00
Tempo pausa : 15:30-17:30

Ambiente: Situato in un vicolo di Insa-dong, presenta interni accoglienti che conservano il fascino tradizionale coreano. Sono presenti elementi d'arredo in stile coreano e una cucina ben curata.
Menu: Offre una varietà di opzioni di bibimbap, completate da piatti saltati in padella e al vapore perfetti per essere condivisi, oltre a un menu fisso.
Caratteristiche: Include una selezione di verdure selvatiche raccolte in montagna, mescolate armoniosamente per un profilo di sapore soddisfacente ed equilibrato. Il condimento è moderato e garantisce un'esperienza culinaria confortevole.
Suggerimenti: Sono disponibili opzioni vegane, e piatti come il prezzemolo d'acqua condito e le costine marinate presentano una deliziosa combinazione agrodolce. Senza tappi di sughero per un massimo di una bottiglia.
Nota: si trova vicino ad attrazioni turistiche, quindi è possibile che ci siano tempi di attesa durante le ore di punta del pranzo nei fine settimana. Un punto di ristoro consigliato durante le visite a Insa-dong.

Voci di menu più popolari

도담비빔밥 Dodam Bibimbap 13.000
메밀전병 Memil Jeonbyeong (frittella di grano saraceno) 16.000
도담갈비찜 Dodam Galbijjim 35.000

Menu fisso 2 Persone 52.000
Menu fisso 3 Persone 77.000
Menu fisso 4 Persone 103.000

5 Jongno / Gwanghwamun / Insa-dong
종로 / 광화문 / 인사동

Un ordinato ristorante fusion coreano vicino al Palazzo Gyeongbokgung

Un locale specializzato in piatti di bibimbap, grigliate e brasati preparati con cura

사발
Sabal

시래기담은
Siraegi Dameum

종로구 사직로8길 34, 142호
Jongno-gu Sajik-ro 8-gil 34, #142
instagram.com/sabal.official

Tel : 0507-1317-4845
Prenotazione tel : O	**APERTO** Tutti i gg 11:30-21:00
Da asporto : O	**Ultimo ord :** 14:15, 20:15
Pren. obbligatoria. : X	**Tempo pausa :** 15:00-17:00

서울 종로구 삼청로 65-2
Jongno-gu Samcheong-ro 65-2
instagram.com/siraegidameun

Tel : 0507-1411-8489
Prenotazione tel : O	**APERTO** Lu,Ma 11:30-14:30
Da asporto : X	Me-Sa 11:30-19:30
Pren. obbligatoria. : O	Do 11:30-19:00
	Ultimo ord : Lu-Ma 14:00
	Me-Sa 19:00
	Do 18:30
	Tempo pausa : 15:00-17:00

Ambiente: Situato all'interno di un porticato di un complesso di appartamenti, l'interno è accogliente con posti a sedere in terrazza nelle giornate più piacevoli. Lo spazio è caratterizzato da toni tenui ed emana un'atmosfera tranquilla e raffinata.
Menu: Si concentra su piatti coreani come la zuppa di noodle a base di pollo, il gomtang di pollo e il bibimbap. È previsto un antipasto di porridge di zucca. Per la dakguksu (zuppa di noodle di pollo), i noodle sono verdi perché contengono clorella.
Caratteristiche: Gli interni e l'illuminazione eleganti lo rendono un luogo popolare per i primi appuntamenti. È possibile acquistare anche le stoviglie.
Suggerimento: il tteokbokki viene preparato personalmente dal proprietario e la sua disponibilità dipende dai suoi orari. Se disponibile, si consiglia di provarlo.
Nota: il complesso può creare confusione, quindi cercate il cartello "SABAL 2008". Non confondetelo con "SABAL 사발주인장", che è un ristorante diverso gestito dallo stesso proprietario. I contorni sono disponibili solo nei giorni feriali e devono essere ordinati con un piatto principale.

Ambiente: Si tratta di un ristorante molto piccolo, con un totale di 14 posti a sedere, di cui due tavoli da 4 e tre tavoli da 2. I gruppi fino a 6 persone possono essere accolti insieme, ma i gruppi di 8 o più persone devono essere seduti separatamente.
Menu: Offrono bibimbap, piatti alla griglia e brasati preparati esclusivamente con ingredienti nazionali. Sono disponibili opzioni vegane.
Caratteristiche: Possibilità di personalizzare il bibimbap in base alle proprie preferenze.
Suggerimento: I set di piatti brasati, che richiedono 10 ore di stagionatura e diversi processi di cottura, sono disponibili solo su prenotazione tramite Naver booking, con pagamento anticipato online.
Nota: i set di piatti alla griglia, bibimbap e pancake possono essere ordinati direttamente al ristorante. Le prenotazioni saranno annullate se si arriva con più di 10 minuti di ritardo.

Voci di menu più popolari

옛날 떡볶이 Yetnal (originale) Tteokbokki 17.000
능이버섯닭곰탕 Neung-i Beoseot Dakgomtang (Zuppa di pollo con funghi neri) 17.000
닭국수 Dakguksu (Spaghetti di pollo) 17.000

Voci di menu più popolari

시래기담은 비빔밥상 Set Bibimbap Siraegi (Verdi di ravanello essiccati): 13.800
돌솥 시래기 육회 비빔밥상 Dolsot Siraegi (cime di ravanello essiccate) Yukhoe (manzo crudo stagionato) Bibimbap Set: 20.800

7 Seongsu-dong 성수동

Un ristorante di hanjeongsik nella via dei caffè della foresta di Seul, a Seongsu-dong

할머니의 레시피
Halmeoniui Recipe

서울 성동구 서울숲2길 44-12
Seongdong-gu Seoulsup 2-gil 44-12
grandmarecipe.modoo.at

Tel : 0507-1429-5101
Prenotazione tel : X APERTO Tutti i gg 11:30-21:10
Da asporto : X Ultimo ord : 15:00, 20:40
Pren. obbligatoria. : X Tempo pausa : 15:30-17:00

Ambiente: Gli interni sofisticati si armonizzano con le decorazioni antiche
Menu: I cinque contorni di base che accompagnano i piatti principali sono deliziosi
Caratteristiche: Il porridge di zucca servito come antipasto è una gemma nascosta!
Suggerimento: assaggiate il bulgogi ai funghi e il bulgogi al gochujjang per 8.000 won durante il pranzo speciale. Il menu fisso Ssambap offre porzioni generose rispetto al prezzo.
Nota: il bulgogi ai funghi e il bulgogi al gochujang sono disponibili al prezzo speciale di 8.000 won se ordinati tra le 11.00 e le 13.00. L'offerta non è disponibile nei fine settimana. Questa offerta non è disponibile nei fine settimana e nei giorni festivi.

Voci di menu più popolari

고추장불고기 Gochujang Bulgogi 8.000
버섯불고기 Beoseot (funghi) Bulgogi 8.000
쌈밥정식 Ssambap (riso avvolto) Jeongsik (set) 15.000

8 Hongdae 홍대

Un ristorante vegano dall'atmosfera moderna specializzato in bibimbap

비밥
Bebap

마포구 홍익로2길 43, 1층 4호
Mapo-gu Hongik-ro 2-gil 43, 1F, #4
bebab.kr   instagram.com/bebab.korea

Tel : 0507-1394-6333 CHIUSO Lu
Prenotazione tel : X APERTO Ma - Do 11:00-20:00
Da asporto : O Ultimo ord : 19:45
Pren. obbligatoria. : X Tempo pausa : —

Ambiente: L'interno alla moda presenta circa quattro tavoli da quattro persone, decorati in giallo e verde. Vi si accede tramite scale, sembra un secondo piano ma in realtà è il piano terra, mentre il negozio al piano inferiore è un seminterrato.
Menu: Offre varie opzioni di bibimbap con diversi condimenti, oltre a pancake e stufati. Sono disponibili numerosi piatti vegani, tra cui un burrito unico in stile coreano con ingredienti tradizionali.
Caratteristiche: I condimenti e i contorni personalizzabili consentono combinazioni personalizzate. La punta di petto di manzo viene servita appena grigliata.
Suggerimento: il set di bibimbap, che comprende bibimbap, mini pancake e stufato, offre un ottimo rapporto qualità-prezzo.
Nota: la salsa gochujang non è molto piccante, quindi è adatta anche a chi non tollera il cibo piccante. La salsa extra è disponibile su richiesta.

Voci di menu più popolari

두부 비빔밥 Bibimbap di tofu 6.500
차돌비빔밥 Chadol (punta di petto di manzo) Bibimbap 9.500

8 Hongdae 홍대

Ricarica illimitata di bibimbap a buffet

비비리2
Bibiri 2

마포구 와우산로23길 48, 지하 1층
Mapo-gu Wausan-ro 23-gil 48, B1

Tel : 0507-1395-3568

Prenotazione tel : X	**APERTO** Tutti i gg 11:30-20:30
Da asporto : X	**Ultimo ord :** 20:15
Pren. obbligatoria. : X	**Tempo pausa :** —

Ambiente: Situato nel sottosuolo, con un'ampia sala e molti tavoli, adatto a riunioni di gruppo.
Menu: Specializzato in bibimbap, dove si scelgono gli ingredienti in base alle proprie preferenze. I tipi di zuppa variano leggermente di volta in volta.
Caratteristiche: Offre opzioni di ramen in tazza e bevande come la cola (esclusa l'acqua) sono disponibili per l'acquisto separato dai distributori automatici. Tutto è self-service, il che lo rende comodo per chi mangia da solo e per i pasti veloci in mezzo agli impegni.
Suggerimento: Lasciando una recensione sui social media si ottiene un drink in omaggio. Le etichette del menu sono disponibili in inglese, giapponese e cinese. La salsa gochujang è piuttosto piccante, quindi si consiglia di aggiungerne la metà.
Nota: 1) Il pagamento si effettua al chiosco e poi si riceve un buono pasto. 2) Dopo aver presentato il buono pasto, si riceve una ciotola. 3) Scegliere gli ingredienti desiderati. 4) Selezionare la salsa. 5) Scegliere i contorni, la zuppa e gli utensili. 6) Sedersi al tavolo preferito per mangiare. 7) Restituire i piatti dopo aver terminato il pasto. *C'è una multa di 2.000 won per il cibo avanzato.

Voci di menu più popolari

Bibimbap illimitato 9.000

9 Yeouido 여의도

Un locale specializzato in bibimbap, in particolare in bibimbap di germogli

새싹비빔밥전문점
Saessak Bibimbap Jeonmunjeom

서울 영등포구 국회대로72길 17
Yeongdeungpo-gu Gukhoe-daero 72-gil 17

Tel : 02-784-7002

Prenotazione tel : O	**CHIUSO** Sa/Festivo
Da asporto : O	**APERTO** Lu-Ve 11:00-21:00
Pren. obbligatoria. : X	**Ultimo ord :** X
	Tempo pausa : 14:30-17:30

Ambiente: Situato al secondo piano con un interno spazioso grazie ai lavori di ampliamento.
Menu: Il bibimbap è il piatto principale a pranzo, mentre la sera viene servito il samgyeopsal.
Caratteristiche: Ogni bibimbap è preparato con una salsa unica, fatta in casa.
Suggerimento: il condimento è piuttosto forte, quindi mescolate prima una piccola quantità, assaggiate e aggiungete altro se necessario.
Nota: il personale può essere molto impegnato durante l'ora di pranzo a causa dell'elevato numero di clienti.

Voci di menu più popolari

소고기돌솥비빔밥 Sogogi (manzo) Dolsot (pietra calda) Bibimbap 10.000
치즈김치돌솥비빔밥 Dolsot di kimchi al formaggio (pietra calda) Bibimbap 10.000
소고기비빔밥 Sogogi (manzo) Bibimbap 9.000

SAMGYETANG 삼계탕

Apgujeong / Cheongdam / Garosu-gil
압구정 / 청담 / 가로수길

Abalone e polpo spediti direttamente dall'isola di Wando

진전복삼계탕 강남구청점
Jin Jeonbok Samgyetang
(Filiale di Gangnam-gu Office)

강남구 선릉로 129길 21, 지하 1층
Gangnam-gu Seolleung-ro 129-gil 21 B1
jirigin.modoo.at

Tel : 02-515-8937
Prenotazione tel : O   **APERTO** Tutti i gg 11:00-21:30
Da asporto : O   **Ultimo ord :** 15:00-16:30
Pren. obbligatoria. : X   **Tempo pausa** 21:10

Ambiente: Un ristorante spazioso con interni di grande effetto decorati con la tradizionale madreperla coreana.
Menu: Questa sede principale del franchising è nota per la sua ricca zuppa di pollo. Oltre al tipico samgyetang, il menu comprende altre opzioni come il pollo intero.
Caratteristiche: Il ristorante offre una varietà di piatti a base di abalone e polpo, entrambi provenienti direttamente dall'isola di Wando.
Suggerimento: si consiglia di provare il riso fritto avvolto nelle alghe di Wando.
Nota: nelle ore di punta è consigliabile l'asporto.

Voci di menu più popolari

전복삼계탕 Jeonbok (Abalone) Samgyetang 20.000
전복버터비빔밥 Jeonbok (Abalone) Butter Bibimbap 14.000
전문튀김 Jeonmun Twigim (specialità di patatine fritte) 18.000

---

② Seocho / Seorae Village
서초 / 서래마을

Un ristorante di specialità samgyetang tramandato da tre generazioni

3대삼계장인
Sam Dae Samgye Jang In

서울 서초구 반포대로28길 56-3
Seocho-gu Banpo-daero 28-gil 56-3
catchtable.co.kr/3dbrz   instagram.com/cangweon9366

Tel : 0507-1465-2294
Prenotazione tel : O   **APERTO** Tutti i gg 10:30-22:00
Da asporto : O   **Ultimo ord :** —
Pren. obbligatoria. : X   **Tempo pausa** : —

Ambiente: Il ristorante espone in modo evidente le erbe medicinali utilizzate per il samgyetang e vanta un interno spazioso.
Menu: Offre il tradizionale samgyetang preparato con erbe medicinali accuratamente selezionate, insieme a un piatto sous-vide chiamato 닭볶음탕 dakbokkeumtang (pollo condito saltato in padella).
Caratteristiche: È possibile personalizzare il Samgyetang scegliendo tra pinoli, fagioli mung o artemisia a seconda delle preferenze.
Suggerimento: il Dakbokkeumtang in salamoia è altamente raccomandato, ma il numero di porzioni disponibili ogni giorno è limitato.
Nota: l'ora di pranzo è sempre affollata, quindi è consigliabile arrivare presto o evitare questo periodo di punta.

Voci di menu più popolari

잣삼계탕 Jat (Pinolo) Samgyetang 19.000
녹두삼계탕 Nokdu (fagiolo mung) Samgyetang 19.000
쑥 삼계탕 Ssuk (artemisia) Samgyetang 19.000

Hannam-dong / Itaewon
한남동 / 이태원

 Myeongdong
명동

Un ristorante samgyetang perfetto per un pasto sostanzioso e nutriente

백년토종삼계탕 국방가든
Baecnyun Tojong Samgyetang (Gukbang Garden)

용산구 이태원로 22, 지하1층
Yongsan-gu Itaewon-ro 22, B1
kbgarden.modoo.at/

Tel : 02-792-9200	**CHIUSO** Sa
Prenotazione tel : O	**APERTO** Lu-Ve & Do 10:00-21:00
Da asporto : O	**Ultimo ord :** X
Pren. obbligatoria. : X	**Tempo pausa** :–

Ambiente: Situato nel seminterrato dell'edificio del Ministero della Difesa Nazionale, è molto spazioso e dotato di numerosi tavoli, il che lo rende adatto a riunioni di gruppo. Il locale è organizzato in modo ordinato.
Menu: Si concentra principalmente sul samgyetang con ingredienti noti per i loro benefici per la salute, ma offre anche ravioli e pancia di maiale fresca.
Caratteristiche: Utilizza polli autoctoni di 45 giorni, cucinati con un totale di 46 ingredienti, tra cui ginseng, castagne, giuggiole e salsa di frutta, per ottenere un sapore a basso contenuto di grassi, saporito e di nocciole. Il kimchi fatto in casa è particolarmente delizioso.
Suggerimento: se non vi piacciono alcuni ingredienti come la cipolla verde o i semi di sesamo, potete chiedere che vengano omessi.
Nota: i polli utilizzati sono di piccole dimensioni. Di solito c'è attesa all'ora di pranzo, quindi si consiglia di prenotare.

Voci di menu più popolari

토종삼계탕 Tojong (pollo coreano) Samgyetang 15.000
들깨삼계탕 Deulkkae (semi di perilla) Samgyetang 18.000
흑마늘삼계탕 Heuk Maneul (Aglio nero) Samgyetang 18.000

Un ristorante storico, famoso per il suo samgyetang fatto con radici di ginseng coltivate

백제삼계탕
Baekje Samgyetang

중구 명동8길 8-10
Jung-gu Myeongdong 8-gil 8-10

Tel : 02-776-3267	
Prenotazione tel : O	**APERTO** Tutti i gg 09:00-22:00
Da asporto : O	**Ultimo ord :** 21:00
Pren. obbligatoria. : X	**Tempo pausa** :–

Ambiente: Il ristorante conserva l'estetica originale degli ambienti esterni dei primi tempi, ma è ben curato. L'interno è spazioso, con un'ampia sala e sale private disponibili. Popolare tra i turisti stranieri, la maggior parte del personale è straniera, tranne la coppia di proprietari.
Menu: Offre diversi tipi di samgyetang, ventrigli di pollo, abalone e altri piatti nutrienti. Il piatto forte è il samgyetang fatto con radici di ginseng coltivate, ritenute altamente nutritive.
Caratteristiche: Utilizza solo polli giovani di 49 giorni, macellati freschi ogni giorno dalla propria fattoria. Tutti i contorni, tra cui kimchi, kimchi di ravanello e liquore al ginseng, sono preparati freschi ogni giorno. Il brodo di samgyetang viene preparato con il metodo tradizionale da 52 anni.
Suggerimento: il ventriglio di pollo saltato in padella è famoso e si consiglia di gustarlo con il samgyetang. La terrina di zampe di pollo è un piatto unico che non si trova comunemente altrove.
Nota: Il kimchi ha un forte sapore di zenzero. Aspettatevi lunghi tempi di attesa durante l'orario di pranzo.

Voci di menu più popolari

산삼배양근 삼계탕 Sansam Baeyanggeun (radice di ginseng coltivata) Samgyetang 25.000
오골계탕 Ogolgye (pollo nero) Samgyetang 26.000
닭똥집 Dak Ttongjip (ventrigli di pollo) 15.000

④ **Myeongdong**
명동

⑤ **Jongno / Gwanghwamun / Insa-dong**
종로 / 광화문 / 인사동

Il primo ristorante di specialità samgyetang in Corea del Sud

고려삼계탕
Korea Samgyetang

서울 중구 서소문로11길 1
Jung-gu Seosomun-ro 11-gil 1
www.krsamgyetang.com

Tel : 02-752-9376	**CHIUSO** Chuseok / Seollal
Prenotazione tel : O	**APERTO** Tutti i gg 10:30-21:00
Da asporto : O	**Ultimo ord :** X
Pren. obbligatoria. : X	**Tempo pausa :** —

Ambiente: Con circa 320 posti a sedere in un edificio di cinque piani, lo spazio è molto ampio.
Menu: Oltre al normale Samgyetang, ci sono varietà con abalone, ginseng selvatico e altri ingredienti.
Caratteristiche: Il Samgyetang è preparato con pollo giovane di 49 giorni, meticolosamente bollito per quattro ore.
Suggerimento: il vino al ginseng in omaggio è delizioso.
Nota: i samgyetang speciali sono un po' cari, ma vale la pena provarli. Ottimo posto anche per i clienti solitari.

Voci di menu più popolari

삼계탕 Samgyetang 20.000
산삼삼계탕 Sansam (Ginseng selvatico) Samgyetang 26.000
전복삼계탕 Jeonbok (Abalone) Samgyetang 26.000

Un popolare ristorante di samgyetang spesso visitato dopo la discesa dal monte Inwangsan

토속촌 삼계탕
To Sok Chon Samgyetang

서울 종로구 자하문로5길 5
Jongno-gu Jahamun-ro 5-gil 5
www.tosokchon.co.kr

Tel : 02-737-7444	
Prenotazione tel : O	**APERTO** Tutti i gg 10:00-22:00
Da asporto : O	**Ultimo ord :** 21:00
Pren. obbligatoria. : X	**Tempo pausa :** —

Ambiente: Caratterizzato da un esterno tradizionale Hanok e da un interno spazioso, questo famoso locale è frequentato più da stranieri che da locali.
Menu: Samgyetang preparato con brodo a base di noci / pollo arrosto.
Caratteristiche: Iniziare con il vino al ginseng servito prima del pasto per stuzzicare l'appetito.
Suggerimenti: Un luogo popolare per gli escursionisti che scendono dal monte Inwangsan. Prendete in considerazione questo posto se avete in programma un'escursione.
Nota: se non vi piace il Samgyetang, il pollo alla griglia è un'ottima alternativa.

Voci di menu più popolari

토속촌 삼계탕 Tosokchon Samgyetang 20.000
옻계탕 Otgyetang (Zuppa di pollo al ginseng con Sumac) 20.000
오골계 삼계탕 Ogolgye (pollo nero) Samgyetang 25.000

Jongno / Gwanghwamun / Insa-dong
종로 / 광화문 / 인사동

Una tradizione trentennale di Samgyetang infuso con erbe medicinali

Un ristorante di samgyetang nutriente in attività da due generazioni

장수삼계탕
Jang Su Samgyetang

종로삼계탕
Jongno Samgyetang

종로구 종로17길 52, 2층
Jongno-gu Jong-ro 17-gil 52, Nakwon Building, 2F

종로구 종로8길 21
Jongno-gu Jong-ro 8-gil 21

Tel : 02-741-1785		**CHIUSO** Do	
Prenotazione tel : X		**APERTO** Lu-Sa 11:00-21:00	
Da asporto : X		**Ultimo ord :** 20:30	
Pren. obbligatoria. : X		**Tempo pausa :** —	

Tel : 0507-1322-8761		**APERTO** Feriale 11:00-21:00	
Prenotazione tel : O		Sa 11:00-15:00	
Da asporto : X		Do 11:30-15:00	
Pren. obbligatoria. : X		**Ultimo ord :** Feriale 20:15	
		Tempo pausa : 15:00-17:00	

Ambiente: Situato al 2F di Nakwon Sangga, con un'atmosfera che riflette 30 anni di storia. L'interno, anche se non è spazioso, ha i tavoli disposti a stretto contatto, creando un ambiente vivace.
Menu: Si possono gustare vari tipi di Samgyetang a base di erbe medicinali e ingredienti diversi.
Caratteristiche: Anche se si ordina mezza porzione (bangyetang), è abbastanza generosa per una persona media.
Suggerimento: il condimento tende a essere leggermente forte; regolare il brodo con un po' di sale a piacere.
Nota: il bangyetang (mezza porzione) non può essere ordinato durante chobok, jungbok e malbok, che sono i tre giorni più caldi (inizio, metà e fine estate) del calendario lunare tradizionale dell'Asia orientale. Verificare in anticipo.

Ambiente: Ampia sala con 7 camere, disponibili su prenotazione, adatte a 3-4 persone per camera.
Menu: Si concentra sul samgyetang, ricco di sostanze nutritive, per il pranzo, mentre i piatti serali includono il nakji (piccolo polpo) e il golbaengi (buccino).
Caratteristiche: Brodo ricco e carne tenera, con una porzione di insamju (liquore al ginseng) inclusa.
Suggerimento: il ventriglio di pollo saltato in padella viene servito come contorno ed è famoso come contorno tipico.
Nota: durante il pranzo sono disponibili solo piatti di samgyetang. A causa della presenza di molti impiegati, a pranzo potrebbe esserci una lista d'attesa.

Voci di menu più popolari

Voci di menu più popolari

반계탕 Bangyetang (mezza porzione) 11.000
삼계탕 Samgyetang 16.000
약계탕 Yak (erbe medicinali) Samgyetang 18.000

삼계탕 Samgyetang 18.000
한방삼계탕 Hanbang (erbe medicinali) Samgyetang 19.000
전복삼계탕 Jeonbok (abalone) Samgyetang 23.000

7 Seongsu-dong
성수동

Un ristorante specializzato in piatti a base di pollo e anatra

칠성옻닭
Chil Seong Ot Dak

서울 성동구 뚝섬로 401-2
Seongdong-gu Ttukseom-ro 401-2

Tel : 02-467-0785
Prenotazione tel : X   **CHIUSO** Do
Da asporto : X   **APERTO** Lu-Sa 11:00-21:00
Pren. obbligatoria. : X   **Ultimo ord :** X
   Tempo pausa : —

Ambiente: Il ristorante offre una varietà di posti a sedere, tra cui tavoli e sedie, oltre a lunghe tavolate adatte a riunioni di gruppo.
Menu: Specializzato in piatti a base di pollo e anatra preparati esclusivamente con ingredienti di provenienza nazionale.
Caratteristiche: Un aspetto unico è l'inclusione di riso nero appiccicoso e alghe al posto del normale riso bianco. Offrono anche Samgyetang e zuppe di anatra infuse con aralia di ricino e ingredienti a base di erbe, note per i loro benefici per la salute, perfette per chi ama esplorare sapori unici.
Suggerimento: Per una combinazione deliziosa, avvolgete il riso nero appiccicoso in un'alga con kimchi e peperoni, poi immergetelo nel brodo Samgyetang!
Nota: se avete già provato il Samgyetang altrove, prendete in considerazione l'idea di provare i loro piatti a base di anatra per un'esperienza culinaria diversa e soddisfacente.

Voci di menu più popolari

한방오리탕 Hanbang Oritang (zuppa d'anatra alle erbe medicinali) 65.000
엄나무삼계탕 Eomnamu Samgyetang (Samgyetang infuso con ricino) 19.000

---

9 Yeouido
여의도

Un ristorante di specialità Samgyetang a Yeouido dal 1983

파낙스
Panax

서울 영등포구 여의대방로65길 17
Yeongdeungpo-gu Yeouidaebang-ro 65-gil 17

Tel : 02-780-9037
Prenotazione tel : O   **APERTO** Tutti i gg 11:00-22:00
Da asporto : X   **Ultimo ord :** X
Pren. obbligatoria. : X   **Tempo pausa :** —

Ambiente: L'insegna in stile anni '80 e l'interno accogliente ma pulito creano un'atmosfera accogliente. Sono disponibili molti posti a sedere.
Menu: Si differenzia dagli altri ristoranti di Samgyetang con offerte uniche come i semi di perilla, il riso nero appiccicoso e il Samgyetang di corna di cervo.
Caratteristiche: Il Samgyetang può essere personalizzato in base ai propri gusti, ed è noto per il suo sapore di nocciola e salato.
Suggerimento: il Samgyetang si abbina perfettamente al kimchi fatto in casa.
Nota: il brodo del Samgyetang ai semi di perilla è ricco. Immergere il riso nero appiccicoso nel brodo gli conferisce una consistenza e un sapore simili a quelli di un risotto.

Voci di menu più popolari

찰흑미삼계탕 Chal Heukmi (riso nero appiccicoso) Samgyetang: 18.000
들깨삼계탕 Deul Kkae (semi di perilla) Samgyetang: 19.000
녹각삼계탕 Nokgak (corna di cervo) Samgyetang: 18.000

STUFATO / ZUPPA 찌개 / 탕 / 국

Il sundubu jjigae 순두부찌개 (stufato di tofu morbido) è uno stufato saporito, rinomato per le sue qualità confortanti, che ha come ingrediente principale il tofu morbido/silken. Oltre al tofu, spesso include una serie di verdure come funghi, cipolle e, occasionalmente, frutti di mare o carne di maiale. Lo stufato cuoce a fuoco lento in un brodo speziato a base di gochujang (pasta di peperoncino rosso) o fiocchi di peperoncino rosso, aglio, salsa di soia e altri condimenti, creando un profilo di sapore robusto e soddisfacente, perfetto per riscaldarsi durante il freddo. Un aspetto unico del gustare il jjigae di Sundubu è l'aggiunta di un uovo crudo, tipicamente servito accanto alla pentola di pietra che sobbolle. I commensali sono invitati ad aprire l'uovo e ad aggiungerlo allo stufato bollente, dove possono scegliere se rompere il tuorlo per ottenere una consistenza più cremosa o lasciarlo in camicia.

Il kimchi jjigae 김치찌개 (stufato di kimchi) è uno stufato preparato principalmente con il kimchi, l'iconico cavolo fermentato coreano. Il kimchi viene cotto a fuoco lento con tofu, maiale o tonno in scatola, insieme ad aglio, cipolle e talvolta altre verdure. Lo stufato viene condito con gochujang, fiocchi di peperoncino rosso, salsa di soia e spesso un po' di zucchero per bilanciare i sapori. Il profilo gustativo è ricco e acidulo, con il kimchi fermentato che conferisce profondità e complessità al piatto.

Il Doenjang jjigae 된장찌개 (stufato di pasta di soia) è uno stufato tradizionale coreano a base di doenjang, una pasta di soia fermentata. In genere comprende tofu, verdure come zucchine, funghi e cipolle, aglio e talvolta frutti di mare o carne di maiale. Lo stufato viene cotto a fuoco lento con acqua o brodo di acciughe per creare una base ricca e saporita. Il Doenjang jjigae è noto per i suoi sapori profondi e complessi, derivati dal processo di fermentazione della pasta di soia. In alcuni locali di barbecue coreani, in genere, vengono servite delle mini porzioni se si ordina un certo numero di porzioni di barbecue: è un buon modo per assaggiare il piatto!

In Corea, alcune persone scelgono di mangiare dalla stessa pentola quando condividono piatti come il kimchi jjigae o il doenjang jjigae. I sostenitori dicono che questo favorisce i legami affettivi, mentre i critici citano le preoccupazioni sanitarie. Storicamente, durante la dinastia Joseon, i coreani cenavano separatamente su mini tavoli (독상, doksang), in linea con la filosofia confuciana che sottolineava una rigida gerarchia. La situazione cambiò durante l'occupazione giapponese, quando i giapponesi incoraggiarono a mangiare insieme (겸상, gyeomsang) per risparmiare risorse per le loro forze armate, con conseguente insufficienza di stoviglie. Questa abitudine di mangiare in comune, introdotta in tempi difficili, persiste ma è ora messa in discussione dalla modernizzazione che offre alternative. Nei ristoranti coreani si può chiedere una ciotola e un mestolo in più se si preferiscono porzioni separate.

Il budae jjigae 부대찌개, noto come "Stufato della base militare", affonda le sue radici nell'epoca della guerra in Corea, con una miscela particolare di ingredienti provenienti dalle eccedenze alimentari delle basi dell'esercito americano. Questo miscuglio comprende spam, prosciutto, salsiccia, fagioli al forno, kimchi, gochujang e spaghetti ramen, creando uno stufato robusto e saporito che incarna la fusione delle influenze culinarie americane e coreane. Nonostante il suo contesto storico, si è evoluto al di là delle sue origini belliche per diventare un piatto di conforto molto amato in Corea. Spesso gustato come anju (accompagnamento all'alcol), i sapori saporiti e speziati dello stufato, uniti all'essenza piccante del kimchi e del gochujang, offrono un'esperienza gastronomica profondamente soddisfacente, apprezzata da locali e turisti.

La Seolleongtang 설렁탕 (zuppa di ossa di manzo) è una zuppa preparata facendo sobbollire a lungo ossa e carne di manzo, ottenendo un brodo ricco e lattiginoso con carne tenera. Viene tipicamente preparata con ossa di manzo e punta di petto e offre un apporto di sostanze nutritive e favorisce il recupero della resistenza. Il Gomtang 곰탕 è una zuppa a base di carne. È caratterizzata da un brodo chiaro a base di carne, un breve tempo di ebollizione e molti scarti di carne. Queste zuppe sostanziose sono una scelta popolare, soprattutto dopo una notte di grandi bevute. Si abbina perfettamente con il kkakdugi 깍두기 (ravanelli tagliati a cubetti) e versare il succo nella zuppa è anche un modo per esaltarne il sapore! Questa aggiunta non solo aggiunge un pizzico di piccantezza, ma completa anche il brodo ricco e saporito, proprio come la salsa Sriracha eleva alcuni piatti. Alcuni ristoranti servono anche il succo in un bollitore per una maggiore comodità!

Galbitang 갈비탕 (zuppa di costine di manzo), che mette in risalto le costine di manzo e le verdure assortite cotte a fuoco lento per produrre un brodo saporito e robusto. Questo piatto mette in risalto la tenera essenza delle costine di manzo che si fonde con le verdure, creando un sapore distinto e soddisfacente. A differenza della sua controparte, il seolleongtang, il galbitang vanta un brodo chiaro, che offre un'esperienza culinaria più leggera ma ugualmente saporita.

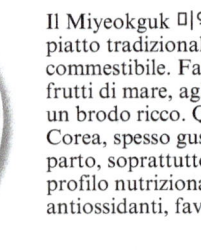

Il Miyeokguk 미역국, noto come "zuppa di alghe", è un piatto tradizionale coreano a base di miyeok, un'alga commestibile. Fatta bollire con ingredienti come manzo o frutti di mare, aglio, salsa di soia e olio di sesamo, produce un brodo ricco. Questa zuppa ha un'importanza culturale in Corea, spesso gustata in occasione di compleanni e dopo il parto, soprattutto dalle neomamme. Si ritiene che il suo profilo nutrizionale, ricco di vitamine, minerali e antiossidanti, favorisca il recupero dopo il parto.

복국 Il bokguk, noto anche come zuppa di pesce palla o pesce palla, è originario di Busan ma è diventato popolare in tutta la Corea del Sud. Questo brodo chiaro è preparato con ossa di fugu e varie verdure, accompagnato da fette di fugu, crescione, germogli di fagioli e altri ingredienti saporiti. Condito con sale e, a scelta, con un pizzico di aceto, offre un gusto rinfrescante e viene spesso acclamato come un potente rimedio per i postumi della sbornia.

Chueotang 추어탕 ("zuppa di pesce fango") è un piatto tradizionale coreano rinomato per il suo sapore ricco e i suoi benefici nutrizionali. L'ingrediente principale è il pesce di fango, un tipo di pesce d'acqua dolce noto per la sua carne tenera e il suo gusto particolare. Il pesce viene tipicamente cotto a fuoco lento in un brodo saporito insieme a vari condimenti e verdure come ravanelli, aglio, zenzero e cipolle verdi. Il pesce di fango viene macinato fino a diventare una zuppa durante il processo di cottura, ottenendo un brodo in cui non rimane alcuna forma visibile del pesce. Il pesce è ricco di proteine e acidi grassi omega-3, mentre si ritiene che il brodo abbia proprietà disintossicanti che aiutano la digestione e promuovono il benessere generale.

Bok-guk - Zuppa di pesce palla
복국

Budaejjigae -
"Stufato della base militare"
부대찌개

Apgujeong / Cheongdam / Garosu-gil
압구정 / 청담 / 가로수길

Il ristorante originale che per primo ha servito la zuppa di pesce palla in una pentola di argilla

Specializzato in budae jjigae e pancetta fatta in casa

금수복국 압구정점
Geumsu Bok-guk (Filiale Apgujeong)

남산터 청담본점
Namsan Teo
(Filiale principale di Cheongdam)

서울 강남구 언주로 821
Gangnam-gu Eonju-ro 821

서울 강남구 선릉로152길 10
Gangnam-gu Seolleung-ro 152-gil 10
instagram.com/namsanteo

Tel : 02-542-5482
Prenotazione tel :   X   **APERTO** 24 ore
Da asporto : O   **Ultimo ord :** X
Pren. obbligatoria. : X   **Tempo pausa :** —

Tel : 0507-1390-1982
Prenotazione tel : X   **APERTO** 24 ore
Da asporto : O   **Ultimo ord :** X
Pren. obbligatoria. : X   **Tempo pausa :** 07:00-10:00

Ambiente: Il ristorante, che si estende tra il 2° e il 3° piano, offre piatti diversi su ciascun piano.
Menu: Specializzato in zuppa di pesce palla e piatti à la carte, oltre a portate e sashimi di pesce palla.
Caratteristiche: Questo ristorante è stato il pioniere del Bokmak-hoe, il sashimi di pesce palla alla coreana, affermandosi come luogo rappresentativo della cucina del pesce palla in Corea del Sud.
Suggerimenti: Come suggerisce il nome, è specializzato in zuppa di pesce palla e si consiglia di provarla. La differenza tra la zuppa di pesce palla normale e quella speciale sta nella quantità di pesce palla. Anche nella zuppa di pesce palla normale, il pesce palla è abbondante. Immergere il pesce palla nella salsa di soia prima di mangiarlo.
Nota: smaltire gli aculei del pesce palla nell'apposito contenitore in acciaio inox.

Ambiente: L'interno è spazioso, con tavoli per quattro persone, e crea un'atmosfera informale e vivace, apprezzata per riunioni, cene aziendali e appuntamenti.
Menu: Specializzato in Budae Jjigae e pancetta, offre una varietà di piatti.
Caratteristiche: Utilizza 10 ingredienti freschi e accuratamente selezionati, combinati con una salsa segreta perfezionata da oltre 30 anni, conservando il gusto tradizionale.
Suggerimenti: la pancetta, lavorata con cura e stagionata per 72 ore con metodi tradizionali, è un piatto forte.
Nota: i prezzi sono leggermente alti. Se il piatto è troppo salato, si può aggiustare aggiungendo brodo alla zuppa.

Voci di menu più popolari

복국 Bokguk (Zuppa di pesce palla) 15.000~70.000
복까스 Bok Katsu (cotoletta di pesce palla) 15.000
3층 코스요리 Course Meal (3° piano) 80.000~170.000

Voci di menu più popolari

남산터 부대찌개 Namsan Teo Budae Jjigae (per 2) 26.000
수제 베이컨 부대찌개 Suje (Homemade) Bacon Budae Jjigae (per 2) 34.000

8 Hongdae
홍대

Un rinomato ristorante budae jjigae, in attività da oltre 10 anni

의정부부대찌개
Euijeongbu Budaejjigae

서울 마포구 월드컵로10길 36
Mapo-gu World Cup-ro 10-gil 36

Tel : 02-333-6820	CHIUSO Sa,Do
Prenotazione tel : X	APERTO Lu-Ve 11:00-21:30
Da asporto : O	Ultimo ord : 21:40
Pren. obbligatoria. : X	Tempo pausa : 15:00-17:00

Ambiente: Metà del ristorante è dotata di tavoli in stile occidentale, mentre l'altra metà presenta i tradizionali posti a sedere coreani. Anche se non è molto spazioso, può ospitare molte persone.
Menu: Sono specializzati esclusivamente in budae jjigae, con la possibilità di aggiungere altri ingredienti.
Caratteristiche: Attivo da oltre 10 anni, è noto per il suo menu a voce unica.
Suggerimento: il sabato e la domenica è chiuso, quindi è bene fare attenzione quando si pianifica la visita. Una volta iniziata la cottura, il proprietario aprirà il coperchio della pentola quando sarà pronta per essere servita. Se il brodo è troppo salato o ne volete di più, non esitate a chiedere altro brodo.
Nota: se non siete abituati a sedervi sul pavimento, potreste trovarvi a disagio. Inoltre, ricordate di togliervi le scarpe prima di mettervi a sedere sul pavimento.

Voci di menu più popolari

부대찌개 Budjae Jjigae 11.000
햄사리 Extra Spam 6.500
쏘세지사리 Extra Sausage 6.500

Miyeok-guk - Zuppa di alghe
미역국

2 Seocho / Seorae Village
서초 / 서래마을

Un ristorante noto per la sua zuppa di alghe ricca e rilassante e per il pesce alla griglia

서래미역
Seorae Miyeok

서초구 서래로 5
Seocho-gu Seorae-ro 5

Tel : 02-594-7200	
Prenotazione tel : X	APERTO Tutti i gg 10:00-22:00
Da asporto : O	Ultimo ord : X
Pren. obbligatoria. : X	Tempo pausa : —

Ambiente: Il ristorante presenta un interno spazioso e pulito, con tavoli per lo più da quattro persone e alcuni posti a sedere.
Menu: Offre una varietà di zuppe di alghe, bibimbap, frutti di mare, pesce alla griglia e pancake.
Caratteristiche: La ricca zuppa di alghe a base di brodo offre un senso di ripristino della salute.
Suggerimento: Optate per la nutriente zuppa di alghe con abalone o polpo piuttosto che per la versione base. Anche il menù di pesce alla griglia è un'ottima scelta.
Nota: fare attenzione quando si scende dal separé, perché c'è un dislivello dal pavimento. I contorni sono fatti in casa ogni giorno, ma la varietà è limitata.

Voci di menu più popolari

통영굴 미역국 Tongyeong Gul (Ostrica) Miyeokguk 16.000
제주 옥돔 2인 정찬 Jeju Okdom Jeongchan (Set di orate alla griglia, 2 persone) 62.000

Seolleong-tang / Gom-tang - Zuppa di manzo (ossa) 설렁탕 / 곰탕

2 Seocho / Seorae Village 서초 / 서래마을

Un ristorante seolleongtang noto per il suo ricco brodo

푸주옥
Pujuok

서초구 서초중앙로26길 5
Seocho-gu Seochojungang-ro 26-gil 5

Tel : 02-596-2350
Prenotazione tel : X   **APERTO** Tutti i gg 06:00-23:00
Da asporto : O   **Ultimo ord :** X
Pren. obbligatoria. : X   **Tempo pausa :** —

Ambiente: Il ristorante dispone di interni spaziosi con tavoli per quattro persone e si rivolge a diverse fasce d'età.
Menu: Oltre al seolleongtang, il loro menu tipico è la ricca zuppa di ginocchio di bue (doganitang), che si addensa fino a diventare gelatinosa quando si raffredda.
Caratteristiche: Il brodo, cotto a fuoco lento per 24 ore in un grande calderone, è eccezionalmente ricco.
Suggerimento: gustatelo con abbondante kimchi e scalogno, che ne esaltano il sapore. Molto consigliato per alleviare i postumi della sbornia.
Nota: i prezzi sono un po' alti, ma per l'asporto forniscono cibo sufficiente per 2-3 persone al prezzo di una singola porzione, rendendo l'asporto una buona opzione.

Voci di menu più popolari

설렁탕 Seolleongtang 15.000
도가니탕 Doganitang (zuppa di ginocchio di bue) 22.000
꼬리곰탕 Kkori Gomtang (zuppa di coda di bue) 25.000

4 Myeongdong 명동

Un rinomato ristorante coreano di zuppa di ossa di manzo con una storia di oltre 80 anni

하동관
Ha Dong Gwan

중구 명동9길 12
Jung-gu Myeongdong 9-gil 12
www.hadongkwan.co.kr

Tel : 02-776-5656   **CHIUSO** Do
Prenotazione tel : X   **APERTO** Lu-Sa 07:00-16:00
Da asporto : O   **Ultimo ord :** X
Pren. obbligatoria. : X   **Tempo pausa :** —

Ambiente: L'esterno emana il fascino di un ristorante rinomato, con un interno che reinterpreta in chiave moderna la tradizionale architettura hanok. La spaziosa disposizione su due piani è adatta anche a cene in solitaria.
Menu: Offre una varietà di zuppe di ossa di manzo (gomtang) e manzo bollito (suyuk). Le opzioni di 25/30 gomtang hanno diverse quantità di carne.
Caratteristiche: Questo ristorante vanta una ricetta creata da tre generazioni a Bukchon, Seoul.
Suggerimento: il sapore pulito ma ricco del loro gomtang è assolutamente da provare.
Nota: durante le ore di punta della colazione e del pranzo, aspettatevi delle file e potreste dover dividere il tavolo con altre persone. Arrivare prima delle 11:30 ridurrà i tempi di attesa. Il pagamento è obbligatorio al momento dell'ordinazione, in quanto il locale opera con un sistema di pagamento anticipato. Il gomtang viene servito con il riso già mescolato al brodo, senza possibilità di ordinarlo separatamente. Quando si ordina il gomtang, il personale chiede se si desidera un mix di trippa e carne o solo carne. Aperto dalle 7.00 alle 16.00.

Voci di menu più popolari

곰탕 일반 Gomtang Ilban (regolare) 18.000
25공/30공 곰탕 25/30 Gomtang 25/30.000
수육 Suyuk (carne bollita, medio) 40.000

Jongno / Gwanghwamun / Insa-dong
종로 / 광화문 / 인사동

Hongdae
홍대

Un ristorante di specialità che vanta oltre 100 anni di storia al servizio del seolleongtang

Un ristorante che presenta un nuovo paradigma per la zuppa di ossa di maiale

이문설렁탕
Imun Seolleongtang

옥동식
Ok Dong Sik

서울 종로구 우정국로 38-13
Jongno-gu Ujeongguk-ro 38-13
imun.modoo.at/

서울 마포구 양화로7길 44-10
Mapo-gu Yanghwa-ro 7-gil 44-10
instagram.com/okdongsik

Tel : 02-733-6526
Prenotazione tel : O
Da asporto : O
Pren. obbligatoria. : X

APERTO Lu-Sa 08:00-21:00
Do 08:00-20:00
Ultimo ord : 14:30, 20:30
Tempo pausa : 15:00-16:30

Tel : 010-5571-9915
Prenotazione tel : X
Da asporto : O
Pren. obbligatoria. : X

CHIUSO Lu
APERTO Ma-Ve 11:00-22:00
Sa&Do 11:00-21:00
Ultimo ord : Feriale 21:30
Sa&Do 20:30
Tempo pausa : 15:00-17:00

Ambiente: Situato in un vicolo con posti a sedere separati per i clienti individuali. L'interno è abbastanza spazioso con sezioni simili a stanze per cene più private.
Menu: Specializzato in piatti come seolleongtang (zuppa di ossa di bue) e doganitang (zuppa di tendini di manzo), insieme a contorni come il suyuk (manzo/maiale bollito).
Caratteristiche: Il brodo è ricco e chiaro, cotto a fuoco lento per 17 ore, ma è interessante notare che il cibo viene servito entro pochi minuti dall'ordinazione.
Suggerimento: non viene aggiunto alcun condimento, quindi si può regolare il sapore con sale e cipolle verdi. Anche il kimchi è self-service, quindi potete prenderne quanto volete.
Nota: il Suyuk non comprende solo carne, ma anche parti come lingua e fegato, che potrebbero non incontrare i gusti di tutti. Di solito c'è una lunga fila, quindi si consiglia di arrivare prima dell'apertura. L'insegna recita "설농탕" invece del solito "설렁탕", ma si tratta solo di una variante arcaica. I tempi di attesa sono rapidi, quindi non scoraggiatevi se la fila è lunga.

Ambiente: Uno spazio accogliente con soli 10 posti a sedere, caratterizzato da un allestimento solo da banco simile a un sushi bar.
Menu: Il Dwaeji gomtang (zuppa di ossa di maiale) è il loro piatto forte e anche i ravioli di kimchi, preparati con una ricetta unica, sono eccellenti. Servono anche alcolici al bicchiere.
Caratteristiche: Utilizza solo le zampe anteriori e posteriori dei maiali neri Berkshire K di Jirisan, ottenendo un brodo eccezionalmente chiaro. A differenza della tipica zuppa di maiale lattiginosa, ha un brodo chiaro simile a quello del gomtang, che offre un gusto pulito e saporito.
Suggerimento: la carne è deliziosa se mescolata con il condimento che la accompagna. Non è possibile prenotare, quindi è necessario utilizzare la funzione di attesa Catch Table. Se non è possibile, arrivare in anticipo per evitare attese. È disponibile anche il servizio d'asporto.
Nota: con soli 10 posti a sedere, le vendite sono limitate a 100 ciotole al giorno. Si mangia solo al bancone, quindi è possibile che ci si debba sedere accanto a estranei. Non è consigliato per conversazioni private.

Voci di menu più popolari

Seolleongtang 14.000
Doganitang (zuppa di ginocchio di bue) 17.000
Suyuk (carne bollita) 44.000

Voci di menu più popolari

김치만두 Kimchi Mandu 6.000
돼지곰탕 Dwaej Gomtang 10.000
돼지곰탕 특 Dwaeji Gomtang Special 15.000

Sundubu Jjigae - Stufato di tofu morbido
순두부찌개

 Jongno / Gwanghwamun / Insa-dong
종로 / 광화문 / 인사동

Un ristorante sundubu apprezzato sia dagli stranieri che dagli abitanti del luogo

감촌
Gam Chon

종로구 종로 19 르메이에르종로타운 512호
Jongno-gu Jong-ro 19, #512

Tel : 02-733-7035	**CHIUSO** Do
Prenotazione tel : X	**APERTO** Lu-Sa 09:30-22:00
Da asporto : X	**Ultimo ord** : X
Pren. obbligatoria. : X	**Tempo pausa** : —

Ambiente: Un ristorante di specialità di tofu con ampi spazi e molti tavoli. Al centro, c'è un grande tavolo comune adatto a cene di gruppo. Recentemente trasferito in una nuova sede.
Menu: Il sundubu jjigae (stufato di tofu morbido) e il sundubu alle ostriche sono le scelte più popolari. Offrono anche una varietà di altri piatti.
Caratteristiche: Utilizzano un brodo cotto a fuoco lento con ossa di manzo per 24 ore, che conferisce un sapore ricco agli stufati.
Suggerimento: se non si è abituati al cibo piccante, si consiglia il sundubu bianco. Anche la loro frittella di gamberi è eccellente.
Nota: se preferite non macchiarvi i vestiti, potete richiedere un grembiule.

Voci di menu più popolari

하얀순두부 Hayan (mite) Sundubu 15.000
굴순두부 Gul (ostrica) Sundubu 17.000
새우전 Saewoo (gamberetti) Jeon (pancake) - Prezzo variabile

Chueo-tang - Zuppa di pesce fango
추어탕

 Jamsil
잠실

Un ristorante rinomato per i suoi 40 anni di tradizione a chueotang

할머니추어탕 잠실점
Halmeoni Chueo-tang (Filiale di Jamsil)

서울 송파구 석촌호수로 110
Songpa-gu Seokchonhosu-ro 110

Tel : 02-421-1022	
Prenotazione tel : X	**APERTO** Tutti i gg 10:00-21:00
Da asporto : O	**Ultimo ord** : 20:20
Pren. obbligatoria. : X	**Tempo pausa** : 15:00-17:00

Ambiente: Il ristorante presenta un interno spazioso distribuito su due piani.
Menu: Specializzato in zuppa di lanzardi, insieme a patatine fritte di lanzardi, dumplings bolliti e riso caldo.
Caratteristiche: Vantando una tradizione di 40 anni, offre un'abbondante zuppa di lanzardi e un sano riso caldo.
Suggerimento: provate ad abbinare le patatine fritte alla pesca per ottenere una combinazione deliziosa. Offre opzioni d'asporto a prezzi accessibili rispetto al ristorante.
Nota: situato nei pressi di grandi complessi di appartamenti, durante l'ora di pranzo il locale può essere affollato e può comportare tempi di attesa.

Voci di menu più popolari

추어탕+돌솥밥 Chueotang + Dolsotbap (riso caldo) 12.000
추어튀김 (소) Chueo Twigim (patatine) (Piccolo) 8.000

KOREAN BBQ 고기 구이

Il barbecue coreano (meglio conosciuto come "Korean BBQ") occupa un posto speciale come tradizione culinaria, dove i commensali grigliano un assortimento di carni, principalmente manzo, maiale o pollo, direttamente al tavolo. Queste carni sono spesso marinate o condite con una serie di salse e spezie, che danno vita a un profilo di sapore ricco e saporito. La natura interattiva del barbecue coreano favorisce gli incontri sociali, rendendolo una scelta popolare per le celebrazioni e i raduni.

Il bulgogi 불고기 è una carne di manzo (o talvolta di maiale) tagliata a fette sottili e marinata in una deliziosa miscela di salsa di soia, zucchero, olio di sesamo, aglio e vari condimenti. La carne viene sottoposta a una sapiente cottura alla griglia, in padella o saltata in padella per ottenere un'armoniosa miscela di sapori e una consistenza tenera. È un tesoro culinario che può essere gustato da solo, avvolto in foglie di lattuga con riso e condimenti, o accompagnato da un'abbondante ciotola di riso bianco al vapore.

Galbi 갈비, un piatto base della cucina coreana, indica le costine di manzo o di maiale grigliate o brasate alla coreana. Queste costine sono tipicamente marinate in una salsa a base di salsa di soia, aglio, zucchero, olio di sesamo e vari condimenti. Amato sia dai locali che dagli stranieri, il galbi occupa un posto di rilievo nella cultura coreana del barbecue. La sua popolarità risiede nella carne tenera e saporita, accentuata dalla marinata dolce-salata che si caramella alla perfezione quando viene grigliata.

Samgyeopsal 삼겹살 ("carne a tre strati") è la succulenta pancia di maiale sapientemente grigliata alla perfezione. È possibile personalizzare la propria esperienza con varie salse da intingere, involucri e contorni, trasformando ogni boccone in un'avventura unica e personalizzata. Un altro punto a favore è l'accessibilità, che garantisce a tutti la possibilità di partecipare al divertimento.

Il Dakgalbi 닭갈비 ("costine di pollo alla griglia") è un pollo disossato e marinato (gochujang, salsa di soia, aglio e spezie) saltato in padella. Spesso vengono aggiunte verdure come cavoli, patate dolci e scalogni per migliorare la consistenza e il profilo nutrizionale del piatto. Dopo aver gustato il pollo, la marinata residua sulla griglia diventa la base per un saporito riso fritto con ingredienti aggiuntivi facoltativi come formaggio o kimchi.

Il gopchang 곱창, ("gop" 곱 si riferisce al saporito ripieno in polvere all'interno dell'intestino, che comprende il rivestimento, il grasso e il muco naturalmente rilasciati durante il processo di cottura) e il makchang (막창) sono amati piatti coreani realizzati con l'intestino di bovino o di maiale. Mentre gopchang indica specificamente l'intestino tenue, makchang indica l'intestino crasso. Questi piatti sono tipicamente grigliati o saltati in padella e conditi con una varietà di spezie e salse. Se cucinati nel modo giusto, offrono una deliziosa combinazione di masticabilità e tenerezza, accompagnata da un gusto ricco e saporito. Sono comunemente apprezzati come spuntino da bere, noto come anju 안주.

Il Jeyuk-bokkeum 제육볶음, noto anche come "fettine di maiale marinate saltate in padella", è rinomato per i suoi sapori decisi e la sua piccantezza. La carne di maiale, tagliata a fettine sottili, viene marinata in una salsa piccante e saporita a base di gochujang, salsa di soia, aglio, zenzero, zucchero e olio di sesamo, insieme a un assortimento di verdure come cipolle, cipollotti e, occasionalmente, carote e cavoli. A differenza del bulgogi di manzo, il Jeyuk-bokkeum offre una consistenza leggermente più grassa e succosa.

Yukhoe 육회, che in coreano significa "carne cruda", è una prelibatezza tradizionale rinomata per la sua carne di manzo cruda tagliata a fettine sottili e condita con vari ingredienti, tra cui salsa di soia, olio di sesamo, zucchero, sale e aglio, poi adornata con pinoli, fettine di pera e un tuorlo d'uovo crudo. La carne di manzo selezionata per lo yukhoe viene scelta con cura per la sua freschezza e qualità, garantendo un consumo sicuro della carne cruda. Inoltre, il taglio magro del manzo lo rende una scelta preferibile per chi è consapevole del proprio apporto calorico.

족발 jokbal ("piedi di maiale"), noto per la sua consistenza succulenta e i suoi sapori sapidi, è costituito da zampetti di maiale sottoposti a un meticoloso processo di bollitura seguito da un condimento con una miscela di spezie aromatiche come zenzero, aglio e cipolle verdi. La salsa di soia, lo zucchero e il vino di riso arricchiscono ulteriormente il profilo aromatico. Mentre gli zamponi cuociono a fuoco lento, assorbono questi condimenti vibranti, ottenendo una carne tenera e ricca di bontà. Grazie al suo ricco contenuto di collagene, si ritiene che contribuisca a migliorare la salute della pelle!

Provate il tradizionale wrap alla coreana, noto come ssam 쌈, racchiudendo la carne grigliata in foglie di lattuga insieme a riso, aglio, ssamjang 쌈장 (salsa di immersione piccante) e altri condimenti. Ricordate di prepararlo abbastanza grande da contenere tutti i banchan desiderati, perché è consuetudine mangiarlo intero senza tagliarlo a metà come un taco. Non siate troppo ambiziosi perché ci si aspetta che lo mettiate tutto e lo finiate, non che lo tagliate a metà come se steste mangiando un taco.

Korean BBQ - Manzo

1 Apgujeong / Cheongdam / Garosu-gil
압구정 / 청담 / 가로수길

Un ristorante coreano BBQ di alto livello, noto per il suo ambiente lussuoso, nonostante i prezzi elevati

삼원가든
Samwon Garden

서울 강남구 언주로 835
Gangnam-gu Eonju-ro 835
sgdinehill.co.kr/samwon-garden   instagram.com/sg_dinehill

Tel : 02-548-3030
Prenotazione tel : O
Da asporto : O
Pren. obbligatoria. : X
APERTO Lu-Sa 11:30-22:00
Do/Festivo 11:30-21:00
Ultimo ord : X
Tempo pausa : 15:00-17:00

Ambiente: Un edificio a due piani con soffitti alti e progettato con finestre a tutta altezza, che offre un'atmosfera spaziosa e ariosa. Gli ospiti possono anche godere di un bellissimo giardino all'aperto.
Menu: Offre una varietà di piatti a base di manzo Hanwoo di prima qualità, tra cui galbi, bulgogi e opzioni alla griglia.
Caratteristiche: Recentemente ristrutturato, il ristorante vanta personale altamente qualificato che griglia la carne per gli ospiti.
Suggerimenti: Concludere il pasto con il porridge di fagioli rossi servito successivamente. Lo speciale pranzo a base di bulgogi nei giorni feriali offre un ottimo rapporto qualità-prezzo.
Nota: i prezzi dei piatti alla griglia sono più alti rispetto ad altri locali. Se i prezzi sembrano scoraggianti, si può optare per lo yukhoe (manzo crudo stagionato) o il galbitang (zuppa di costine).

Voci di menu più popolari

삼원 전통 양념갈비 Samwon Galbi marinato tradizionale 62.000
한우 갈비 Hanwoo Galbi 110.000
육개장 갈비탕 Yukgaejang Galbitang 20.000
Speciale pranzo feriale 45.000

2 Seocho / Seorae Village
서초 / 서래마을

Un moderno ristorante alla griglia noto per i suoi eccezionali menu fissi

우참판 서래본점
Woo Cham Pan
(Filiale principale di Seorae)

서울 서초구 서래로 23, 3층
Seocho-gu Seorae-ro 23, 3F
www.woochampan.com

Tel : 0507-1362-5940
Prenotazione tel : O
Da asporto : O
Pren. obbligatoria. : X
CHIUSO Chuseok, Seollal
APERTO Feriale 11:30-22:00
Sa&Do 12:00-21:30
Ultimo ord : Feriale 21:00
Sa&Do 20:30
Tempo pausa : Feriale 14:30-17:00
Sa&Do 15:00-17:00

Ambiente: Il ristorante dispone di una sala da pranzo al 3F e di sale private al 7° piano. Per sedersi, prendere l'ascensore al 3F. L'ambiente è spazioso, con un'ampia distanza tra i tavoli in tutta la zona pranzo.
Menu: Offrono menu fissi per i pranzi dei giorni feriali e del fine settimana, nonché per le cene.
Caratteristiche: I menu fissi includono tutto, dai piatti di carne ai dessert. La qualità della carne è elevata rispetto al prezzo. Forniscono anche sale a basso contenuto di sodio.
Suggerimenti: Per il menu fisso, è possibile scegliere tra riso kimchi saltato in padella, porridge di pasta di soia o tagliatelle di kimchi al ravanello per un supplemento di 3.000 KRW.
Nota: la differenza tra il Lunch Set normale e il Large Lunch Set è la quantità di carne (110 g contro 130 g). Il Weekend Lunch Set ne comprende 120g. Sebbene il set per il pranzo possa sembrare costoso considerando la sola quantità di carne, è un ottimo modo per gustare l'intera gamma di prodotti di accompagnamento.

Voci di menu più popolari

런치정식 Set pranzo 38.000
주말런치정식 Set per il pranzo del fine settimana 43.000

Hannam-dong / Itaewon
한남동 / 이태원

 Myeongdong
명동

Omakase di manzo coreano a prezzi accessibili

소와나
Sowana

용산구 이태원로54길 68
Yongsan-gu Itaewon-ro 54-gil 68

Tel : 02-6080-8586
Prenotazione tel : O **APERTO** Tutti i gg 11:30-23:00
Da asporto : X **Ultimo ord :** X
Pren. obbligatoria. : O **Tempo pausa :** —

Ambiente: Situato all'interno di una zona residenziale, accessibile tramite scale che conducono al ristorante. L'interno, pur non essendo grande, vanta un'atmosfera pulita e raffinata, con luci leggermente soffuse.
Menu: Poiché offre un'esperienza omakase, il menu è presentato in portate. Le opzioni includono pasti di 5 e 7 portate.
Caratteristiche: Si può gustare carne di alta qualità in un ambiente elegante a prezzi relativamente convenienti.
Suggerimenti: Per chi è interessato a osservare il processo di preparazione dello chef mentre riceve le spiegazioni, prenotate un posto al tavolo del bar. Le porzioni sono leggermente ridotte, quindi si consiglia un set di 7 portate.
Nota: ci sono circa due lunghi tavoli da bar, ma non ci sono stanze separate. Non è l'ideale per le conversazioni private. L'ingresso è rigorosamente all'orario prenotato; non è consentito l'ingresso anticipato.

Voci di menu più popolari

5 Corso 49.000
7 Corsi 69.000

Un ristorante coreano di barbecue noto per i suoi popolari menu a pranzo

왕비집 명동중앙점
Wang Bi Jip (Filiale di Myeongdong Central)

서울 중구 명동8나길 45
Jung-gu Myeongdong 8na-gil 45
instagram.com/wangbijib_official

Tel : 02-776-2361
Prenotazione tel : O **APERTO** Tutti i gg 11:30-22:00
Da asporto : O **Ultimo ord :** 21:30
Pren. obbligatoria. : X **Tempo pausa :** 15:00-17:00

Ambiente: I tavoli sono disposti in una lunga disposizione rettangolare centrata sulla sala principale. L'interno è moderno, con impressionanti motivi di ispirazione coreana.
Menu: Il menu alla brace offre una varietà di opzioni, tra cui filetto e controfiletto di manzo Hanwoo, costine di maiale nazionale, pancia di maiale e costine di maiale marinate. Il menu fisso del pranzo offre un ottimo rapporto qualità-prezzo.
Caratteristiche: Il personale griglia la carne per voi. Al costo di 20.000 KRW è possibile portare il proprio vino o whisky.
Suggerimento: si consiglia di ordinare come dessert i naengmyeon (tagliatelle fredde), che si abbinano perfettamente alle costine.
Nota: le costine sono leggermente addolcite per soddisfare i gusti stranieri.

Voci di menu più popolari

양념왕갈비 Yangnyeom Wang Galbi
(Costolette di manzo marinate King Size) 43.000
돼지갈비정식 (점심) Dwaeji Galbi Jeongsik
(Set di costine di maiale) (Pranzo) 14.000
차돌박이정식 (점심) Chadol Bagi Jeongsik
(Set di petto di manzo) (Pranzo) 17.000

Korean BBQ - Manzo

8 Hongdae
홍대

Un ristorante coreano con 50 anni di tradizione e un menu brevettato

역전회관
Yeokjeon Hoegwan

마포구 토정로37길 47
Mapo-gu Tojeong-ro 37-gil 47
yukjeon.com   instagram.com/yukjeon

Tel : 0507-1392-0248
Prenotazione tel : X
Da asporto : O
Pren. obbligatoria. : X
CHIUSO Lu
APERTO Ma-Do 11:00-21:30
Ultimo ord : X
Tempo pausa : 15:00-16:30

Ambiente: Il ristorante si estende su un intero edificio di 4 piani, offrendo un'esperienza culinaria spaziosa e confortevole.
Menu: Specializzato in piatti come il bulgogi bassak (croccante), l'haejangguk (zuppa post-sbornia), lo yukhoe bibimbap (bibimbap di manzo crudo) e il polpo saltato in padella. Il ristorante offre anche un makgeolli (vino di riso coreano) unico, prodotto in casa dal suo birrificio.
Caratteristiche: Il ristorante vanta ricette segrete tramandate da quattro generazioni dal 1929. Il suo bulgogi croccante, marinato per oltre 48 ore e cotto alla griglia come una frittella, ha un brevetto.
Suggerimento: le porzioni del bulgogi croccante possono essere piccole, quindi si consiglia di ordinarlo come parte di un menu fisso piuttosto che alla carta.
Nota: se non si ordina il riso, viene fornito il 10% in più di bulgogi.

Voci di menu più popolari

바싹불고기 정식 Bassak (croccante) Bulgogi Set 19.000
바싹불고기 Bassak (croccante) Bulgogi 38.000
산낙지구이 Sannakji Gui (Polpo saltato in padella) 54.000

Korean BBQ - Dak Galbi - Pollo marinato saltato in padella 닭갈비

1 Apgujeong / Cheongdam / Garosu-gil
압구정 / 청담 / 가로수길

Dakgalbi gustoso e informale con un'atmosfera nostalgica

닭으로가 압구정 본점
Dak Euro Ga
(Filiale principale di Apgujeong)

서울 강남구 언주로172길 55
Gangnam-gu Eonju-ro 172-gil 55
05044584404.modoo.at

Tel : 050-4458-4404
Prenotazione tel : X
Da asporto : O
Pren. obbligatoria. : X
APERTO Tutti i gg 11:30 - 22:00
Ultimo ord : 21:30
Tempo pausa : 15:30 - 17:00

Ambiente: Situato nella vivace zona di Apgujeong Rodeo, questo ristorante dakgalbi vecchia scuola spicca tra i dintorni alla moda con la sua atmosfera nostalgica e vivace. È un luogo accogliente e senza pretese per le riunioni con gli amici o la famiglia.
Menu: Il piatto forte è il dakgalbi, con pollo tenero saltato in padella con verdure in una salsa leggermente piccante e dolce. Sono disponibili aggiunte come torte di riso o ramen, e si consiglia di concludere il pasto con riso fritto.
Caratteristiche: Il personale prepara abilmente il piatto al tavolo, assicurandosi che il pollo e la salsa siano perfettamente cotti. Più a lungo si cuoce, più i sapori diventano ricchi e concentrati. Per chi ha preferenze specifiche, come evitare certe aggiunte, è sufficiente informare il personale, che sarà lieto di accontentarlo.
Suggerimento: armatevi di un po' di pazienza e lasciate che la salsa si riduca per ottenere un sapore più intenso. Non saltare il riso fritto alla fine.
Nota: le porzioni possono sembrare più piccole, quindi l'aggiunta di contorni come ramen o torte di riso può rendere il piatto più saziante. Nelle ore di punta il locale è affollato, quindi è bene pianificare la visita per evitare lunghe attese. La salsa non è troppo piccante, ma è possibile richiedere modifiche in base alle proprie preferenze.

Voci di menu più popolari

닭갈비 Dakgalbi 17.000
고추장 닭갈비 Gochujang Dakgalbi 17.000

Korean BBQ - Dak Galbi - Pollo marinato saltato in padella 닭갈비

 Hongdae
홍대

Il posto preferito dai giovani per il dakgalbi con mozzarella

장인닭갈비 홍대점
Jang In Dakgalbi (Filiale di Hongdae)

서울 마포구 어울마당로 111-1 1층
Mapo-gu Hongik-ro 19, 2F
jangindak.co.kr

Tel : 02-332-4880		**CHIUSO** Chuseok / Seollal	
Prenotazione tel :	X	**APERTO** Tutti i gg 11:30-23:00	
Da asporto :	O	**Ultimo ord :**	X
Pren. obbligatoria. :	X	**Tempo pausa :**	—

Ambiente: Con il suo grazioso esterno interamente in vetro e gli interni luminosi e moderni, questo locale spazioso attira una folla eterogenea, dai giovani del posto alle famiglie e ai turisti.
Menu: Offre dakgalbi con vari condimenti, tra cui mozzarella, ramen, tagliatelle di patate dolci e torte di riso tteokbokki.
Caratteristiche: Serve il dakgalbi completamente cotto invece di cuocerlo sulla piastra.
Suggerimento: il sapore è leggermente più dolce per soddisfare i gusti stranieri, con livelli di spezie regolabili - si consiglia una speziatura media. Un'ordinazione è sufficiente per due persone. Ordinate il bokkeumbap quando il dakgalbi è pieno per circa 1/3 per un piatto di riso misto.
Nota: situato in una strada popolare di Hongdae, è spesso affollato, soprattutto di sera, quindi preparatevi ad aspettare.

Voci di menu più popolari

뼈없는 닭갈비 Dakgalbi disossato 12.000
모짜렐라치즈 Mozzarella 4.000
장인볶음밥 Jang In Bokkeumbap 3.000

Korean BBQ - Gopchang - Intestini alla griglia 곱창

 Jongno / Gwanghwamun / Insa-dong
종로 / 광화문 / 인사동

Ristorante alla griglia specializzato in intestini di manzo e trippa

오발탄 충무로점
Obaltan (Filiale di Chungmuro)

중구 퇴계로 205
Jung-gu Toegye-ro 205
jangindak.co.kr

Tel : 02-2275-0110			
Prenotazione tel :	O	**APERTO** Feriale 11:40-21:00	
Da asporto :	X	Sa&Do 11:40-21:00	
Pren. obbligatoria. :	X	**Ultimo ord :**	X
		Tempo pausa :	—

Ambiente: Situato al piano terra di uno spazioso edificio indipendente, il ristorante presenta interni puliti e in legno che invitano alla conversazione informale in un ambiente rilassato. Sono disponibili sale private per cene di gruppo. Il personale prepara tutto alla griglia, quindi non c'è bisogno di preoccuparsi.
Menu: Oltre all'intestino di manzo e alla trippa, il ristorante offre una varietà di piatti di barbecue coreano.
Caratteristiche: Vengono utilizzati solo gli ingredienti più freschi e il ristorante segue un approccio sistematico per offrire ai clienti i sapori migliori. Anche i contorni sono di alta qualità.
Suggerimento: l'Obaltan BBQ Lunch Special è una scelta eccellente, che permette di assaggiare sia l'intestino che la trippa. Dopo le 13:00 è il momento migliore per visitare il locale per il pranzo.
Nota: i prezzi dell'intestino e della trippa di manzo sono relativamente alti a causa della loro natura speciale.

Voci di menu più popolari

오발탄 정식 Obaltan BBQ Lunch Special 37.000
한우대창구이 Hanu Daechang Gui (Intestino grande di bue alla griglia) 43.000 /200g
특양구이 Teuk Yang Gui (Trippa di montagna di bue speciale alla griglia) 45.000 / 160g

Korean BBQ - Jokbal - Piedi di maiale 족발

④ Myeongdong 명동

Un ristorante di specialità jokbal noto per il suo aroma unico di cinque spezie

만족오향족발
Manjok Ohyang Jokbal

서울 중구 서소문로 134-7
Jung-gu Seosomun-ro 134-7
manjok.net

Tel : 02-753-4755
Prenotazione tel : O
Da asporto : O
Pren. obbligatoria. : X
APERTO Feriale 11:30-22:00
Sa&Do 12:00-22:00
Ultimo ord : X
Tempo pausa : —

Ambiente: Si sviluppa su due piani e presenta un interno spazioso, ma l'ubicazione in un vicolo rende difficile l'attesa.
Menu: Offrono jokbal (zampetti di maiale), bossam (fette di maiale bollito) e un'opzione metà e metà (metà normale, metà jokbal stagionato).
Caratteristiche: È noto per la sua consistenza più simile a quella del pollo che a quella del maiale.
Suggerimento: è ottimo se abbinato alla salsa all'aglio piccante e al cavolo servito accanto.
Nota: le prenotazioni non sono accettate, quindi l'attesa è obbligatoria. I tavoli si riempiono rapidamente, quindi l'attesa è solitamente breve. La carne ha un forte profumo di erbe, che potrebbe risultare poco familiare ad alcuni. Si consiglia di ordinare una taglia media per due persone.

Voci di menu più popolari

만족오향족발(중) Manjok Ohyang Jokbal (Medio) 36.000
만족오향보쌈(중) Manjok Ohyang Bossam (Medio) 35.000
반반족발(중) Banban (Mezzo e mezzo) Jokbal (Medio) 39.000

⑦ Seongsu-dong 성수동

Uno dei più rinomati ristoranti di jokbal di Seul, noto per la sua piacevole dolcezza

성수족발
Seongsu Jokbal

서울 성동구 아차산로7길 7
Seongdong-gu Achasan-ro 7-gil 7
ssjb1983.modoo.at

Tel : 02-464-0425
Prenotazione tel : X
Da asporto : O
Pren. obbligatoria. : X
APERTO Tutti i gg 12:00-22:00
Ultimo ord : X
Tempo pausa : 15:00-17:00

Ambiente: L'area dei posti a sedere è piccola, il che comporta lunghe file d'attesa. Ci sono anche posti a sedere dove è necessario togliersi le scarpe, quindi tenetelo presente.
Menu: Il jokbal è gommoso ma tenero ed è accompagnato da contorni. Da notare che non vengono serviti i noodles.
Caratteristiche: Le porzioni sono abbondanti, con un rapporto leggermente più alto tra pelle e carne.
Suggerimento: mentre l'attesa per un tavolo può essere lunga, gli ordini da asporto sono pronti in meno di un minuto.
Nota: poiché è disponibile il servizio d'asporto, si consiglia di prendere in considerazione questa opzione se l'attesa è troppo lunga. Nei giorni feriali i tempi di attesa sono generalmente più brevi rispetto al fine settimana.

Voci di menu più popolari

족발(특대) Jokbal (extra large): 50.000
족발(대) Jokbal (grande): 45.000
족발(중) Jokbal (medio): 40.000

Korean BBQ - Samgyeopsal - Pancia di maiale alla griglia | Jeyuk Bokkeum - Maiale piccante saltato in padella 삼겹살 / 제육볶음

 Apgujeong / Cheongdam / Garosu-gil
압구정 / 청담 / 가로수길

 Jongno / Gwanghwamun / Insa-dong
종로 / 광화문 / 인사동

Un ristorante famoso per le sue carni meticolosamente stagionate   Un ristorante preferito dai locali a Jongno dal 2014

돌고기506
Dotgogi 506

강남구 역삼로17길 53
Gangnam-gu Yeoksam-ro 17-gil 53
instagram.com/dot506_

Tel : 02-6933-9501
Prenotazione tel : O   **APERTO** Tutti i gg 11:30-22:00
Da asporto : X   **Ultimo ord :** 21:20
Pren. obbligatoria. : X   **Tempo pausa :** 15:00-17:00

Ambiente: Il ristorante occupa un intero edificio con una simpatica statua di maiale all'ingresso e un interno spazioso distribuito su tre piani.
Menu: Offre pancia e collo di maiale stagionati, invecchiati per un totale di 506 ore attraverso 51 processi.
Caratteristiche: Vanta la migliore carne di maiale stagionata, perfezionata grazie a due anni di ricerca e sviluppo con un processo di stagionatura unico e scientifico.
Suggerimento: Non preoccupatevi di cucinare la carne; il personale la griglierà per voi. Provate lo speciale riso fritto alla crema. Si consiglia di preferire la carne di maiale a quella di manzo.
Nota: la sala da pranzo al secondo piano funziona in base al principio "primo arrivato, primo servito" (senza prenotazione), mentre le sale private nere al terzo piano richiedono la prenotazione. Aspettatevi lunghe attese, perché di solito è molto affollato. La carne stagionata può avere un aroma unico. Tutti i membri del gruppo devono presentarsi all'ingresso. Nei periodi di maggiore affluenza, potrebbe non essere possibile effettuare ulteriori ordinazioni, quindi è bene ordinare generosamente all'inizio. L'atmosfera è vivace, ma è bene tenere presente che le conversazioni possono essere molto rumorose.

Voci di menu più popolari

A506 숙성 삼겹살 (Pancia di maiale stagionata) 150g 18.000
I506 숙성 목살 (Collo di maiale stagionato) 150g 19.000
크림볶음밥 Crema di Bokkeumbap (riso fritto) 10.000

시민식당 본점
Simin Sikdang
(Filiale principale)

서울 종로구 돈화문로5길 30
Jongno-gu Donhwamun-ro 5-gil 30
blog.naver.com/siminsikdang   instagram.com/siminsikdang

Tel : 0507-1445-8296   **CHIUSO** Lu
Prenotazione tel : O   **APERTO** Ma-Do 11:00-22:00
Da asporto : O   **Ultimo ord :** X
Pren. obbligatoria. : X   **Tempo pausa :** —

Ambiente: L'interno è pulito e spazioso, con una griglia per il barbecue a ogni tavolo. Si estende su due piani.
Menu: Dal samgyeopsal al jeyuk bokkeum (maiale piccante) con set di riso, le selezioni soddisfano gruppi di varie dimensioni.
Caratteristiche: Il samgyeopsal di 29 cm è una specialità che mette in risalto i tagli più deliziosi della carne di maiale avanzata. In tutto il ristorante sono installate macchine styler che eliminano gratuitamente gli odori della carne dai vestiti.
Suggerimento: Oltre alle prenotazioni regolari e di gruppo, al secondo piano sono disponibili sale private per feste di compleanno. L'ordinazione di un menu fisso include lo stufato di kimchi. Il riso fritto al wagyu incluso nel menu fisso offre il divertimento di prepararlo da soli; l'assistenza è disponibile su richiesta.
Nota: i prezzi del samgyeopsal sono un po' più alti, ma la qualità è eccellente.

Voci di menu più popolari

제육쌈밥정식 Jeyuk Ssambap Jeongsik (Menu di riso speziato) 14.000
커플아삼육세트 Set coppia Asamyuk (Wagyu + Samgyeopsal + Jeyuk Bokkeum + riso fritto Wagyu + Kimchi Jjigae) 59.000

NAENGMYEON 냉면

Il Naengmyeon 냉면 ("noodle freddi") è un amato piatto di noodle originario della Corea del Nord. Risalente alla dinastia Joseon, la sua popolarità è aumentata nelle città del nord come Pyongyang e Hamhung, diventando un piatto amato a livello nazionale dopo la guerra di Corea. Servito con cetrioli, fette di pera coreana, ravanelli sottaceto, uova sode e fette di petto, il naengmyeon offre una deliziosa fusione di sapori. Personalizzate la vostra esperienza con un tocco di salsa di senape piccante e un pizzico di aceto.

Nel mondo del naengmyeon, due sono le varietà principali: 물냉면 mul naengmyeon, una rinfrescante zuppa di noodle caratterizzata da noodle meticolosamente lavorati e immersi in una generosa ciotola di rinvigorente brodo ghiacciato (a base di manzo, pollo o dongchimi - kimchi d'acqua di ravanello). Mentre il mul naengmyeon proviene da Pyongyang, c'è il 비빔냉면 bibim naengmyeon, il fratello più piccante immerso nel gochujang - in particolare la variante di Hamhung nota come 회냉면 hoe naengmyeon, che aumenta il livello di piccantezza con pesce crudo marinato, in genere la razza. La principale distinzione tra i naengmyeon di Pyongyang e quelli di Hamhung sta nei loro spaghetti. Il naengmyeon di Pyongyang è caratterizzato da tagliatelle di grano saraceno grossolane e spesse che tendono a rompersi quando vengono masticate.

Al contrario, il naengmyeon di Hamhung incorpora grano saraceno mescolato con fecola di patate e patate dolci, ottenendo tagliatelle più masticabili che sottili. È interessante notare che nei sondaggi condotti tra i turisti stranieri, soprattutto quelli provenienti da altri Paesi asiatici, il naengmyeon è spesso considerato un piatto coreano che gli stranieri potrebbero esitare a provare. La masticabilità dei noodles e il concetto di servirli in un brodo freddo possono sembrare poco familiari all'inizio. Tuttavia, una volta acquisito il gusto, ci si potrebbe ritrovare ad avere un debole per questo piatto e non riuscire a resistere al suo fascino unico.

KALGUKSU 칼국수

Kalguksu 칼국수, che letteralmente significa "tagliatelle al coltello", deriva il suo nome dal metodo unico di taglio. Questo metodo lo distingue dall'estrusione o dalla filatura tipicamente utilizzate per i noodle. I noodle, meticolosamente lavorati a mano, sono preparati con un impasto a base di farina di frumento, uova e, occasionalmente, polvere di fagioli macinati per aggiungere consistenza. Il processo prevede di stendere la pasta in modo sottile, tagliarla in lunghe strisce e cuocerla a fuoco lento fino alla perfezione.

I noodles vengono poi serviti generosamente in una ciotola con un brodo caldo e una serie di ingredienti. Il brodo, una saporita miscela di acciughe essiccate, crostacei e kelp (a volte con un pizzico di brodo di pollo), viene sottoposto a un processo di cottura lenta per ottenere il suo gusto ricco. I noodles si uniscono alle zucchine coreane, alle patate e agli scalogni, dando vita a un piatto sostanzioso condito con sale e impreziosito da una guarnizione a scelta.

Naengmyeon - Noodle freddi 냉면

  Apgujeong / Cheongdam / Garosu-gil
압구정 / 청담 / 가로수길

La patria degli autentici noodles in stile Pyongyang

봉밀가 강남구청역
Bong Mil Ga
(Gangnam-gu Office Station)

강남구 선릉로 664
Gangnam-gu Seolleung-ro 664
instagram.com/bongmilga_official

Tel : 02-546-2305
Prenotazione tel :   X   **APERTO** Tutti i gg 11:30-21:30
Da asporto : X   **Ultimo ord :** 14:30 / 20:30
Pren. obbligatoria. :   X   **Tempo pausa :** 15:00-17:00

Ambiente: Spazioso, confortevole e ben illuminato.
Menu: Un'ampia varietà di piatti, tra cui spaghetti di grano saraceno in stile Pyongyang, onmyeon (spaghetti caldi), gomtang e frittelle di grano saraceno.
Caratteristiche: I noodle sono fatti al 100% con grano saraceno, senza aggiunta di farina, e sono più spessi di quelli di altri ristoranti di noodle freddi.
Consiglio: provate i noodle freddi in estate e quelli caldi in inverno.
Nota: il parcheggio è limitato, quindi si consiglia di utilizzare i mezzi pubblici.

Voci di menu più popolari

평양 메밀국수 Pyeongyang Memilguksu (noodles al grano saraceno) 14.000
평양온면 Pyeongyang Onmyeon (tagliatelle calde) 14.000
평양 손만두 Pyeongyang Sonmandu (dumplings coreani fatti a mano) 8.000

---

2 **Seocho / Seorae Village**
서초 / 서래마을

Ristorante popolare noto per i suoi sostanziosi galbijjim e i deliziosi naengmyeon di Hamheung-styke

서초면옥 본점
Seocho Myeon Ok (Filiale principale)

서울 서초구 동광로 97
Seocho-gu Donggwang-ro 97

Tel : 02-536-1423
Prenotazione tel :   X   **APERTO** Tutti i gg 10:30-21:00
Da asporto : X   **Ultimo ord :** X
Pren. obbligatoria. :   X   **Tempo pausa :** —

Ambiente: Il ristorante è indipendente e offre ampi spazi senza problemi di parcheggio.
Menu: Include opzioni di naengmyeon in stile Hamheung, ravioli e vari piatti principali.
Caratteristiche: Quando si ordina il galbijjim, viene fornita anche una ciotola separata di brodo galbitang. Aggiungendo **separatamente** il riso al vapore e mescolandolo con il brodo si può gustare una deliziosa zuppa di riso!
Suggerimento: Abbinare il galbijjim caldo al naengmyeon freddo è una combinazione fantastica!
Nota: i ravioli sono disponibili in mezze porzioni, il che li rende ideali per chi mangia da solo o con poche persone. Il liquido nella pentola non è acqua, ma un brodo saporito. Se preferite l'acqua, potete richiederla separatamente.

Voci di menu più popolari

회냉면 Hoe (pesce crudo) Naengmyeon 12.000
손만두 Son Mandu (dumplings coreani fatti a mano) 9.000
갈비찜(대) Galbijjim (costolette di manzo brasate) 73.000

Hannam-dong / Itaewon
한남동 / 이태원

 Myeongdong
명동

Famoso ristorante noto per il naengmyeon in stile Hamheung che rinfresca corpo e mente

한남면옥
Hannam Myeon Ok

용산구 우사단로10가길 10
Yongsan-gu Usadan-ro 10ga-gil 10

Tel : 0507-1385-6608
Prenotazione tel : X	APERTO Lu-Sa 11:00-22:00
Da asporto : O	Do 12:00-20:00
Pren. obbligatoria. : X	Ultimo ord : Do - Gi 19:45
	Ve, Sa 21:45
	Tempo pausa : —

Ambiente: Situato in un vicolo caratteristico, questo piccolo ristorante è accogliente con un interno modesto adornato da piante e ornamenti affascinanti.
Menu: Il menu è caratterizzato da naengmyeon e kalguksu alle vongole, con ravioli e antipasti vari.
Caratteristiche: Conosciuto per la sua salsa leggermente piccante e il brodo saporito, il naengmyeon mul è generosamente condito con kimchi di ravanello giovane a fette, che ne esalta la consistenza. Il brodo caldo bilancia delicatamente il piatto.
Suggerimento: i fagottini di carne si abbinano bene al naengmyeon, mentre i fagottini di kimchi piccante completano il kalguksu.
Nota: la salsa di condimento è forte; se si è sensibili alle spezie, si consiglia di optare per il naengmyeon mul. L'acqua e il brodo sono self-service, con tazze per l'acqua sul ripiano superiore e tazze per il brodo sul ripiano inferiore.

Voci di menu più popolari

물비빔냉면 Mul Naengmyeon / Bibim Naengmyeon 9.000
바지락 칼국수 Bajirak Kalguksu (zuppa di spaghetti alle vongole) 10.000

L'apice del naengmyeon in stile Hamheung, con sapori piccanti, aciduli e dolci

명동함흥면옥 본점
Myeongdong Hamheung Myeon Ok
(Filiale principale)

서울 중구 명동10길 35-19
Jung-gu Myeongdong 10-gil 35-19

Tel : 02-776-8430	CHIUSO Do
Prenotazione tel : X	APERTO Lu-Sa 11:00-20:00
Da asporto : X	Ultimo ord : X
Pren. obbligatoria. : X	Tempo pausa : —

Ambiente: Caratterizzato da un esterno sofisticato e da un'atmosfera serena all'interno.
Menu: Assaggiate il delicato ma saporito naengmyeon in stile Hamheung servito sia in bibim (mescolato con salsa piccante) che in brodo.
Caratteristiche: Il brodo di carne caldo viene servito prima del piatto principale per pulire il palato.
Suggerimento: Per i noodles freddi con pesce crudo, si consiglia di provare il pesce crudo piccante piuttosto che il merluzzo.
Nota: chiuso tutte le domeniche come giorno festivo.

Voci di menu più popolari

회냉면 Hoe (pesce crudo) Naengmyeon 13.000
물냉면 Mul Naengmyeon 12.000
비빔냉면 Bibim (piccante) Naengmyeon 12.000

⑤ Jongno / Gwanghwamun / Insa-dong
종로 / 광화문 / 인사동

Naengmyeon piccante e saporito in stile Hamheung che stimola l'appetito dal 1955

오장동 함흥냉면
Ojangdong Hamheung Naengmyeon

중구 마른내로 108
Jung-gu Mareunnae-ro 108
ojangmyeok.modoo.at/

Tel : 02-2267-9500
Prenotazione tel : X
Da asporto : X
Pren. obbligatoria. : X

CHIUSO Ma
APERTO Lu,Me-Do 11:00-20:00
Ultimo ord : X
Tempo pausa : 15:30-17:00

Ambiente: Situato su una strada un po' trafficata, ma facile da trovare. L'interno è spazioso e confortevole. Essendo un locale di vecchia data, ha molti clienti abituali di età avanzata.
Menu: Specializzato in tagliatelle gommose fatte con amido di patate dolci, serve soprattutto naengmyeon. L'hoe muchim (pesce crudo marinato e speziato) è piccante e saporito.
Caratteristiche: Servono un brodo caldo in un bollitore, moderatamente condito e molto saporito.
Suggerimento: se il bibim naengmyeon o l'hoe naengmyeon sono troppo piccanti, aggiungere un po' di brodo. Gli hoe naengmyeon e i bibim naengmyeon sono consigliati rispetto ai mul naengmyeon.
Nota: è disponibile solo l'attesa in loco, ma il tasso di rotazione è veloce. Di solito si riesce a trovare un posto a sedere entro 20 minuti.

Voci di menu più popolari

회냉면 Hoe (pesce crudo) Naengmyeon 15.000
물냉면 Mul Naengmyeon 15.000
만두 Mandu (dumplings coreani) 12.000

Rinomato ristorante di Seoul conosciuto per il tradizionale Naengmyeon e Bulgogi di Pyongyang dal 1946

우래옥
Woo Lae Oak

중구 창경궁로 62-29
Jung-gu Changgyeonggung-ro 62-29

Tel : 02-2265-0151
Prenotazione tel : X
Da asporto : X
Pren. obbligatoria. : X

CHIUSO Lu
APERTO Ma-Do 11:30-21:00
Ultimo ord : 20:40
Tempo pausa : —

Ambiente: L'interno è progettato con elementi tradizionali coreani. Il ristorante è spazioso, con molti posti a sedere sia al primo che al secondo piano, il che garantisce un'alta rotazione. L'accesso al secondo piano avviene tramite scale.
Menu: I piatti principali sono i tradizionali naengmyeon e bulgogi di Pyongyang. Il menu comprende anche galbitang, costine alla griglia e yukhoe.
Caratteristiche: Gli spaghetti di grano saraceno sono gommosi e sodi. Vengono utilizzati solo ingredienti coreani. Il pagamento si effettua in anticipo e nella sala d'attesa sono presenti caricabatterie e prese di corrente.
Suggerimento: il Galbitang è disponibile in quantità limitata solo il martedì, il giovedì e il sabato. Per un'esperienza migliore, abbinate il naengmyeon al bulgogi.
Nota: aspettatevi lunghe attese anche al di fuori degli orari dei pasti. L'acqua fredda deve essere richiesta separatamente.

Voci di menu più popolari

평양냉면 Pyeongyang Naengmyeon 16.000
비빔냉면 Bibim (picante) Naengmyeon 16.000
갈비탕 Galbitang 18.000

8 Hongdae 홍대

Uno dei migliori ristoranti di naengmyeon in stile Pyongyang a Seoul

을밀대 평양냉면
Eulmildae Pyeongyang Naengmyeon

마포구 숭문길 24
Mapo-gu Sungmun-gil 24

Tel : 02-717-1922

Prenotazione tel :	X	**APERTO** Tutti i gg 11:00-22:00	
Da asporto :	O	**Ultimo ord :**	X
Pren. obbligatoria. :	X	**Tempo pausa :**	—

Ambiente: L'interno riflette il passare del tempo con il suo arredamento nostalgico. Diviso in tre edifici, gli ospiti vengono guidati in base alla lista d'attesa. All'interno ci sono circa 15 tavoli, per lo più rotondi, oltre ad alcune zone basse.
Menu: Le caratteristiche includono naengmyeon in stile Pyongyang, ricco e saporito, completato da frittelle di fagioli mung e fette di manzo bollito.
Caratteristiche: Immergere le fette di maiale bollito nella salsa di soia con cipolla verde e aglio tritati per una combinazione perfetta.
Consiglio: quando si ordinano i noodles freddi, richiedendo "거냉 (geo naeng)" si ottiene un brodo senza ghiaccio, che permette di assaporare il vero sapore del brodo. Richiedendo "양많이 (yang mani)" si ottengono un po' più di noodles senza costi aggiuntivi (anche se si può ridurre la quantità di guarnizioni).
Nota: situato in un vicolo con molti negozi nelle vicinanze, è facile da trascurare. Anche se può esserci un po' di attesa, il turnover è relativamente veloce.

Voci di menu più popolari

물냉면 Mul Naengmyeon 15.000
비빔냉면 Bibiim (picante) Naengmyeon 15.000
수육 Suyuk (carne bollita) 35.000

Kalguksu - Tagliatelle tagliate a coltello 칼국수

5 Jongno / Gwanghwamun / Insa-dong 종로 / 광화문 / 인사동

Un punto di ristoro preferito dai commensali, noto per i suoi ravioli fatti a mano in stile nordcoreano

취야벌 국시
Chwiyabeol Guksi

종로구 인사동7길 21
Jongno-gu Insadong 7-gil 21

Tel : 02-730-0305		**CHIUSO** Do	
Prenotazione tel :	X	**APERTO** Lu-Sa 09:30-21:30	
Da asporto :	O	**Ultimo ord :**	X
Pren. obbligatoria. :	X	**Tempo pausa :**	—

Ambiente: Ospitato in un edificio tradizionale hanok ristrutturato, offre sia tavoli seduti con sedie che posti a sedere sul pavimento. Situato in un vicolo piuttosto che su una strada principale, può essere difficile da trovare, quindi è consigliabile chiedere indicazioni ai locali nelle vicinanze.
Menu: Specializzato in ravioli al vapore in stile nordcoreano, serviti in vari piatti tra cui vapore, hot pot e zuppe. Offre anche piatti come il pancake ai frutti di mare.
Caratteristiche: I visitatori possono osservare la preparazione dei ravioli fatti a mano in stile nordcoreano all'interno. Noto per i suoi piatti sostanziosi e nutrienti, preparati con abbondanti quantità di carne e verdure.
Suggerimenti: Essendo un ristorante specializzato in ravioli, si consiglia di ordinare piatti a base di ravioli.
Nota: quando si ordina l'hot pot, bisogna fare attenzione perché il condimento si deposita sul fondo; un'ebollizione prolungata può intensificare la salinità del brodo. Le ordinazioni di hot pot richiedono un minimo di 2 ordinazioni. La maggior parte dei posti a sedere è a terra e le scarpe devono essere tolte, quindi è bene tenerlo presente.

Voci di menu più popolari

접시만두 Jeopsi Mandu (dumplings coreani al vapore) 11.000
만두전골 Mandu Jeongol (dumplings coreani hot pot) 14.000
취야국시 Chwiya Guksi (zuppa di noodle) 9.000

Jongno / Gwanghwamun / Insa-dong
종로 / 광화문 / 인사동

 Samcheong-dong
삼청동

Un ristorante molto amato, noto per i suoi sostanziosi ravioli e piatti caldi dal 1988

Tagliatelle di grano saraceno fatte a mano con il 100% di grano saraceno Bongpyeong

깡통만두
Kkang Tong Mandu

북촌막국수
Bukchon Makguksu

종로구 북촌로2길 5-6
Jongno-gu Bukchon-ro 2-gil 5-6

서울 종로구 삼청로 141, 지하 1층
Jongno-gu Samcheong-ro 141, B1
bukchonmakguksu.modoo.at

Tel : 02-794-4243
Prenotazione tel : X
Da asporto : X
Pren. obbligatoria. : X

CHIUSO Do
APERTO Feriale 11:30-21:00
Sa 11:30-20:00
Ultimo ord :   Feriale
                14:40, 20:10
                Sa 19:10
Tempo pausa : Feriale
                15:30-17:00

Tel : 02-737-4111
Prenotazione tel : O
Da asporto : O
Pren. obbligatoria. : X

APERTO Tutti i gg 10:00-20:30
Ultimo ord : 20:00
Tempo pausa : —

Ambiente: Situato all'interno di un vicolo stretto, il ristorante dispone di ampi spazi e di numerosi tavoli.
Menu: Si concentra su piatti a base di noodle come il kalguksu e i ravioli, ma offre anche una varietà di pancake.
Caratteristiche: I noodles vengono preparati freschi ogni mattina, garantendo una consistenza gommosa sia per i ravioli che per la zuppa.
Suggerimenti: A causa delle frequenti attese in loco, è consigliabile preordinare i posti a sedere e le scelte del menu tramite Catch Table. La zuppa in stile nordcoreano, Onban, comprende dumplings e frittelle di fagioli mung, una rarità altrove, che la rende una scelta consigliata per un'esperienza culinaria unica.
Nota: la zuppa di dumplings potrebbe non essere adatta a tutti a causa del suo brodo insipido, mentre l'hot pot è un'alternativa preferibile nonostante il suo brodo forte, che può indurre sete dopo il consumo. All'interno del locale sono disponibili servizi igienici.

Ambiente: L'interno spazioso è arredato con molti comodi posti a sedere, con tavoli ampiamente distribuiti, che lo rendono un luogo ideale per la conversazione.
Menu: Offre piatti che vanno dai noodles di grano saraceno e tagliati a coltello a vari contorni.
Caratteristiche: Vende makguksu fatti con spaghetti di grano saraceno puro al 100% di Bongpyeong (nome della regione).
Suggerimento: provate i makguksu deul gi reum (tagliatelle di grano saraceno all'olio di perilla). Anche i loro ravioli sono molto buoni. Se vi recate in estate, provate i memil kong guksu (tagliatelle di grano saraceno) di stagione.
Nota: anche se si ordina una porzione piccola, le porzioni sono abbondanti. Meno affollato nei giorni feriali.

Voci di menu più popolari

들기름막국수 Deul Gi Reum Makguksu (Tagliatelle di grano saraceno fredde con olio di sesamo) 13.000
메밀칼국수 Memil Kalguksu (Tagliatelle di grano saraceno tagliate a coltello) 14.000
메밀 굴림 만두 Memil Gulim Mandu (dumplings arrotolati in farina di grano saraceno) 15.000

Voci di menu più popolari

찐만두 Jjinmandu (dumplings al vapore) 11.000
만두전골 Mandu Jeongol (dumplings caldo) 40.000
온반 Onban (zuppa in stile nordcoreano) 12.000

6 Samcheong-dong 삼청동

Un rinomato locale di kalguksu con un ricco brodo di ossa di manzo e dumplings fatti al momento ogni mattina

황생가칼국수
Hwang Saeng Ga Kalguksu

서울 종로구 북촌로5길 78
Jongno-gu Bukchon-ro 5-gil 78
황생가칼국수.com

Tel : 02-739-6334
Prenotazione tel : X   **APERTO** Tutti i gg 11:00-21:30
Da asporto : X   **Ultimo ord :** 20:40
Pren. obbligatoria. : X   **Tempo pausa :** —

Ambiente: L'interno è di dimensioni moderate con un tocco di elementi tradizionali hanok. Ci sono molti tavoli e posti a sedere tradizionali. Dispone di un secondo piano per ulteriori posti a sedere.
Menu: Offre kalguksu con un brodo lattiginoso fatto con ossa di manzo coreano, punta di petto e stinco cotti a fuoco lento, insieme a ravioli fatti a mano.
Caratteristiche: Si può vedere il proprietario che prepara i ravioli proprio all'ingresso.
Suggerimento: quando si mangia il kalguksu, invece di mangiare il kimchi appena fatto da solo, provate a metterlo sopra i noodles per gustare un sapore più armonioso. Durante l'estate, il kong guksu (tagliatelle fredde di zuppa di fagioli) è assolutamente da provare.
Nota: l'attesa può essere piuttosto lunga, quindi si consiglia di arrivare presto. Il locale dispone di un'enorme area d'attesa separata all'esterno.

Voci di menu più popolari

사골칼국수 Sagol Kalguksu (Tagliatelle fatte a mano tagliate a coltello in brodo di manzo) 12.000
콩국수 Kongguksu (Tagliatelle fredde in zuppa di fagioli) 15.000
왕만두국 Wang Mandu (zuppa di gumplings grandi) 12.000

10 Jamsil 잠실

Il tradizionale kalguksu in stile Jeonju in un ambiente moderno

베테랑 롯데잠실점
Veteran (Filiale di Lotte Jamsil)

송파구 올림픽로 240 지하 1층 푸드코트
Songpa-gu Olympic-ro 240 B1F Food Court

Tel : —
Prenotazione tel : X   **APERTO** Lu-Gi 10:30-20:00
Da asporto : X   Ve-Do 10:30-20:30
Pren. obbligatoria. : X   **Ultimo ord :** X
                                  Tempo pausa : —

Ambiente: Situato nel seminterrato della sala ristorazione 1F dei grandi magazzini Lotte, offre sia tavoli da bar che tavoli normali.
Menu: Specializzato in tre piatti principali: kalguksu, jjolmyeon (tagliatelle gommose) e mandu.
Caratteristiche: I noodles sono spessi e gommosi, simili agli udon per consistenza.
Suggerimento: i ravioli sono fatti con involucri sottili, che li rendono perfetti da abbinare al kalguksu.
Nota: a causa dei posti limitati rispetto agli altri ristoranti della food hall, si consiglia di prenotare un tavolo prima di ordinare.

Voci di menu più popolari

Tagliatelle Kalguksu 9.000
Gnocchi Mandu 7.000
Jjolmyeon (tagliatelle gommose) 8.000

GEJANG 게장

Il Gejang 게장 ("granchio marinato") è un piatto imperdibile in Corea, caratterizzato da granchi crudi marinati in due deliziose varianti: Ganjang Gejang 간장 게장, imbevuto di salsa di soia per un gusto saporito, e Yangnyeom Gejang 양념 게장, infuso con peperoncino piccante, che crea un'esplosione di freschezza e sapore oceanico. E non preoccupatevi di essere ordinati: sentitevi liberi di rimboccarvi le maniche, rompere i gusci dei granchi e assaporare ogni boccone (vi forniranno anche guanti e grembiule usa e getta!).

JUK 죽

Il juk, un tradizionale porridge coreano, occupa un posto importante nella tradizione culinaria e nella cultura coreana. Spesso accolto come pasto di conforto, in particolare durante i periodi di malattia o quando si cerca un'opzione leggera e facilmente digeribile, il juk si ottiene facendo sobbollire il riso o altri cereali fino a raggiungere una consistenza morbida, simile a quella del porridge. Gustato nella sua forma semplice o arricchito con una serie di ingredienti come verdure, carne, frutti di mare, uova e condimenti, il juk offre un'esperienza gustosa e nutriente. La sua popolarità tra coloro che sono attenti all'apporto calorico deriva dal metodo di preparazione del porridge, in cui una quantità modesta di cereali viene bollita e messa a bagno, dando un senso di sazietà con porzioni più piccole rispetto al riso o al pane.

Gejang - Granchio crudo marinato 게장

 Apgujeong / Cheongdam / Garosu-gil
압구정 / 청담 / 가로수길

Il posto più famoso per il granchio marinato in salsa di soia in Corea del Sud

신사본점
Pro Ganjang Gejang
(Filiale principale di Sinsa)

서울 서초구 강남대로97길 7, 지하1,2층, 지상1층
Seocho-gu Gangnam-daero 97-gil 7 B1, B2, 1F
instagram.com/prosoycrab

Tel : 02-543-4126
Prenotazione tel : X   **APERTO** Tutti i gg 11:00-23:00
Da asporto : O   **Ultimo ord :** X
Pren. obbligatoria. : X   **Tempo pausa :** —

Ambiente: L'edificio è di grandi dimensioni ed è composto da due piani interrati e un piano terra. Gli interni in legno creano un'atmosfera accogliente. Lo spazio è pulito e spazioso e consente un'esperienza culinaria confortevole.
Menu: Offre una varietà di piatti a base di granchi di fiume, tra cui granchi marinati in salsa di soia e conditi, oltre a opzioni al vapore e in umido.
Caratteristiche: Il segreto del suo sapore sta nel processo di invecchiamento di tre giorni delle femmine di granchio dei fiori pescate nel Mare Occidentale.
Suggerimento: è piacevole mescolare il riso bianco con le interiora di granchio e si consiglia di provare anche il bibimbap di uova di granchio.
Nota: il nome "Pro" deriva dalle frequenti visite dei giocatori di baseball professionisti al ristorante.

Voci di menu più popolari

간장게장 Ganjang Gejang (granchio marinato con salsa di soia (2 granchi femmina grandi)) 114.000
양념게장 Yangyeom Gejang (granchio marinato condito (2 granchi femmina grandi)) 120.000
꽃게찜 Kkot Ge Jjim (granchio fiore al vapore) 85.000

Un ristorante che serve piatti a base di salsa di soia e marinata da due generazioni

게방식당
Gebang Sikdang

서울 강남구 선릉로131길 17
Gangnam-gu Seolleung-ro 131-gil 17
gebangsikdang.modoo.at
instagram.com/gebangsikdang.official

Tel : 010-8479-1107   **CHIUSO**
Prenotazione tel : O   Dom, 1° e 3° lun di ogni mese
Da asporto : O   **APERTO** Tutti i gg 11:30-21:00
Pren. obbligatoria. : X   **Ultimo ord :** X
                                 Tempo pausa : 15:00-17:30

Ambiente: L'esterno ricorda una caffetteria e una panetteria, conferendo un fascino unico.
Menu: Offre una varietà di piatti che includono granchio marinato in salsa di soia, uova di granchio, abalone e gamberi jang (marinati in salsa di soia) con riso.
Caratteristiche: Una collaborazione tra i genitori che hanno gestito un ristorante di specialità di granchio per 25 anni e un commerciante di moda, che ha dato vita a un interno elegante.
Suggerimenti: Ordinando un menu fisso, si ottiene il riso, la zuppa e i contorni di base. I sapori sono più delicati rispetto ad altri ristoranti di granchio in salsa di soia, il che lo rende adatto ai principianti.
Nota: i posti a sedere possono risultare scomodi per alcuni a causa della mancanza di schienali. Le donne potrebbero trovare insufficiente lo spazio per le borse. Per i prezzi aggiornati, visitare il sito web.

Voci di menu più popolari

간장게장/양념게장 Ganjang Gejang / Yangnyeom Gejang (Granchio marinato in salsa di soia / Granchio marinato piccante) 36.000
간장 전복 Ganjang Jeonbok (Abalone marinato con salsa di soia) 25.000

Apgujeong / Cheongdam / Garosu-gil
압구정 / 청담 / 가로수길

Hannam-dong / Itaewon
한남동 / 이태원

Granchio marinato in salsa di soia preparato con cura materna

서백자간장게장
Seobaekja Ganjang Gejang

서울 강남구 삼성로 542, 2층
Gangnam-gu Samseong-ro 542, 2F
sbjgejang.com

Tel : 02-552-2254

Prenotazione tel : O	APERTO Lu-Ve 10:30-22:00
Da asporto : O	Sa-Do 10:00-21:30
Pren. obbligatoria. : X	Ultimo ord : X
	Tempo pausa : —

Ambiente: Suddiviso in ampie sale e salette private, si presta a riunioni di gruppo.
Menu: Oltre allo stufato di granchio, ci sono diverse opzioni, come il borigulbi (croaker giallo essiccato all'orzo) e il bibimbap con uova di granchio, che consentono una grande varietà di scelte.
Caratteristiche: Quando si ordina lo stufato di granchio, viene accompagnato da una zuppa di alghe e da vari contorni.
Suggerimento: stimolate l'appetito con il porridge di zucca servito come antipasto e terminate con il tè omija come dessert.
Nota: ordinare il menu fisso per i pranzi feriali è più economico.

Voci di menu più popolari

간장게장 Ganjang Gejang (granchio marinato con salsa di soia) 38.000
양념게장 Yangnyeom Gejang (granchio marinato piccante) 40.000
꽃게찜 Kkotge Jjim (granchio fiore al vapore) 68.000

Un posto di primo piano per il granchio marinato in salsa di soia, preparato con granchio fresco nazionale

장지녕 간장게장
Jangjinyeong Ganjang Gejang

서울 용산구 독서당로 46, 지하 1층
Yongsan-gu Dokseodang-ro 46, B1
instagram.com/brand_jjn

Tel : 02-794-7737

Prenotazione tel : O	APERTO Tutti i gg 11:30-22:00
Da asporto : O	Ultimo ord : X
Pren. obbligatoria. : X	Tempo pausa : 15:00-17:00

Ambiente: Ambiente spazioso e piacevole con tavoli adatti a gruppi, che lo rendono un luogo ideale per le riunioni.
Menu: Oltre alla salsa di soia e al granchio marinato piccante, offre vari piatti come l'ostrica condita, l'insalata di cocchi, le polpette alla coreana e i calamari saltati piccanti.
Caratteristiche: Da aprile a settembre vengono serviti merluzzi crudi stagionati provenienti da Sokcho e da ottobre ad aprile dell'anno successivo ostriche stagionate. Questi piatti sono disponibili solo in queste stagioni, quindi si consiglia di provarli.
Suggerimento: per arricchire l'esperienza culinaria, accanto al granchio marinato si possono gustare verdure stagionate assortite e kimchi fresco giovane.
Nota: il ristorante offre il servizio di asporto e di consegna dei pacchi.

Voci di menu più popolari

장지녕 명품게장 세트(1인) - Jang Jinyeong Myeong Pum Gejang (granchio marinato di lusso) Set (a persona) - 35.000
불쭈꾸미 세트(1인) - Bul Jjukkumi (set di calamari piccanti saltati in padella) Set (a persona) - 15.000
제주갈치김치 - Jeju Galchi (pesce coda di capelli) Kimchi - 15.000

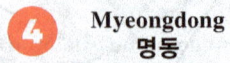 **4** Myeongdong 명동

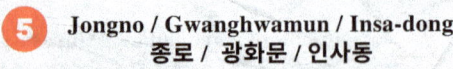 **5** Jongno / Gwanghwamun / Insa-dong 종로 / 광화문 / 인사동

Un ristorante di specialità che offre granchio invecchiato marinato alla soia con bottarga

함초간장게장
Hamcho Ganjang Gejang

중구 명동8가길 27, 지하 1층
Jung-gu Myeongdong 8ga-gil 27, B1F
blog.naver.com/mwooh2

Tel : 02-318-1624
Prenotazione tel : O   APERTO Tutti i gg 11:30-22:00
Da asporto : O   Ultimo ord : 21:00
Pren. obbligatoria. : X   Tempo pausa : —

Ambiente: L'esterno è caratterizzato da un'atmosfera tranquilla da hanok, con posti a sedere all'esterno. L'interno è piuttosto spazioso e ricco di piante. È particolarmente apprezzato dagli ospiti stranieri.
Menu: Offre granchio marinato alla soia, granchio marinato piccante, frittelle di pesce e stufato di pesce.
Caratteristiche: Noto per il granchio marinato alla soia con bottarga, invecchiato con hamcho (salicornia), un alimento riconosciuto come salutare.
Consiglio: si consiglia il menu fisso piuttosto che il granchio marinato alla soia à la carte.
Nota: i prezzi sono un po' alti. È interessante notare che offrono anche il samgyetang, ma il granchio marinato alla soia è altamente consigliato.

Voci di menu più popolari

Ganjang Gejang Ganjang Gejang 40.000
Ganjang Gejang Jeongsik (table d'hôte) 80.000
Haemul Pajeon (frittelle di frutti di mare) 25.000

Un ristorante coreano che vanta ricette tradizionali di 300 anni fa

큰기와집
Keun Giwa Jip

종로구 북촌로 22
Jongno-gu Bukchon-ro 22
blog.naver.com/keunkiwajip_0501

Tel : 0507-1448-9032
Prenotazione tel : X   APERTO Tutti i gg 11:30-21:00
Da asporto : O   Ultimo ord : 20:00
Pren. obbligatoria. : X   Tempo pausa : 15:00-17:30

Ambiente: Il ristorante ha una struttura unica, con un ingresso situato in un vicolo. L'interno è semplice ma caratterizzato da elementi coreani, e non è molto spazioso. È particolarmente popolare tra i turisti cinesi.
Menu: Offre una varietà di piatti, tra cui granchio marinato alla soia, granchio marinato piccante, bibimbap di granchio e costine brasate.
Caratteristiche: Segue le ricette di 300 anni fa della famiglia Cheongju Han.
Suggerimento: la salsa di soia utilizzata è a base di erbe medicinali per eliminare le impurità e l'amaro, mentre i granchi, provenienti da Seosan, sono pieni di uova ricche che conferiscono un sapore profondo. Le costine brasate sono costose per le dimensioni della porzione.
Nota: non c'è un'area d'attesa designata e i posti a sedere per le persone in attesa sono molto stretti, il che rende il locale scomodo.

Voci di menu più popolari

간장게장 Ganjang Gejang 59.000
양념게장 Yangnyeom Gejang 42.000
게장 비빔밥 Gejang Bibimbap 37.000

8 Hongdae 홍대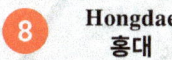

Un ristorante specializzato che serve solo granchio marinato con salsa di soia

서산꽃게
Seosan Kkotge

서울 마포구 도화길 12-3
Mapo-gu Dohwa-gil 12-3

Tel : 02-719-9693
Prenotazione tel : O
Da asporto : X
Pren. obbligatoria. : O

APERTO Feriale 11:50-21:00
Sa&Do / Festivo 11:50-20:00
Ultimo ord : X
Tempo pausa : 14:30-17:30

Ambiente: È necessario togliersi le scarpe prima di entrare e i posti a sedere sono costituiti da tavoli rialzati. Il ristorante è relativamente piccolo, con spazi stretti tra i tavoli.
Menu: Offrono solo un menu fisso: granchio marinato in salsa di soia.
Caratteristiche: I granchi sono grossi, carnosi e deliziosi, coltivati nelle acque profonde del Mare Occidentale. Viene servita una varietà di contorni, tra cui kimchi stagionato e sgombro in umido, alghe e laver e ostriche stagionate.
Suggerimento: viene fornito riso al vapore illimitato, quindi non esitate a richiederne il riempimento se necessario.
Nota: il ristorante funziona solo su prenotazione. I servizi igienici sono molto vecchi e possono risultare scomodi.

Voci di menu più popolari

간장게장 (1인) Ganjang Gejang (1 persona) - 40.000

---

9 Yeouido 여의도

Granchio marinato alla soia preparato con i migliori granchi fioriti coreani

화해당 여의도점
Hwa Hae Dang (Filiale di Yeouido)

영등포구 국회대로62길 15, 1층 3호
Yeongdeungpo-gu Gukhoe-daero 62-gil 15, 1F #3
smartstore.naver.com/hwahaedang

Tel : 02-785-4422
Prenotazione tel : O
Da asporto : O
Pren. obbligatoria. : X

CHIUSO Do, Lu
APERTO Ma-Sa 11:00-21:00
Ultimo ord : 20:00
Tempo pausa : 15:00-17:30

Ambiente: Gli interni accoglienti sono caratterizzati da tavoli dai toni marroni e da un'illuminazione calda, che creano un'atmosfera invitante. Sono disponibili anche sale private. Il ristorante è molto frequentato da clienti stranieri.
Menu: Offre due piatti principali: granchio marinato alla soia e pesce di scoglio al vapore.
Caratteristiche: Ogni primavera i granchi blu vengono surgelati e utilizzati per tutto l'anno.
Suggerimento: gustare il granchio marinato con riso appena cotto avvolto in fragranti gim (alghe). Se non siete abili con le bacchette, usate i guanti di plastica forniti per mangiare il granchio.
Nota: i prezzi sono più alti. I posti a sedere sono limitati, quindi bisogna aspettare.

Voci di menu più popolari

간장게장과 돌솥밥 Ganjang Gejang & Dolsot Bap (granchio marinato alla soia con riso alla pietra): 47.000
우럭포 찜 Ureokpo Jjim (Pesce di scoglio al vapore): 70.000

Jamsil
잠실

Un ottimo posto per il pranzo, che offre ganjang gejang fresco

본가진미간장게장
Bonga Jinmi Ganjang Gejang

송파구 백제고분로 420
Songpa-gu Baekjegobun-ro 420
instagram.com/jinmicrab

Tel : 0507-1342-5081
Prenotazione tel : O **APERTO** Tutti i gg 11:00-22:00
Da asporto : O **Ultimo ord :** X
Pren. obbligatoria. : O **Tempo pausa :** —

Ambiente: L'interno spazioso, con ampi tavoli, lo rende adatto alle riunioni di gruppo.
Menù: Oltre al granchio marinato alla soia, è possibile gustare una varietà di frutti di mare marinati come salmone, gamberi e abalone.
Caratteristiche: Utilizza solo granchi nazionali freschissimi e di prima qualità, acquistati tramite aste dirette. Viene fornita un'abbondante selezione di contorni.
Suggerimento: il granchio marinato può essere piuttosto piccante, quindi si consiglia il granchio marinato con soia. Per chi non può mangiare granchi crudi, è disponibile anche il granchio al vapore. Il set di granchi maschio è più economico del set di granchi femmina. La differenza è data dalla presenza di uova e dalle dimensioni della porzione (250 g contro 180 g).
Nota: sono disponibili la confezione e la consegna di set regalo. Il locale tende ad affollarsi durante le ore di cena.

Voci di menu più popolari

Amkkotge (granchi femmina) Ganjangejang Jeongsik (table d'hôte) (250g) 38.000
Sutkkotge (Granchi maschi) Ganjangejang Jeongsik (table d'hôte) (180g) 18.000

Juk - Porridge 죽

Hannam-dong / Itaewon
한남동 / 이태원

Un ristorante di porridge che utilizza riso appena macinato

한뿌리죽 이촌본점
Han Ppuri Juk
(Filiale principale di Ichon)

용산구 이촌로 245, 2층
Yongsan-gu Ichon-ro 245, 2F
instagram.com/hanppuri

Tel : 0507-1408-0103
Prenotazione tel : O **APERTO** Tutti i gg 10:00-21:00
Da asporto : O **Ultimo ord :** 20:30
Pren. obbligatoria. : X **Tempo pausa** Sa&Do
                                             15:30-16:30

Ambiente: Il ristorante, situato al secondo piano, è ordinato ma non molto spazioso, il che rende difficile accogliere gruppi numerosi.
Menu: Offre una varietà di porridge, tra cui porridge di verdure, porridge di pollo al ginseng e porridge di abalone.
Caratteristiche: Il porridge è preparato con riso appena macinato per mantenere la qualità più fresca, con conseguente migliore consistenza e sapore ricco. Anche i contorni sono di alta qualità.
Suggerimento: in caso di affollamento, si consiglia l'asporto. È possibile richiedere il porridge in porzioni per le ordinazioni di gruppo.
Nota: i prezzi sono più alti.

Voci di menu più popolari

삼계죽 Samgye Juk (Ginseng e pollo) 20.000
제주식전복죽 Jejusik Jeonbok Juk
(Abalone alla maniera di Jeju) 23.000
호박죽 Hobak Juk (Porridge di zucca) 16.000

⑨ Yeouido 여의도

Un rinomato ristorante di specialità di porridge a Yeouido, con una storia di 20 anni

대여죽집
Daeyeo Juk Jip

서울 영등포구 여의대방로67길 22
Yeongdeungpo-gu Yeouidaebang-ro 67-gil 22
www.02-783-6023.kti114.net

Tel : 02-783-6023
Prenotazione tel : X
Da asporto : O
Pren. obbligatoria. : X

CHIUSO Festivo
APERTO Feriale 07:00-21:00
Sa&Do 08:30-20:00
Ultimo ord : Feriale 20:30
Sa&Do 19:30
Tempo pausa : —

Ambiente: Il ristorante non è molto spazioso ma nemmeno angusto, e offre una visione chiara dall'esterno all'interno.
Menù: Presenta una varietà di porri come abalone, ginseng, funghi, gamberi e pinoli.
Caratteristiche: Utilizza riso di Icheon e abaloni vivi freschi provenienti da Wando, per garantire qualità e freschezza.
Suggerimento: per migliorare la vostra esperienza di porridge, gustatelo con baek kimchi (kimchi bianco) e mul kimchi (kimchi d'acqua).
Nota: situato in un piccolo edificio nascosto in un vicolo, può richiedere un certo sforzo per essere trovato.

Voci di menu più popolari

전복죽 Jeonbok Juk (Porridge di abalone) 17.000
버섯굴죽 Beoseot Gul Juk (Porridge di funghi e ostriche) 14.000
소두부죽 Sodubu Juk (Porridge di manzo e tofu) 14.000

KOREAN FRIED CHICKEN

Il pollo fritto coreano si è guadagnato ampi consensi per la sua consistenza croccante e la sua carne tenera e saporita, diventando un'apprezzata delizia culinaria sia in Corea che nel resto del mondo, grazie a un'ampia gamma di sapori, con ogni varietà caratterizzata da un condimento o una salsa unici.

Per esempio, il pollo yangnyeom 양념 delizia il palato con la sua salsa dolce e piccante a base di gochujang e aglio, mentre il pollo alla soia all'aglio offre una saporita miscela di salsa di soia, aglio e olio di sesamo, che conferisce un gusto ricco al piatto.

Il pollo piccante buldak 불닭 soddisfa chi desidera sapori intensi e decisi, grazie alla pasta di peperoncino e all'infusione di pepe. La popolarità del pollo fritto coreano trascende i confini generazionali. L'emergere del chimaek "치맥" (pollo + maekju, "birra"), un fenomeno culturale che abbina il pollo fritto alla birra, ha ulteriormente aumentato il suo fascino.

Il Chicken moo 무 ("ravanello di pollo") è un compagno essenziale del pollo fritto coreano, apprezzato per il suo sapore dolce e piccante e la sua consistenza croccante. Arricchito con aceto, zucchero, sale e, occasionalmente, fiocchi di peperoncino o aglio, funge da contrasto rinfrescante al pollo salato, ringiovanendo il palato e offrendo una tregua dalle varietà più piccanti.

JEON 전

Jeon 전 comprende una vasta gamma di frittelle salate profondamente radicate nella tradizione culinaria coreana. Queste frittelle sono preparate con una pastella composta da farina, uova, acqua o brodo e un assortimento di ingredienti come verdure, frutti di mare, carne o kimchi. Una volta mescolati, vengono sapientemente cotti in padella fino a raggiungere una deliziosa tonalità dorata, offrendo una stuzzicante combinazione di esterno croccante e interno tenero.

I coreani dicono che nei giorni di pioggia si dovrebbe gustare la classica combinazione di pajeon 파전, una frittella di scalogno verde, abbinata al makgeolli 막걸리, il tradizionale vino di riso. Questo abbinamento è stato a lungo favorito dai coreani, anche se le sue origini esatte rimangono soggette a speculazioni. Alcune teorie suggeriscono che l'associazione tra pioggia e frittelle derivi dalla somiglianza dei suoni sfrigolanti, evocando una risposta istintiva tra gli appassionati. Un'altra teoria la collega alle tradizioni agricole, dove i contadini cercavano conforto nei pajeon e nei makgeolli durante i periodi di inattività causati dalla pioggia, dando vita a una tradizione culinaria stagionale che persiste tuttora. Abbracciate la tradizione e assaporatene i sapori!

Korean Fried Chicken

1. Apgujeong / Cheongdam / Garosu-gil
압구정 / 청담 / 가로수길

Un ampio ristorante di pollo perfetto per un momento di allegria

깐부치킨 압구정역점
Kkanbu Chicken
(Filiale di Apgujeong Station)

강남구 압구정로32길 11, 1층 103호
Gangnam-gu Apgujeong-ro 32-gil 11, #103

Tel : 0507-1428-9283	**CHIUSO** 1a dom di ogni mese
Prenotazione tel : X	**APERTO** Tutti i gg 15:00-24:00
Da asporto : O	**Ultimo ord :** X
Pren. obbligatoria. : X	**Tempo pausa :** —

Ambiente: Esterno pulito, interno alla moda, spazioso con molti tavoli e una terrazza esterna.
Menù: Offre una varietà di opzioni di pollo, tra cui il classico fritto e varietà aromatizzate come aglio e salsa di soia.
Caratteristiche: Il pollo viene preparato con uno speciale metodo di doppia cottura. Tutti i piatti sono preparati freschi su ordinazione, quindi i tempi di attesa sono di 15-20 minuti.
Suggerimento: il set di pollo e birra ha un buon rapporto qualità-prezzo. Se si preferisce non mangiare il pollo fritto, si può scegliere l'opzione della griglia elettrica. È anche possibile ordinare il pollo fritto di base e provare diverse salse a parte.
Nota: l'atmosfera vivace lo rende meno adatto a conversazioni tranquille.

Voci di menu più popolari

크리스피 순살치킨 Pollo croccante al Sunsal (Tenders) 21.000
마늘간장 순살치킨 Maneul Ganjang Sunsal (Carne di coscia di pollo all'aglio e soia) 22.000

3. Hannam-dong / Itaewon
한남동 / 이태원

Un ristorante sano di pollo intero con una riduzione significativa dei grassi

해방촌닭
Haebangchon Dak

용산구 신흥로 97-5
Yongsan-gu Sinheng-ro 97-5
instagram.com/haebangchondak

Tel : 0507-1399-2037	**APERTO Feriale** 17:00-24:00
Prenotazione tel : O	Sa&Do 16:00-24:00
Da asporto : O	**Ultimo ord :** X
Pren. obbligatoria. : X	**Tempo pausa :** —

Ambiente: Situato in uno stretto vicolo all'interno del mercato Haebangchon Sinheung, a solo 1 minuto a piedi dall'ingresso. Lo spazio è piccolo, con tavoli per lo più da 2 persone e un tavolo da 4 persone. C'è anche un tavolo da bar.
Menu: Offre polli interi alle erbe, comprese le varietà alla griglia elettrica e all'aglio.
Caratteristiche: Il pollo è domestico, farcito con ginseng, giuggiole e riso glutinoso, e cotto a fuoco lento per 1,5 ore utilizzando una griglia elettrica per rimuovere l'olio in eccesso; il risultato è un'esperienza slow food sana e leggera.
Suggerimento: quando si ordina il pollo intero, questo viene servito con salsa piccante, salsa alla senape e ravanelli sottaceto.
Nota: nei fine settimana il ristorante apre un'ora prima rispetto ai giorni feriali. I tempi di attesa sono lunghi e devono essere registrati manualmente. Il bagno in comune non è molto pulito.

Voci di menu più popolari

전기구이 한방통닭 Jeongi Gui Hanbang Tongdak (Pollo intero alle erbe medicinali alla griglia) 20.000
전기구이 마늘한방통닭 Jeongi Gui Maneul Hanbang Tongdak (Pollo intero all'aglio medicinale alla griglia) 24.000

⑧ Hongdae 홍대

Gustate il pollo mentre guardate le partite sportive su un grande schermo

더블플레이치킨 홍대점
Double Play Chicken
(Filiale di Hongdae)

마포구 동교로 201, 2층
Mapo-gu Donggyo-ro 201, 2F
instagram.com/doubleplay_chicken

Tel : 0507-1401-9042
Prenotazione tel : O
Da asporto : O
Pren. obbligatoria. : X

APERTO Lu-Gi 17:00 - 02:00
Ve 17:00 - 02:30
Sa 16:30 - 02:30
Do 14:00 - 01:00
Ultimo ord : X
Tempo pausa : —

Ambiente: Situato al secondo piano di un edificio, l'interno spazioso è decorato con insegne al neon e cimeli a tema con il baseball professionistico coreano e americano. I molteplici schermi di grandi dimensioni creano un'atmosfera tipica da pub sportivo, dove si possono seguire varie partite di sport.
Menu: Offre una varietà di opzioni di pollo fritto e menu di contorno come il tteokbokki.
Caratteristiche: Il ristorante vanta un perfetto rapporto aureo tra condimento e salsa, sviluppato in anni di ricerca. Le ordinazioni possono essere effettuate tramite i tablet installati a ogni tavolo.
Suggerimento: avere qualche nozione di base sul baseball professionistico coreano migliorerà la vostra esperienza. La stagione del baseball va da marzo a ottobre, senza partite il lunedì, quindi visitarlo quando non ci sono partite potrebbe essere meno emozionante. Provate l'opzione "metà". Gli ordini da asporto ricevono uno sconto speciale.
Nota: i nomi dei menu fissi sono termini legati al baseball, che potrebbero risultare poco familiari. Assicuratevi di controllare attentamente i dettagli del menu.

Voci di menu più popolari

더플 핫 오리지널 치킨 Double Play Hot Original Chicken 16.900
오리지널 / 양념 Pollo originale/stagionato piccante 18.9000

---

⑨ Yeouido 여의도

Un ristorante di pollo fritto che utilizza tecniche di stagionatura lenta e che si vanta di un servizio rapido

둘둘치킨 여의도공원점
Dul Dul (Two Two) Chicken
(Filiale di Yeouido Park)

서울 영등포구 의사당대로 38
Yeongdeungpo-gu Uisadang-daero 38
22chicken.co.kr

Tel : 02-2090-7223
Prenotazione tel : O
Da asporto : O
Pren. obbligatoria. : X

APERTO Feriale 15:00 - 01:00
Sa&Do 14:00-23:00
Ultimo ord : O
Tempo pausa : —

Ambiente: Conosciuto per la sua ampia sala, spesso ospita prenotazioni di gruppi e ricevimenti di nozze.
Menu: Offre una varietà di gusti di pollo oltre alle opzioni fritte e condite.
Caratteristiche: Utilizza un metodo di "polvere secca" piuttosto che una pastella umida, consentendo una preparazione più rapida del pollo.
Suggerimento: ottimo posto per gustare un drink con vari contorni accanto al pollo. Spesso ospita eventi di tifo comune durante le partite sportive.
Nota: si trova proprio accanto alla stazione radiotelevisiva KBS, il che lo rende comodo per il pubblico degli studi. Affacciato sul parco Yeouido, è ideale per sedersi ai tavoli all'aperto, rilassarsi e godersi una piacevole esperienza di pollo e birra (chimaek).

Voci di menu più popolari

양념치킨 Yangnyeom (condito) Fried Chicken 22.000
마늘치킨 Maneul (all'aglio) Fried Chicken 23.000

Jamsil
잠실

Un ristorante di pollo, hamburger e pizza vicino al lago Seokchon in cui i robot servono il cibo

BBQ치킨 빌리지 송리단길점
BBQ Chicken Village (Filiale di Songlidan-gi)

서울 송파구 석촌호수로 284
Songpa-gu Seokchonhosu-ro 284
m.bbq.co.kr/menu/menuList2.asp

Tel : 02-2203-8292
Prenotazione tel : X **APERTO** Tutti i gg 10:00 - 02:00
Da asporto : O   **Ultimo ord :** X
Pren. obbligatoria. : X **Tempo pausa :** —

Ambiente: L'interno è spazioso e piacevole, con un design simile a quello di un caffè. Nelle belle giornate è possibile gustare i pasti sulla terrazza.
Menu: Offre una varietà di pollo, pizza, hamburger e contorni.
Caratteristiche: Fedele al suo nome, "BBQ" sta per "Best of the Best Quality" e vende solo pollo della migliore qualità. Ogni tavolo è dotato di un tablet per facilitare il pagamento e si possono osservare i robot che servono il cibo!
Suggerimento: la sera sedetevi sulla terrazza all'aperto per gustare un pasto con vista sulle luci della Lotte Tower.
Nota: gli articoli più richiesti sono spesso esauriti, quindi è meglio visitare il locale in anticipo!

Voci di menu più popolari

바사칸 윙 Basakan (croccante) Wing (ala) 23.000
황금올리브치킨 Hwanggeum (dorato) Olive Chicken 23.000
BBQ Chicken Burger (dolce o piccante) 5.000
Pepperoni Chicago Pizza 11.000

Jeon - Pancake coreano 전

Apgujeong / Cheongdam / Garosu-gil
압구정 / 청담 / 가로수길

Un gastropub coreano che serve una varietà di makgeolli e contorni deliziosi

묵전
Mukjeon

강남구 언주로 168길 22
Gangnam-gu Eonju-ro 168-gil 22

Tel : 02-548-1461
Prenotazione tel : O   **APERTO** Tutti i gg 11:30~24:00
Da asporto : O   Festivo 11:30~22:00
Pren. obbligatoria. : X **Ultimo ord :** 22:30
                Tempo pausa : —

Ambiente: Una casa di famiglia ristrutturata con un ambiente unico e un cortile, spesso affollato da giovani visitatori.
Menù: Un'ampia selezione di piatti coreani, tra cui varie frittelle, piatti al vapore, grigliate e zuppe.
Caratteristiche: Oltre al menu coreano, offre un'ampia selezione di vini di riso.
Suggerimento: provare i pancake assortiti abbinati al vino di riso.
Nota: la toilette si trova su per le scale, quindi fate attenzione quando scendete dopo averla usata.

Voci di menu più popolari

시골장터모듬전 (소) Sigol Jangteo Modum Jeon (Frittelle assortite (piccole)) 20.000
모듬 해물파전 Modum Haemul Pajeon (frittelle di frutti di mare assortite) 27.000
동그랑땡 Donggeurang Ttaeng (frittelle di manzo) 16.000

Hannam-dong / Itaewon
한남동 / 이태원

 Jongno / Gwanghwamun / Insa-dong
종로 / 광화문 / 인사동

Un ottimo posto per gustare i pancake coreani con makgeolli, soprattutto dopo essere andati in discoteca

전지전능
Jeonji Jeonneung

Un ristorante di noodle famoso per il suo kalguksu ai semi di perilla

체부동잔치집
Chebudong Janchi Jip

용산구 보광로60길 14
Yongsan-gu Bogwang-ro 60-gil 14

서울 종로구 자하문로1길 16
Jongno-gu Jahamun-ro 1-gil 16

Tel : 02-792-1400
Prenotazione tel : X
Da asporto : O
Pren. obbligatoria. : X
CHIUSO Do
APERTO Lu-Ve 18:00 - 05:00
Sa 19:00 - 07:00
Ultimo ord : Lu-Ve 04:00
Sa 06:00
Tempo pausa : —

Tel : 02-730-5420
Prenotazione tel : X
Da asporto : O
Pren. obbligatoria. : X
APERTO Tutti i gg 11:00-22:30
Ultimo ord : 22:00
Tempo pausa : —

Ambiente: Lo spazio non è grande, ma è pulito, con incantevoli tavoli rotondi in acciaio inox. L'ampio ingresso dà un senso di apertura.
Menu: Il piatto principale è costituito da frittelle assortite (jeon), insieme a tteokbokki, tofu kimchi, sundubu jjigae e altro ancora.
Caratteristiche: Si possono gustare vari tipi di frittelle che si abbinano bene al makgeolli.
Suggerimento: i sedili sono dotati di coperchi per riporre i vestiti. È meglio ordinare i pancake assortiti piuttosto che i singoli tipi.
Nota: gli sgabelli non hanno lo schienale, quindi potrebbero non essere adatti a chi ha problemi di schiena. Il locale è spesso frequentato da persone che hanno bevuto nei locali vicini.

Ambiente: I tavoli sono piccoli e lo spazio è ristretto, ma il tasso di rotazione è elevato.
Menu: L'edificio principale e l'annesso offrono diversi tipi di cibo, quindi controllate bene prima di visitarlo.
Caratteristiche: Oltre ai noodles, è possibile scegliere tra un'ampia varietà di contorni.
Suggerimento: a lato c'è un contenitore separato per il kimchi, che permette di prenderne quanto si vuole.
Nota: l'attesa potrebbe essere lunga a causa del gran numero di escursionisti.

Voci di menu più popolari

Voci di menu più popolari

콩모밀 Kong Momil (Tagliatelle di grano saraceno) 8.000
손칼국수 Son Kalguksu (Tagliatelle tagliate a coltello fatte a mano) 6.000
손수제비 Son Sujebi (Zuppa di pasta strappata a mano) 6.000

모둠전 Modeum Jeon (pancake assortite) 28.000

8 Hongdae
홍대

Un luogo dove si possono gustare jeon e jjigae assortiti in un unico pasto

잔치회관
Janchi Hoegwan

서울 마포구 도화2안길 2-4 1층
Mapo-gu Dohwa 2an-gil 2-4
instagram.com/janchi_hoekwan

Tel : 0507-1389-4788
Prenotazione tel : O
Da asporto : O
Pren. obbligatoria. : X

CHIUSO Do
APERTO Lu-Sa 11:00-22:00
Ultimo ord : 21:00
Tempo pausa : 15:00-17:00

Ambiente: Situato in una strada principale con una notevole visibilità, dispone di tavoli e di un interno pulito e piacevole con un concetto di casa coreana tradizionale. L'atmosfera è vivace, simile a quella di un incontro festivo.
Menu: Offre una varietà di piatti, tra cui galbitang (zuppa di costine), jeon (frittelle) con jjigae (stufato), yukhoe (manzo crudo condito).
Caratteristiche: Presenta con orgoglio una variegata selezione di piatti stagionali a base di pesce e di prodotti della terra, da gustare durante le stagioni.
Suggerimenti: Si consiglia di provare i piatti stagionali che cambiano con le stagioni. La generosa porzione di wang galbitang offre un ottimo rapporto qualità-prezzo. Ordinando il set di frittelle assortite e di stufato di frittelle si possono gustare le frittelle avanzate e le verdure insieme in una pentola bollente, un piatto tradizionale della provincia di Gyeongsang. Con un'ampia varietà di makgeolli disponibili, è anche piacevole assaggiare diversi tipi.
Nota: tutti i piatti a base di frittelle sono fritti nell'olio, il che li rende calorici.

Voci di menu più popolari

왕갈비탕 Wang Galbitang 12.000
모듬전+전찌개 Modeum Jeon (pancake assortite) + Jeon Jjigae (stufato) 38.000

HANJEONGSIK
한정식

Hanjeongsik 한정식 ("Table d'hôte coreano") vi invita ad assaporare un pasto tradizionale coreano di una portata completa, meticolosamente realizzato e presentato come menu fisso con una vasta gamma di piatti. È rinomato per la sua disposizione meticolosa, l'equilibrio dei sapori e il significato culturale.

Il viaggio culinario comprende banchan 반찬 (piccoli contorni), riso, zuppa e varie portate principali, offrendo ai commensali un delizioso assaggio del ricco arazzo delle delizie culinarie coreane. Un'intrigante curiosità storica: I re coreani consumavano cinque pasti al giorno, due dei quali erano il grande 12 (shibi) cheop bansang, noto come surasang 수라상 o "pasto reale". Se siete desiderosi di addentrarvi nell'essenza della cultura coreana dei banchan e di provare l'esperienza di cenare come un re coreano, la vostra destinazione è un ristorante Hanjeongsik!

CUCINA COREANA CONTEMPORANEA

Negli ultimi tempi, la cucina coreana contemporanea è emersa come una tendenza culinaria dinamica e inventiva, che riflette la profondità culturale della Corea e allo stesso tempo abbraccia concetti culinari moderni. Questa evoluzione delle opzioni culinarie è guidata dal desiderio di reimmaginare la cucina coreana tradizionale in modo innovativo, soddisfacendo i gusti in evoluzione sia a livello locale che globale. La cucina coreana contemporanea pone l'accento su ingredienti freschi e di provenienza locale, metodi di cottura innovativi e presentazioni artistiche, con l'obiettivo di elevare l'esperienza culinaria. La sua importanza risiede nella capacità di mostrare la diversità e la complessità dei sapori coreani, integrando al contempo le influenze culinarie globali.

Hanjeongsik - Table d'hôte coreano 한정식

1. Apgujeong / Cheongdam / Garosu-gil
압구정 / 청담 / 가로수길

Un ristorante hanjeongsik di alto livello con una splendida vista sulla città, perfetto da gustare con i propri cari

동화고옥
Dong Hwa Go Ok

서울 강남구 테헤란로 337, 14층
Gangnam-gu Teheran-ro 337, 14F
openine.com/동화고옥   instagram.com/donghwagohok

Tel: 0507-1382-8324
Prenotazione tel: O   **APERTO** Tutti i gg 11:30-22:00
Da asporto: X   **Ultimo ord**: 21:00
Pren. obbligatoria: O   **Tempo pausa**: 15:00-17:00

Ambiente: Interni moderni di tendenza in stile occidentale con illuminazione calda. La sala principale ha diversi tavoli da quattro persone e un piano superiore in stile alcova. Ci sono anche dei posti a sedere per quattro persone.
Menu: Offre piatti e separatamente, opzioni come goldongmyeon (spaghetti all'olio di perilla) e bibimmyeon (spaghetti piccanti).
Caratteristiche: Interpretazione moderna della "cucina reale" per far rivivere la nostra bella cultura culinaria coreana.
Suggerimento: se le portate del pranzo vi sembrano eccessive, scegliete un piatto di noodle a persona e dividete il bulgogi; dovrebbe essere giusto.
Nota: il Bibimmyeon può essere piccante, ma la piccantezza può essere regolata su richiesta. Le cabine offrono privacy ma non hanno vista sull'esterno.

Voci di menu più popolari

동화 골동면 Donghwa Goldongmyeon (tagliatelle all'olio di perilla) 15.000
동화 비빔면 Donghwa Bibimmyeon (tagliatelle piccanti) 15.000
Lunch A Course 29.000
Dinner A Course 79.000

5. Jongno / Gwanghwamun / Insa-dong
종로 / 광화문 / 인사동

Un ristorante specializzato in cibo del tempio che promuove la salute e il benessere

발우공양
Balwoo Gongyang

서울 종로구 우정국로 56, 5층
Jongno-gu Ujeongguk-ro 56, 5F
balwoo.or.kr/

Tel: 02-733-2081   **CHIUSO** Do
Prenotazione tel: O   **APERTO** Lu-Sa 11:30-21:00
Da asporto: X   **Ultimo ord**: 19:40
Pren. obbligatoria: O   **Tempo pausa**: 15:00-18:00

Ambiente: Un ristorante di alto livello dove si può gustare il cibo del tempio in una sala privata, con un pasto vegano spiegato e servito.
Menu: Diviso in corsi Seon/Won/Maeum/Hee, che consentono di scegliere il menu preferito.
Caratteristiche: Cibo sano in quanto non vengono utilizzate cinque spezie pungenti (aglio, cipolla, cipolla verde, erba cipollina e porri) o condimenti artificiali. Il ristorante è gestito direttamente dall'Ordine Jogye del buddismo coreano. Non vengono utilizzati uova o prodotti caseari.
Suggerimento: Ogni persona può ordinare un piatto diverso.
Nota: il corso Hee richiede una prenotazione tramite Naver, in quanto si tratta di un menu su ordinazione. La portata Seon è disponibile solo nei giorni feriali a pranzo. Potrebbe non essere la scelta migliore per chi cerca pasti ricchi di proteine.

Voci di menu più popolari

선식 Piatto Seon 30.000 (solo pranzo nei giorni feriali)
원식 Corso Won 30.000
마음식 Corso Maeum 70.000
희식 Corso Hee 120.000 (solo su ordinazione)

⑤ Jongno / Gwanghwamun / Insa-dong
종로 / 광화문 / 인사동

Un rinomato ristorante hanjeongsik amato da più generazioni da oltre 40 anni

하나로회관
Hanaro Hoegwan

서울 종로구 인사동5길 25, 지하 1층
Jongno-gu Insadong 5-gil 25, B1

Tel : 02-732-7451
Prenotazione tel : O
Da asporto : X
Pren. obbligatoria. : X

CHIUSO Do
APERTO Feriale 11:30-21:30
Sa 11:30-21:00
Ultimo ord : Feriale 20:00
Sa&Do 19:30
Tempo pausa : 15:00-17:00

Ambiente: Il ristorante dispone di 160 posti a sedere, tra cui sale private per riunioni di vario tipo, da piccole a grandi feste.
Menu: Offre un menù fisso vario che comprende insalate, zuppe, piatti saltati, sashimi e frittelle.
Caratteristiche: Il pasto inizia con un porridge di zucca appena macinata servito come antipasto.
Suggerimenti: I piatti sono serviti nell'ordine dal freddo al caldo, quindi l'abbinamento con il riso migliora l'esperienza culinaria.
Nota: se si cena in una sala privata tradizionale, gli ospiti devono togliersi le scarpe e non sono previste sedie con supporto per la schiena

Voci di menu più popolari

하나로정식 Hanaro Jeongsik (Basic) 33.000
하나로한정식 Hanaro Hanjeongsik (Regular) 40.000
하나로특정식 Hanaro Teuk Jeongsik (Speciale) 50.000
점심한정식 Jeom Shim (Lunch) Hanjeongsik 27.000

Un ristorante coreano tradizionale con 25 anni di storia

인사동 촌
Insadong Chon

서울 종로구 인사동14길 19
Jongno-gu Insadong 14-gil 19

Tel : 02-720-4888
Prenotazione tel : O
Da asporto : O
Pren. obbligatoria. : X

CHIUSO Do
APERTO Lu-Sa 11:30-21:00
Ultimo ord : 20:00
Tempo pausa : 15:00-17:00

Ambiente: Il negozio è caratterizzato da un Hanok tradizionale e da un giardino che creano un'atmosfera elegante.
Menu: I menu fissi sono suddivisi in Namchon, Seochon e Bukchon e consentono di ordinare in base al numero di persone.
Caratteristiche: Si può gustare una varietà di piatti, tra cui bulgogi, kimchi jeon e insalata di conchiglia, oltre a numerosi contorni.
Suggerimenti: Situato vicino a Ssamziegil, è un luogo ideale da visitare con amici stranieri perché c'è molto da vedere.
Nota: alcuni contorni sono a pagamento, quindi è bene informarsi.

Voci di menu più popolari

남촌정식 Namchon Set Menu 20.000
서촌정식 Seochon Set Menu 30.000
북촌정식 Bukchon Set Menu 40.000

⑤ Jongno / Gwanghwamun / Insa-dong
종로 / 광화문 / 인사동

Cucina del tempio che calma la mente e il corpo con ingredienti naturali

Un ristorante di cucina templare dove si possono gustare piatti salutari a base di verdure selvatiche

마지
Maji

산촌
San Chon

종로구 자하문로5길 19
Jongno-gu Jahamun-ro 5-gil 19

서울 종로구 인사동길 30-13
Jongno-gu Insadong-gil 30-13
www.sanchon.com

Tel : 0507-1418-5228
Prenotazione tel :   X
Da asporto : X
Pren. obbligatoria. :   O

CHIUSO Ma
APERTO Lu,Me-Do
11:30-20:00
Ultimo ord :   19:10
Tempo pausa : 15:00-17:30

Tel : 02-735-0312
Prenotazione tel :   X
Da asporto : X
Pren. obbligatoria. :   X

APERTO Tutti i gg 11:30-22:00
Ultimo ord : X
Tempo pausa : —

Ambiente: Situato in un vicolo, il ristorante è arredato in modo modesto con un hanok ristrutturato, offrendo un'atmosfera intima e accogliente. Colpisce l'armoniosa fusione di manufatti coreani e l'atmosfera familiare.
Menu: Offre opzioni à la carte come riso con vari condimenti e zuppa di pasta di soia, oltre a portate come insalate e contorni assortiti.
Caratteristiche: I set per il pranzo e la cena hanno lo stesso prezzo e offrono articoli identici. È un ristorante adatto ai musulmani.
Suggerimenti: È possibile ordinare contorni aggiuntivi per un supplemento di 3.000 won a piatto, quindi non è necessario ordinare un set se si desidera solo contorni specifici.
Nota: la prenotazione è obbligatoria, solo per telefono, e a volte vengono accolti anche singoli commensali. Il cibo viene servito in tempi relativamente brevi.

Ambiente: L'interno è ricco di piante e oggetti decorativi esotici.
Menu: Gustate il porridge, le verdure selvatiche assortite, i contorni stagionali e il japchae del villaggio di montagna.
Caratteristiche: Provate la cucina pulita e sana del tempio nel cuore della città.
Suggerimento: come aperitivo si può gustare il tè di benvenuto a base di aghi di pino.
Nota: il pagamento è richiesto in anticipo. Assicuratevi di esplorare la galleria dopo il pasto.

Voci di menu più popolari

오늘의마지 Oneul-eui Maji (Speciale di oggi) 11.000
런치디너세트 Lunch Dinner Set 23.000

Corsi (richiede la prenotazione anticipata) da 35.000 a 65.000

Voci di menu più popolari

비빔밥 Bibimbap 15.000
정식 Jeongsik (Set Menu) 29.000

⑤ Jongno / Gwanghwamun / Insa-dong
종로 / 광화문 / 인사동

Ristorante coreano hanjeongsik, pulito e sofisticato

수운
Soowoon

종로구 우정국로 26 센트로폴리스 2층
Jongno-gu Ujeongguk-ro 26, Centropolis, 2F
haevichi.com/soowoon   instagram.com/haevichidining

Tel : 0507-1360-4310
Prenotazione tel : O   **APERTO** Tutti i gg 11:30-22:00
Da asporto : O   **Ultimo ord :** 14:00/20:30
Pren. obbligatoria. : O   **Tempo pausa :** 14:30-17:30

Ambiente: Situato al 2F dell'edificio Centropolis, il ristorante vanta un ambiente moderno e lussuoso. La sala da pranzo dispone di lunghi tavoli da oltre 20 persone e di alcuni tavoli più piccoli da 4 persone, mentre il resto è composto da sale private.
Menu: Oltre ai piatti fissi, sono disponibili varie specialità.
Caratteristiche: Moderna reinterpretazione dell'elegante cucina coreana presentata in modo raffinato e sofisticato.
Consigli: Oltre alle portate, i singoli piatti sono eccellenti. Con un'ampia selezione di vini pregiati, l'abbinamento è altamente consigliato.
Nota: i prezzi sono più alti rispetto ai tipici ristoranti coreani. È un luogo ideale per regalare una persona speciale. La prenotazione della sala richiede un ordine minimo di 70.000 won. Nel complesso, i sapori sono ben bilanciati, ma alcuni potrebbero trovarli leggermente insipidi.

Voci di menu più popolari

수육과 들기름 막국수 Suyuk & Deulgireum Makguksu (fette di maiale bollito e tagliatelle fredde all'olio di sesamo) 23.000
떡갈비 비빔밥 Tteokgalbi (polpetta di manzo marinata) Bibimbap 24.000
낙지 쌈밥 Nakji Ssambap (Octupus avvolto nella lattuga) 24.000

Lunch Course 85.000
Dinner Course 110,00

Un ristorante tradizionale coreano specializzato in crocerossine essiccate all'orzo e granchio marinato in salsa di soia

양반댁
Yangban Daek

서울 종로구 인사동길 19-18
Jongno-gu Insadong-gil 19-18
instagram.com/yangbandeck

Tel : 02-733-5507   **CHIUSO** Do
Prenotazione tel : O   **APERTO** Lu-Sa 11:30-22:00
Da asporto : O   **Ultimo ord :** 21:00
Pren. obbligatoria. : X   **Tempo pausa :** 15:00-17:30

Ambiente: Godetevi un'atmosfera autentica in un ambiente tradizionale hanok.
Menu: Offre un menu a base di riso in pentola con granchio marinato in salsa di soia, polpo giallo essiccato all'orzo e costine di maiale.
Caratteristiche: Utilizza ingredienti coltivati direttamente a Eumseong, Chungbuk, e granchi femmina di provenienza nazionale per creare un gusto fresco con la salsa di soia.
Suggerimento: Dopo aver terminato il riso in pentola, completare il pasto con il nurungji.
Nota: le voci del menu potrebbero esaurirsi presto a causa della disponibilità degli ingredienti.

Voci di menu più popolari

간장게장 솥밥정식 Ganjang Gejang Sotbap Jeongsik (Menu di granchio marinato con salsa di soia) 38.000
보리굴비 솥밥정식 Borigulbi Sotbap Jeongsik (Set di pietanze calde a base di croccante giallo essiccato all'orzo) 28.000
돼지갈비 솥밥정식 Dwaeji Galbi Sotbap Jeongsik (Set di costine di maiale su pietra calda) 28.000

⑥ Samcheong-dong 삼청동

Hanjeongsik sano fatto con il miele invece che con lo zucchero

꿀밥상
Kkul Bapsang

종로구 삼청로 101
Jongno-gu Samcheong-ro 101

Tel : 0507-1417-9801
Prenotazione tel : O
Da asporto : O
Pren. obbligatoria. : X
APERTO Tutti i gg 10:20-20:00
Ultimo ord : 19:15
Tempo pausa : 15:30-16:30

Ambiente: L'interno è caratterizzato da un design semplice in tonalità legno, che offre un'atmosfera confortevole. Ci sono anche tavoli all'aperto, che creano un ambiente affascinante e accogliente. Il locale è popolare tra gli stranieri, anche se i posti a sedere sono limitati.
Menu: Offre una varietà di piatti, tra cui pasti fissi con oltre 10 contorni preparati dagli chef, opzioni à la carte come il bibimbap e piatti aggiuntivi come il bulgogi.
Caratteristiche: Menù attenti alla salute e preparati con zucchero ridotto, utilizzando il miele. Le grandi foto dei piatti esposte all'esterno aiutano a capire le offerte.
Suggerimento: quando si ordinano piatti fissi, è necessario un minimo di due persone. È una buona idea scegliere diverse opzioni di pasti fissi per provare una varietà. I contorni sono ricaricabili.
Nota: ogni persona deve ordinare almeno una voce del menu. Il personale comunica ad alta voce ed è impegnato con gli ordini di consegna, creando un'atmosfera rumorosa e non ideale per le conversazioni. Può essere difficile cenare da soli.

Voci di menu più popolari

꿀밥상특정식 Kkul Bapsang Teuk Jeongsik (Hanjeongsik Set) 17.000
꿀밥상비빔밥 Kkul Bapsang Bibimbap 13.000

Un ristorante coreano pulito e tradizionale, popolare tra i turisti

소선재
So Seon Jae

종로구 삼청로 113-1
Jongno-gu Samcheong-ro 113-1

Tel : 02-730-7002
Prenotazione tel : X
Da asporto : X
Pren. obbligatoria. : X
APERTO Tutti i gg 11:30-21:00
Ultimo ord : 14:00, 20:30
Tempo pausa : 14:30-17:00

Ambiente: Il ristorante in stile hanok non è grande e può ospitare circa 25 persone. Dispone di sale e tavoli individuali.
Menu: Offre piatti coreani rappresentativi come polpettine di costine alla griglia con riso, pesce d'orzo alla griglia con riso e bossam di verdure marinate con riso.
Caratteristiche: Uso minimo di condimenti artificiali, utilizzo di enzimi e pasta di soia fatti in casa per un gusto pulito e sano in tutti i piatti. È prevista una varietà di contorni.
Suggerimento: si consigliano i menu fissi. Fare attenzione al pesce grigliato, perché l'odore può rimanere sui vestiti.
Nota: nei fine settimana, l'orario di ristorazione può essere limitato a un'ora se ci sono prenotazioni successive. Lo spazio ridotto potrebbe non essere adatto a conversazioni importanti.

Voci di menu più popolari

한우떡갈비와 식사 Hanwoo Tteokgalbi-wa Siksa (polpettine di manzo con riso) 19.000

Sosonjae Fish (pesce) Course 49.000
Sosonjae Raw Crab (granchio crudo) Course 55.000

8 Hongdae 홍대

Un luogo dove potrete assistere ogni giorno a splendide esibizioni di musica tradizionale coreana

조선초가한끼 마포점
Chosun Choga Hankki (Filiale di Mapo)

서울 마포구 독막로 288
Mapo-gu Dokmak-ro 288

Tel : 0507-1334-0183
Prenotazione tel : X
Da asporto : X
Pren. obbligatoria. : X
CHIUSO Chuseok / Seollal
APERTO Tutti i gg 11:30-21:00
Ultimo ord : 14:00
Tempo pausa : 15:00-17:00

Ambiente: L'esterno ricorda una tradizionale casa coreana con il tetto di paglia, dando la sensazione di fare un salto nella dinastia Joseon. Al centro della sala si trovano dei tavoli e ai lati un'area per sedersi secondo la tradizione coreana, con sedie dallo schienale alto per garantire il massimo comfort.
Menu: Offre una varietà di piatti, tra cui un set per il banchetto reale che comprende galbi, yukjeon, yukhoe e sinseollo (hot-pot).
Caratteristiche: Sembra di essere tornati indietro nel tempo alla dinastia Joseon, dove viene servita la cucina reale.
Suggerimento: godetevi un'esperienza unica con gli spettacoli di gayageum dal vivo al centro del ristorante (le sere dei giorni feriali alle 19 e alle 20 (spettacoli di 30 minuti) e nei fine settimana alle 18 e alle 19).
Nota: per gruppi numerosi, si consiglia di ordinare un menu fisso. Quando si pranza nell'area tradizionale, è necessario togliere le scarpe.

Voci di menu più popolari

진수성찬 2인 세트 Jin Su Seong Chan Set per 2 persone 78.000
조선왕대갈비 Joseon Wang (formato Jumbo) Dae Galbi 36.000
갈비밥 Riso Galbi 16.000

9 Yeouido 여의도

Un ristorante coreano di qualità superiore specializzato in una varietà di menu con carne di manzo Hanwoo

경복궁 블랙 여의도IFC점
Gyeongbokgung Black (Filiale di Yeouido IFC)

영등포구 국제금융로 10 콘래드호텔 L1층 경복궁블랙
Yeongdeungpo-gu Gukjegeumyung-ro 10, Conrad Hotel, L1F

Tel : 02-6137-3050
Prenotazione tel : O
Da asporto : X
Pren. obbligatoria. : X
APERTO Tutti i gg 11:30-22:00
Ultimo ord : X
Tempo pausa : 15:00-17:00 (Feriale)

Ambiente: Caratterizzato da interni moderni e puliti con accenti coreani, il ristorante è interamente composto da sale per tavoli, offrendo ai clienti un'esperienza di ristorazione privata.
Menu: Offre una varietà di piatti di manzo alla griglia e di portate, oltre a opzioni per il pranzo.
Caratteristiche: Specializzato in vari piatti a base di manzo utilizzando l'Hanwoo (manzo coreano). Offre una varietà di contorni.
Suggerimento: si consiglia di provare il menu fisso del pranzo nei giorni feriali.
Nota: comodamente raggiungibile con l'ascensore del Conrad Hotel. Alcuni galbi e alcuni menù limitati utilizzano carne di manzo americana invece di Hanwoo. A meno che non si cerchi specificamente l'Hanwoo, si può scegliere senza problemi. I prezzi tendono ad essere più alti.

Voci di menu più popolari

한우 양념불고기 한정식 Hanwoo Yangnyeom Bulgogi Hanjeongsik (Set tradizionale di bulgogi di manzo coreano marinato) (Feriale) 50.000

Corsi 93.000-200.000

 **10** **Jamsil** 잠실

Cucina coreana contemporanea

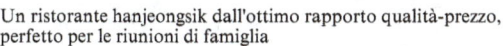 **1** **Apgujeong / Cheongdam / Garosu-gil** 압구정 / 청담 / 가로수길

Un ristorante hanjeongsik dall'ottimo rapporto qualità-prezzo, perfetto per le riunioni di famiglia

산들해 송파점
Sandlehae (Filiale di Songpa)

Cucina coreana rivisitata in chiave moderna dallo chef australiano

에빗 Evett

서울 송파구 위례성대로 6, 2층
Songpa-gu Wiryeseong-daero 6, 2F
sdhfood.co.kr

Tel : 02-448-3457	
Prenotazione tel : O	APERTO Tutti i gg 11:30-21:00
Da asporto : X	Ultimo ord : 20:40
Pren. obbligatoria. : O	Tempo pausa 15:00-17:00

Ambiente: Interni spaziosi e puliti, perfetti per le riunioni di gruppo.
Menu: Offre una varietà di piatti tra cui bossam, pesce alla griglia, granchio marinato in salsa di soia e una serie di contorni.
Caratteristiche: Il riso servito è a base di riso Icheon, una varietà di alta qualità storicamente offerta ai re.
Suggerimento: Hanjeongsik richiede un ordine minimo per due persone. Quando si mangia il riso in pietra caldo, prelevarne circa 3/4, versare l'acqua dalla brocca in dotazione nella ciotola in pietra e gustare il riso bruciato alla fine del pasto.
Nota: tutti i contorni del set sono illimitati ma vengono riempiti solo su richiesta, quindi assicuratevi di chiedere al personale se ne avete bisogno. Quando si ordina l'hanjeongsik, il personale porta l'intero set dalla cucina al tavolo in una sola volta. Evitate di mettere oggetti personali sul tavolo prima dell'arrivo del cibo per rendere più agevole questo processo.

Voci di menu più popolari

한정식 Hanjeongsik 23.000
한돈 돼지불고기 Handon Dwaeji (maiale coreano) Bulgogi 20.000
한우 소불고기 Hanwoo So (manzo coreano) Bulgogi 27.000

서울 강남구 도산대로45길 10-5
Gangnam-gu Dosan-daero 45-gil 10-5
restaurantevett.com   instagram.com/restaurantevett

Tel : 0507-1399-1029	CHIUSO Lu/Do
Prenotazione tel : O	APERTO Ma-Me 17:30-22:30
Da asporto : X	Gi-Sa 12:00-22:30
Pren. obbligatoria. : O	Ultimo ord : X
	Tempo pausa 14:30-17:30

Ambiente: Il ristorante presenta soffitti alti e un'eccellente illuminazione naturale, con interni moderni e dai toni caldi. La cucina a vista permette ai commensali di osservare gli chef al lavoro.
Menu: Offre portate distinte per il pranzo e la cena, con la possibilità di abbinare il vino. L'estetica dei piatti incorpora elementi ispirati alla natura coreana.
Caratteristiche: Il menu degustazione reinterpreta gli ingredienti coreani utilizzando idee e tecniche ispirate da tutto il mondo.
Suggerimento: è disponibile anche un'opzione di abbinamento di liquori, che include alcolici coreani che completano il menu delle portate. Leggere in anticipo le descrizioni del menu sul sito web può migliorare la vostra esperienza.
Nota: come nella maggior parte dei ristoranti di alto livello, le porzioni sono ridotte, quindi concentratevi sull'esperienza piuttosto che sul riempimento. Il menu può cambiare stagionalmente, quindi controllate il sito web prima di visitarlo. Alcuni piatti includono formiche commestibili, quindi è bene che ne siate consapevoli in caso di prenotazione.

Voci di menu più popolari

Lumch Course 150.000
Dinner Course 250.000

Apgujeong / Cheongdam / Garosu-gil
압구정 / 청담 / 가로수길

Un gastropub che offre piatti coreani rivisitati in modo unico, perfettamente abbinati a bevande tradizionali coreane

구들
Gudeul

서울 강남구 선릉로155길 26, 3층
Gangnam-gu Seolleung-ro 155-gil 26, 3F

Tel : 0507-1485-1592	CHIUSO Do
Prenotazione tel : O	APERTO Lu-Sa 17:30-23:00
Da asporto : X	Ultimo ord : 22:00
Pren. obbligatoria. : O	Tempo pausa : —

Ambiente: Il ristorante presenta un interno elegante con un ambiente intimo e accogliente. Il piccolo giardino terrazzato, dove le finestre possono essere aperte, offre un'evasione rilassante. I posti a sedere del bar offrono un'esperienza più vivace.
Menu: Spesso definito "Omakase coreano", il ristorante offre una varietà di piatti coreani che si abbinano bene all'alcol. Il corso "Gudeul Juansang / Banju Charim" comprende una gamma completa di piatti dalla cucina coreana al dessert.
Caratteristiche: Le ordinazioni di alcolici sono obbligatorie, quindi è possibile gustare il pasto con un drink.
Suggerimento: il menu delle portate si abbina magnificamente ai tradizionali liquori coreani. Se non sapete cosa bere, provate il drink consigliato del mese.
Nota: questo è un bar dove è necessario ordinare alcolici. L'ordine minimo è di una bottiglia per due persone o di una birra o un cocktail per persona.

Voci di menu più popolari

구들 주안상 / 반주 차림 Gudeul Juansang / Banju Charim 79.000

Cucina coreana moderna ispirata a Seoul e New York

정식당
Jeongsikdang

서울 강남구 선릉로158길 11
Gangnam-gu Seolleung-ro 158-gil 11
jungsik.kr   instagram.com/jungsik_inc

Tel : 02-517-4654	
Prenotazione tel : O	APERTO Tutti i gg 12:00-22:00
Da asporto : X	Ultimo ord : 13:15 / 19:15
Pren. obbligatoria. : O	Tempo pausa : 15:00-17:30

Ambiente: Il locale è composto da una caffetteria al primo piano, una sala da pranzo principale al secondo piano e sale private al terzo piano. In caso di attesa, gli ospiti vengono fatti accomodare al primo piano. Le famiglie con bambini vengono automaticamente assegnate alla sala del terzo piano senza costi aggiuntivi.
Menu: Il pranzo offre 9 piatti coreani stagionali a base di ingredienti, mentre la cena presenta 11 opzioni di menu.
Caratteristiche: Le moderne interpretazioni della cucina coreana sono servite in portate, con dessert che incorporano elementi coreani.
Suggerimento: Se si comunica in anticipo il proprio compleanno, si può ottenere un servizio speciale a sorpresa.
Nota: si consiglia di prenotare tramite Catchtable. Le prenotazioni si aprono il 1° dei mesi pari (febbraio, aprile, giugno, agosto, ottobre, dicembre) alle 11.00 per prenotazioni fino a due mesi prima (ad esempio, il 1° aprile alle 11.00 si aprono le prenotazioni per maggio e giugno). Le richieste telefoniche sono disponibili solo nei giorni feriali dalle 11.00 alle 20.00; non si accettano chiamate nei fine settimana. Le richieste possono essere inviate anche a reservation@jungsik.kr.

Voci di menu più popolari

Signature Lunch 195.000
Signature Dinner 290.000

⑤ Jongno / Gwanghwamun / Insa-dong
종로 / 광화문 / 인사동

Un ristorante fusion coreano noto per le sue deliziose granite makgeolli

주유별장 D타워점
Juyu Byeoljang (Filiale di D Tower)

종로구 종로3길 17, 4층
Jongno-gu Jong-ro 3-gil 17, 4F
instagram.com/juyubyeoljang_ghm

Tel : 0507-1430-8485
Prenotazione tel : O
Da asporto : X
Pren. obbligatoria. : X
APERTO Tutti i gg 11:30-22:00
Ultimo ord : Feriale 20:50
Festivo 19:50
Tempo pausa : 15:00-17:00

Ambiente: Situato al 4F della D Tower. Mentre l'ingresso è piccolo, l'interno è spazioso e lussuoso, con lunghi tavoli e lampadari. Ci sono posti a sedere con vista sull'interno della D Tower e sulla città esterna.
Menu: Offre una varietà di piatti fusion che combinano cucina coreana e occidentale. Particolarmente apprezzate sono le diverse opzioni di granita di makgeolli.
Caratteristiche: Gustate piatti fusion unici e makgeolli in un'atmosfera sofisticata.
Suggerimenti: Tra i piatti consigliati ci sono i capellini di abalone all'olio di sesamo e le frittelle di patate al formaggio. Da provare assolutamente le granite di makgeolli. Prenotando si può ottenere un posto migliore.
Nota: i prezzi sono relativamente alti per le dimensioni delle porzioni. A causa dell'acustica dell'edificio, il locale può essere rumoroso, il che lo rende meno adatto alle riunioni di lavoro.

Voci di menu più popolari

바삭치즈 반달감자전 Basak Cheese Bandal Gamja Jeon (Frittella di patate al formaggio croccante) 23.000
전복 들기름 카펠리니 Jeonbok Deulgireum (Capellini all'olio di perilla e abalone) 22.000
미나리 파스타 Minari (prezzemolo d'acqua) Pasta 20.000

Un ristorante ecologico che offre piatti sani ed esteticamente piacevoli

꽃밥에피다
Kkot Bap E Pida

서울 종로구 인사동16길 3-6
Jongno-gu Insadong 16-gil 3-6
goodbab.co.kr   instagram.com/flowerrice_official

Tel : 0507-1362-0276
Prenotazione tel : O
Da asporto : O
Pren. obbligatoria. : O
APERTO Tutti i gg 11:30-21:00
Ultimo ord : 14:00 / 20:00
Tempo pausa : 15:00-17:30

Ambiente: L'esterno emana una vibrante atmosfera da caffè, mentre l'interno presenta un design hanok spazioso e piacevole.
Menu: Offre piatti a base di riso integrale, verdure biologiche e prive di pesticidi, grano coreano privo di pesticidi, salse tradizionali a base di soia nazionale, maiale naturale privo di antibiotici e manzo coreano biologico. Particolarmente interessanti sono le variazioni stagionali del menu (controllare la homepage prima della visita).
Caratteristiche: Utilizza oltre il 90% degli ingredienti coltivati con metodi ecologici.
Suggerimento: è disponibile una portata vegetariana, il che lo rende un luogo ideale per i vegani.
Nota: il "Bojagi Bibimbap Set" ha una selezione ben assortita, ma è disponibile solo a pranzo. Le porzioni tendono a essere piccole.

Voci di menu più popolari

보자기 비빔밥 세트 Bojagi Bibimbap Set 24.000 (solo pranzo)

Corsi speciali stagionali 42.000 - 89.000

Seongsu-dong 성수동

Un moderno ristorante fusion coreano con menu stagionali unici

다반
Daban

성동구 서울숲4길 18-10
Seongdong-gu Seoulsup 4-gil 18-10
instagram.com/daban_seoul

Tel : 070-8844-2262

Prenotazione tel :	O	**APERTO**	Feriale 11:30-22:00
Da asporto :	X		Sa&Do 11:30-22:00
Pren. obbligatoria. :	O	**Ultimo ord :**	Feriale 14:45, 21:15
			Sa&Do 21:15
		Tempo pausa :	15:30-17:00

Ambiente: Sebbene l'insegna indichi che si trova al primo piano, è necessario salire una breve rampa di scale per raggiungerlo. Il locale è piccolo e accogliente, con posti a sedere al bancone. Gli interni moderni e l'illuminazione calda lo rendono un luogo popolare per gli appuntamenti.
Menu: Oltre a una varietà di piatti fusion coreani à la carte, sono disponibili menù fissi stagionali.
Caratteristiche: Il ristorante offre una serie di piatti unici che non si trovano nei tipici ristoranti coreani.
Suggerimenti: Scegliendo un Hansang (menu condiviso) o un Bansang (menu per una persona) potrete assaggiare la cucina coreana tradizionale, mentre ordinando alla carte potrete esplorare i piatti fusion. Il gelato al makgeolli è altamente consigliato.
Nota: il menu Bansang cambia stagionalmente ed è disponibile solo fino alle 20:30. Potrebbe non essere adatto a chi cerca una cucina coreana strettamente tradizionale.

Voci di menu più popolari

반상 Bansang (stagionale) 21.000-23.000
매생이 굴 라비올리 - Ravioli di Maesaeng-i Gul (ostrica di alghe) 14.000
묵은지 감태김밥 Muguenji Gamtae (Kimchi stagionato con alghe secche) Kimbap 15.000

Un raffinato ristorante barbecue coreano che offre piatti ben curati

서울로인 서울숲점
Seouloin
(Filiale di Seoul Forest)

성동구 서울숲2길 32-14, 102동 2층 203-2호
Seongdong-gu Seoulsup 2-gil 32-14, Building 102, 2F, #203-2
instagram.com/seouloin_official

Tel : 02-466-0329

Prenotazione tel :	O	**APERTO**	Tutti i gg 11:30-22:00
Da asporto :	O	**Ultimo ord :**	20:30
Pren. obbligatoria. :	X	**Tempo pausa :**	15:00-17:00

Ambiente: Situato al secondo piano di un edificio commerciale, il ristorante vanta interni moderni e lussuosi. La maggior parte dei tavoli è apparecchiata per quattro persone, con ampio spazio tra di loro. Dalle vetrate si può ammirare la foresta di Seoul e i grattacieli vicini.
Menu: Il menu propone piatti tradizionali coreani reinterpretati in chiave moderna, oltre a piatti ben curati di barbecue coreano. È disponibile anche un'ampia scelta di bevande alcoliche.
Caratteristiche: Il ristorante utilizza stoviglie eleganti e colorate per presentare la cucina coreana in modo pulito e sofisticato, che attrae sia il palato che l'occhio, soprattutto dei clienti più giovani. Prima di servire le portate, gli ingredienti vengono messi in mostra.
Suggerimento: Scegliere i menu delle portate (A/B/Signature) offre un'esperienza culinaria più varia rispetto all'ordinazione à la carte. Sia il pranzo che la cena offrono un ottimo rapporto qualità-prezzo.
Nota: il prezzo delle portate varia a seconda della quantità di carne. Il ristorante offre una bottiglia di vino per tavolo senza costi di tappo.

Voci di menu più popolari

서울 밀면 Seoul Milmyeon (tagliatelle di grano) 14.000
육회 감태 Yukhoe Gamtae (manzo crudo stagionato con alghe secche) 18.000

Lunch Special A 59/69.000 B 79/89/99.000
Dinner Course A 69/79.5000 B 99/109/119.000
Signature 119/129/139.000

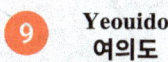 **Yeouido** 여의도

 Jamsil 잠실

Un moderno ristorante coreano che offre un'esperienza unica

수티문
Sutimun

Un ristorante coreano di alto livello che ha trovato l'armonia tra tradizione e modernità

비채나
Bicena

영등포구 국제금융로8길 27-8, 지하1층
Yeongdeungpo-gu Gukjegeumyung-ro 8-gil 27-8, B1F
instagram.com/sutimoon_official

Tel : 0507-1383-7323
Prenotazione tel : O
Da asporto : X
Pren. obbligatoria. : X
APERTO Tutti i gg 11:30-22:00
Ultimo ord : 21:30
Tempo pausa : 15:00-18:00

서울 송파구 올림픽로 300 롯데월드타워 81층
Songpa-gu Olympic-ro 300, Lotte World Tower, 81F
www.bicena.com   instagram.com/bicena_seoul

Tel : 02-3213-1261
Prenotazione tel : O
Da asporto : X
Pren. obbligatoria. : O
APERTO Feriale 11:30-22:00
Sa&Do 10:00-22:00
Ultimo ord : X
Tempo pausa : 14:30-18:00

Ambiente: I lussuosi interni sono caratterizzati da mobili in nero, pavimenti chiari e luci soffuse, che creano un ambiente pulito ed elegante. Il ristorante comprende sia sale private che una sala da pranzo principale.
Menu: Il ristorante offre pasti con portate che variano tra i giorni feriali e i fine settimana. Non sono disponibili piatti à la carte.
Caratteristiche: Quattro diversi menu sono proposti in atmosfere diverse, per un'esperienza culinaria sensoriale e unica.
Suggerimenti: Tutti i commensali devono scegliere la stessa portata quando ordinano la cena.
Nota: per prenotazioni di 2-3 persone è necessaria la prenotazione telefonica. Il ristorante opera al 100% su prenotazione. I bambini sotto i 14 anni non sono ammessi e gli ospiti di età superiore ai 14 anni devono ordinare il menu con le stesse portate.

Ambiente: Situato all'81° piano del Signiel Seoul, offre una vista mozzafiato da un grattacielo. È il ristorante coreano più alto del mondo. Il ristorante offre posti a sedere nella sala e sale private su prenotazione.
Menu: Il concetto è "ripercorrere il lungo cammino della cucina coreana per creare nuovi ricordi", con portate come piatti di benvenuto, piatti iniziali, piatti principali, piatti di riempimento, contorni e piatti conclusivi. Il locale mantiene uno stile coreano più tradizionale rispetto ad altri ristoranti raffinati.
Caratteristiche: Offre piatti stagionali. Non sono disponibili opzioni vegetariane, senza glutine e halal. Ideale per appuntamenti e occasioni speciali.
Suggerimento: il menu varia a seconda dei giorni feriali, dei weekend e delle cene, quindi è meglio visitarlo in base al menu che si preferisce.
Nota: le prenotazioni si aprono il 1° di ogni mese, con un mese di anticipo. Le richieste per gruppi numerosi possono essere inoltrate all'indirizzo bicena@gkwangjuyo.comAll. Le stoviglie sono di Kwangjuyo, la società madre, e possono essere acquistate sul loro sito web.

Voci di menu più popolari

Corsi feriali 39.000 / 59.000
Corsi per la cena 130.000 / 200.000

Voci di menu più popolari

산천코스 Corso Sancheon (Pranzo feriale) 135.000
산천코스 Corso di Sancheon (Pranzo del weekend/festivo) 160.000
일월코스 Corso Ilwol (Cena feriale) 220.000

SNACK COREANI

KIMBAP 김밥

Il kimbap 김밥 è un piatto coreano delizioso e accessibile che introduce i nuovi arrivati alla scena culinaria del Paese. Il nome "kimbap" si traduce in "riso alle alghe", sottolineando il ruolo essenziale delle alghe in questo piatto. Il riso, condito con olio di sesamo e sale, abbinato a diversi ripieni come ravanelli sott'aceto, cetrioli, carote e proteine come manzo, prosciutto o uova, crea un'esperienza soddisfacente e personalizzabile. È uno spuntino o un pasto comodo e portatile, perfetto per essere esplorato in movimento. Sebbene il kimbap abbia delle somiglianze con gli involtini di sushi giapponesi, le differenze sono notevoli. Il riso del kimbap è condito con olio di sesamo e sale, mentre il riso del sushi utilizza una miscela di aceto di riso, zucchero e sale. Il kimbap offre una gamma più ampia di ingredienti e può presentare elementi cotti o sottaceto, mentre il sushi è tradizionalmente caratterizzato da pesce crudo. Una variante notevole è il Chungmu Kimbap 충무김밥, che deriva dall'antico nome della località "Chungmu" di Tongyeong, Gyeongsangnam-do, e si distingue dal tipico kimbap per il fatto che il riso e i contorni sono serviti separatamente. Il riso viene arrotolato in un'alga e tagliato in pezzi allungati. I contorni includono insalata di calamari, torte di pesce saltate in padella e ravanelli sott'aceto.

TTEOKBOKKI 떡볶이

Il tteokbokki 떡볶이 ("torta di riso saltata in padella") è un iconico street food coreano amato da tutti per i suoi sapori invitanti. Il piatto è caratterizzato da garaetteok 가래떡, lunghe barrette di riso gommose, immerse in una deliziosa miscela di salsa gochujang (pasta di peperoncino rosso) dolce e piccante. Completato da ingredienti come torte di pesce, uova sode e cipolle verdi, 떡볶이 offre una deliziosa sinfonia di sapori e consistenze.

SUNDAE 순대

Sundae 순대 è caratterizzato da sanguinaccio ottenuto da una miscela di intestino di maiale o sangue di mucca, tagliatelle di patate dolci, orzo e riso glutinoso, conditi con varie spezie per creare un profilo di sapore distintivo. Il Sundae viene preparato in diversi stili regionali, con variazioni sia negli ingredienti che nei metodi di cottura. Esempi di varianti del Sundae sono l'ojingeo sundae 오징어순대, con calamari come involucro, e il baek sundae 백순대, noto per il suo colore più chiaro e il suo gusto più delicato senza l'uso di sangue.

Kimbap 김밥 Tteokbokki 떡볶이 Sundae 순대

1 **Apgujeong / Cheongdam / Garosu-gil**
압구정 / 청담 / 가로수길

2 **Seocho / Seorae Village**
서초 / 서래마을

Deliziosi alimenti keto per uno stile di vita sano

Un popolare ristorante di tteokbokki vicino al terminal degli autobus espressi

보슬보슬 압구정본점
Boseulboseul
(Filiale principale di Apgujeong)

서울 강남구 압구정로 216, 지상 1층 16, 17, 18, 19호
Gangnam-gu Apgujeong-ro 216
instagram.com/boseulboseul

Tel : 0507-1365-1261
Prenotazione tel :   X   **APERTO** Tutti i gg 08:00-21:00
Da asporto : O   **Ultimo ord :** 20:30
Pren. obbligatoria. : X   **Tempo pausa :** —

Ambiente: L'interno è pulito e spazioso, progettato per accogliere un gran numero di persone con attenzione ai clienti da asporto. È ideale anche per i clienti solitari in cerca di un pasto veloce.
Menu: Vari tipi di kimbap, come il Namdo Mukeunji (kimchi invecchiato), il tonno e lo sgombro.
Caratteristiche: Questo ristorante specializzato in keto si concentra sulla dieta e sulla salute, con un'ottima valutazione dell'igiene.
Suggerimenti: Un bar self-service offre zuppa, ravanelli in salamoia, kimchi e altro ancora. È inoltre possibile portare a casa gli avanzi utilizzando i materiali di imballaggio forniti.
Nota: a causa dell'elevato afflusso di clienti nei fine settimana o durante l'orario di pranzo, si consiglia di prenotare. Le voci del menu sono soggette a variazioni in base alla stagionalità e alla disponibilità degli ingredienti.

Voci di menu più popolari

남도무켄지 참치 고등어 Namdo Mukeunji Chamchi Godeungeo (Tonno e Sgombro) 9.500
남도무켄지 멸치 양념김 Namdo Mukeunji Myeolchi Yangnyeom Gim (Acciughe e alghe stagionate) 9.500
묵참 키토 마요 Mookcham Keto Mayo (Mukeunchi + Tonno + Maionese) 8.500

빌라드스파이시 파미에스테이션점
Villa de Spicy
(Filiale principale di Famille Station)

서초구 사평대로 205 파미에스테이션
Seocho-gu Sapyeong-daero 205, Famille Station
www.villadespicy.com/

Tel : 0507-1358-1973
Prenotazione tel :   X   **APERTO** Tutti i gg 11:00-21:30
Da asporto : O   **Ultimo ord :** X
Pren. obbligatoria. : X   **Tempo pausa :** 15:00-17:00

Ambiente: L'ambiente spazioso offre ampi tavoli con interni moderni e piani di cottura a induzione per ogni tavolo.
Menu: Specializzato in tteokbokki istantanei con varietà aggiuntive come tteokbokki di corte reale e tteokbokki alla carbonara.
Caratteristiche: Conosciuto come il primo marchio di tteokbokki di qualità in Corea, offre un'ampia gamma di piatti di tteokbokki che non si trovano nei normali locali di tteokbokki.
Suggerimenti: Scegliere la dimensione preferita, il livello di piccantezza, i condimenti e, a scelta, aggiungere altri condimenti per personalizzare l'ordine.
Nota: il locale è sempre affollato e i tempi di attesa sono lunghi. Le voci del menu fritte sono costose.

Voci di menu più popolari

즉석떡볶이 Jeukseok (istantaneo) Tteokbokki 2인분 16.000
레드 쉬림프 떡볶이 Tteokbokki ai gamberi rossi 12.000
궁중 떡볶이 Gungjung (a base di salsa di soia) Tteokbokki 12.000

Myeongdong
명동

Chungmu Kimbap con un'armoniosa miscela di calamari e ravanelli sott'aceto

명동충무김밥
Myeongdong Chungmu Kimbap

Un ristorante di kimbap famoso per essere stato gustato dal presidente

통통김밥 회현점
Tong Tong Kimbap (Filiale di Hoehyeon)

서울 중구 명동10길 16
Jung-gu Myeongdong 10-gil 16

Tel : 02-755-8488
Prenotazione tel : X
Da asporto : O
Pren. obbligatoria. : X
APERTO Tutti i gg 09:30-22:00
Ultimo ord : X
Tempo pausa : —

서울 중구 퇴계로2길 1
Jung-gu Toegye-ro 2-gil 1
instagram.com/tongtong_gimbab

Tel : 0507-1391-4833
Prenotazione tel : X
Da asporto : O
Pren. obbligatoria. : X
CHIUSO Sa, Do
APERTO Lu-Ve 07:30-19:00
Ultimo ord : 18:50
Tempo pausa : 14:30-15:30

Ambiente: L'interno del ristorante è abbastanza spazioso, con molti tavoli a disposizione. Ci sono anche molti posti a sedere adatti a commensali solitari.
Menu: Il menu presenta una sola voce: il Chungmu Kimbap, con due contorni complementari e brodo di acciughe.
Caratteristiche: Il gusto unico e coinvolgente dell'olio di sesamo piccante e nocciolato nel kimbap fa sì che si ritorni per averne ancora.
Suggerimento: La ricarica del contorno di calamari è gratuita per la prima volta, ma a partire dalla seconda porzione si applica un supplemento di 2.000 won. Altri contorni (come il kimchi) sono disponibili per la ricarica gratuita. Su ogni tavolo è presente un thermos pieno di brodo di acciughe, che può essere gustato con il kimbap. Poiché i piatti sono molto semplici, il cibo viene servito rapidamente. Si ordina e si paga direttamente al tavolo tramite un chiosco.
Nota: poiché offre una sola voce di menu, potrebbe deludere chi cerca varietà nella scelta dei pasti.

Ambiente: L'esterno giallo vivace cattura l'attenzione, mentre l'interno, pur non essendo spazioso, presenta numerosi tavoli ben disposti.
Menu: Offre principalmente kimbap personalizzabili insieme a udon, ramen e tteokbokki. Ogni tavolo è dotato di un tablet per ordinare comodamente.
Caratteristiche: Porzioni generose e ricche di ingredienti, che assicurano un boccone ad ogni boccone.
Suggerimento: Per le ordinazioni da asporto, utilizzare il chiosco all'esterno, appositamente predisposto per le ordinazioni da asporto.
Nota: self-service per la zuppa e i contorni. I commensali sono tenuti a restituire i piatti dopo il pasto. Le salse sono conservate in frigorifero.

Voci di menu più popolari

참치김밥 Chamchi Kimbap (tonno) 5.500
통통 현미김밥 Tong Tong Hyunmi Kimbap (riso integrale) 4.500
불오징어 Bul Ojingeo (calamari piccanti) 6.000

Voci di menu più popolari

충무김밥 Chungmu Kimbap 1 Set 11.000

Jongno / Gwanghwamun / Insa-dong
종로 / 광화문 / 인사동

 **Jamsil**
잠실

Un posto che vende semplici kimbap e toast per un pasto veloce

Un ristorante di tteokbokki e cibi fritti acclamato dalla critica

팔판동꼬마김밥 앤 토스트
Palpandong Kkoma Gimbap & Toast

맛쟁이떡볶이 본점
Mat Jaeng I Tteokbokki
(Filiale principale)

종로구 팔판길 36
Jongno-gu Palpan-gil 36

서울 송파구 석촌호수로 134 108호
Songpa-gu Seokchonhosu-ro 134, #108
instagram.com/official_handsome_tteokbokki

Tel: 02-3210-2554   **CHIUSO** Lu
Prenotazione tel: X   **APERTO** Ma-Do 09:00-19:00
Da asporto: O   **Ultimo ord**: X
Pren. obbligatoria.: X **Tempo pausa**: —

Tel: 0507-1388-3307
Prenotazione tel: X   **APERTO** Tutti i gg 11:00-21:00
Da asporto: O   **Ultimo ord**: X
Pren. obbligatoria.: X **Tempo pausa**: —

Ambiente: L'atmosfera vintage del negozio è sottolineata dall'esterno bianco ornato da immagini dipinte e da un logo coreano pulito. All'interno, benché piccolo, ci sono circa quattro posti a sedere, compresi quelli rivolti verso il muro, adatti per mangiare da soli.
Menu: Si vendono kimbap e toast, compresi i mini kimbap per i bambini.
Caratteristiche: Il kimbap, abbondantemente riempito di uova e torte di pesce, è particolarmente attraente per il suo spessore.
Suggerimenti: Consigliati anche i toast con frittata di verdure e abbondante ketchup. È perfetto per un pasto veloce quando si è impegnati.
Nota: si vendono anche spiedini di fishcake, ma per l'asporto è richiesto un ordine minimo di tre spiedini.

Ambiente: Situato in un vicolo, l'esterno rosso cattura l'attenzione. All'interno, l'accogliente spazio ha solo quattro tavoli.
Menu: Offre piatti principali come tteokbokki e cibi fritti fatti a mano, oltre a sundae (salsiccia coreana).
Caratteristiche: Sono disponibili opzioni da asporto e sono specializzati in tteokbokki, che vengono offerti anche come kit per il pasto. Come tocco finale perfetto per il dessert viene servita una mini bevanda allo yogurt.
Suggerimento: provate a ordinare i tteokbokki con alcuni elementi fritti e intingeteli nella salsa tteokbokki.
Nota: i posti a sedere sono limitati, quindi l'opzione migliore è quella del take-out.

Voci di menu più popolari

꼬마김밥 Kkoma (Piccolo) Kimbap 3.500
팔판김밥 Palpan Kimbap 4.500
참치김밥 Chamchi (Tonno) Kimbap 5.000

Voci di menu più popolari

옛날 맛쟁이 떡볶이 - Tteobokki vecchio stile 6.500
체다치즈떡볶이 - Tteobokki al formaggio cheddar 6.000
쫄깃쫄깃 찰순대 - Jjolgit Jjolgit Chal Sundae (Sundae di riso glutinoso) 5.000

CINESE

La storia della cucina cinese in Corea è una narrazione di scambi culturali e di adattamento nel corso dei secoli. Inizialmente riservata all'élite, la cucina cinese è diventata gradualmente più accessibile con il rafforzamento dei legami culturali tra Cina e Corea. I cuochi coreani hanno adattato le ricette tradizionali cinesi ai gusti locali, dando vita a piatti iconici come jajangmyeon 짜장면 ("tagliatelle di fagioli neri"), jjamppong 짬뽕 ("zuppa di spaghetti ai frutti di mare piccanti") e tangsuyuk 탕수육 ("manzo o maiale in agrodolce"). Questi piatti sono integrati nello stile di vita coreano e vengono gustati durante le riunioni di famiglia e i pasti occasionali. L'efficienza del sistema di consegna, compresi i servizi di motocicletta, ha contribuito alla loro diffusione, rendendo i piatti di ispirazione cinese un'opzione culinaria molto amata a livello nazionale. La recente popolarità dei piatti hot pot, come huoguo 훠궈 e malatang 마라탕, dimostra ulteriormente l'evoluzione del palato, che riflette il crescente apprezzamento dei coreani per i diversi sapori cinesi. Recentemente, i ristoranti cino-americani sono diventati popolari in Corea, soprattutto grazie a persone che hanno studiato all'estero o visitato gli Stati Uniti e hanno sperimentato la versione americanizzata della cucina cinese.

GIAPPONESE

Nel corso del tempo, le cucine coreana e giapponese si sono intrecciate attraverso il commercio, la diplomazia e gli scambi culturali, condividendo un reciproco apprezzamento per prodotti di base come il riso, i frutti di mare e i cibi fermentati. L'introduzione del buddismo ha ulteriormente facilitato lo scambio di piatti vegetariani e di tecniche culinarie tra Corea e Giappone. L'incorporazione della cucina giapponese nello stile di vita coreano è stato un processo graduale, influenzato dagli eventi storici, dalla globalizzazione e dall'evoluzione delle preferenze alimentari. Il cibo giapponese ha guadagnato popolarità in Corea durante il periodo coloniale giapponese (1910-1945), quando le tradizioni culinarie del Giappone sono diventate più accessibili. Negli ultimi anni, il sushi omakase ha guadagnato terreno tra le giovani generazioni coreane, riflettendo un crescente interesse per l'esplorazione culinaria e le esperienze gastronomiche di alto livello. Questa tendenza evidenzia il desiderio dei millennial coreani di confrontarsi con culture alimentari diverse e di vivere esperienze culinarie autentiche senza lasciare il proprio Paese.

Cinese all'americana

② Seocho / Seorae Village
서초 / 서래마을

Un marchio leader della cucina cinese americana

차알 파미에스테이션점
Cha'R (Famille Station)

서울 서초구 사평대로 205 파미에스테이션 2층
Seocho-gu Sapyeong-daero 205, Famille Station, 2F
char2012.com   instagram.com/cha_r_official

Tel : 02-6282-3218
Prenotazione tel :   X
APERTO Tutti i gg 11:00 - 9:30
Da asporto :   O
Ultimo ord : 20:30
Pren. obbligatoria. :   X
Tempo pausa : 15:00-17:30

Ambiente: Situato al 2F della Famille Station. L'area spaziosa è caratterizzata da un design informale e da un'illuminazione luminosa.
Menu: Offre piatti americani-cinesi come il pollo alla General Tso, il pollo all'arancia e il manzo alla mongola, oltre alla cucina tradizionale cinese.
Caratteristiche: Reinterpreta la cucina cinese americana per adattarla ai gusti coreani. Le ordinazioni possono essere effettuate tramite tablet a ogni tavolo.
Suggerimento: si consiglia di ordinare diversi piatti alla carta piuttosto che menu fissi.
Nota: i sapori sono leggermente adattati alle preferenze coreane, quindi non aspettatevi il gusto esatto della cucina cinese americana. I piatti tendono ad essere piuttosto piccanti. Funziona senza interruzioni nei fine settimana.

Voci di menu più popolari

제너럴 쏘 키친 General Tso's Chicken 17.500
오렌지 치킨 Orange Chicken 18.000
몽골리안 비프 Mongolian Beef 22.000

---

③ Hannam-dong / Itaewon
한남동 / 이태원

Un ristorante specializzato in cucina cinese all'americana che è stato presentato in televisione

H5NG

서울 용산구 신흥로 95-17
Yongsan-gu Sinheng-ro 95-17
instagram.com/h5ng_hbc

Tel 02-3789-4165
Prenotazione tel :   X
Da asporto :   O
Pren. obbligatoria. :   X

CHIUSO Lu,Ma
APERTO Me-Ve 18:00-23:00
Sa 12:00-24:00
Do 10:00-23:00
Ultimo ord : Me-Ve 22:00
Sa 23:00
Do 22:00
Tempo pausa Sa&Do 15:00-18:00

Ambiente: Situato all'interno del mercato di Haebangchon Shinheung, lo spazio è piccolo con posti a sedere al bancone e tavoli da bar vicino alla finestra.
Menu: Il locale offre piatti cinesi familiari, ma anche piatti unici come il manzo alla mongola, le verdure cinesi e il pollo alla General Tso.
Caratteristiche: Questo ristorante cinese in stile americano offre molti piatti caratteristici. Ogni tavolo è dotato di un codice QR per ordinare tramite smartphone.
Suggerimento: la crema di gamberi crea una forte dipendenza, quindi non dimenticate di ordinarla.
Nota: è necessario iscrivere il proprio nome in una lista d'attesa. Nei fine settimana, l'attesa può durare più di un'ora, poiché molti avventori sono lì per bere, il che comporta un lento ricambio.

Voci di menu più popolari

몽골리안 비프 Mongolian Beef 18.000
크림새우 Cream Saewoo (gamberetti in salsa cremosa) 20.000
레몬치킨 Lemon Chicken 16.000

Dimsum   Cinese - Generale

 Apgujeong / Cheongdam / Garosu-gil
압구정 / 청담 / 가로수길

Un lussuoso ristorante cinese noto per i suoi deliziosi dim sum

Un ristorante cinese di cucina pechinese che offre un buon rapporto qualità-prezzo

몽중헌 청담점
**Mongjungheon
(Filiale di Cheongdam)**

대려도
Dae Ryeo Do

서울 강남구 도산대로 445, 지하 1층
Gangnam-gu Dosan-daero 445, B1F
www.mongjungheon.co.kr

서울 강남구 역삼로 118
Gangnam-gu Yeoksam-ro 118
www.daeryudo.com

Tel : 02-3446-7887
Prenotazione tel : O
Da asporto : O
Pren. obbligatoria. : X

APERTO Feriale 11:30-22:00
Sa&Do/Festivo 11:30-21:30
Ultimo ord : Feriale 14:00/21:00
Sa&Do 14:00/20:30
Tempo pausa : 15:00-17:30

Tel : 02-555-0550
Prenotazione tel : O
Da asporto : O
Pren. obbligatoria. : X

APERTO Tutti i gg 11:30-22:00
Ultimo ord : 14:30/21:30
Tempo pausa : 15:00 ~ 17:30

Ambiente: Il ristorante presenta un interno ispirato al mitico mondo degli immortali cinesi, simile a una casa dei sogni.
Menu: I dim sum sono l'attrazione principale, con opzioni come har gow e gow choi gau, oltre a un'ampia varietà di altri piatti cinesi.
Caratteristiche: Oltre 30 tipi di dim sum sono preparati da rinomati chef cinesi, che ricreano fedelmente i sapori autentici di Hong Kong.
Suggerimento: anche se si ordinano altri piatti, si consiglia di aggiungere il dim sum al pasto, poiché è la specialità del ristorante.
Nota: essendo un franchising, se non potete visitare questa sede, potete gustare gli stessi sapori di alta qualità in qualsiasi altra filiale.

Ambiente: Il ristorante è stato ristrutturato di recente e dispone di diverse sale private e sale per banchetti, che lo rendono un luogo consigliato per le riunioni aziendali. La sala centrale, tuttavia, è piuttosto frequentata, con molti tavoli stipati nello spazio, il che può dare una sensazione di affollamento.
Menu: Il menu è suddiviso in proposte per il pranzo e per la cena, con opzioni alla carta e portate fisse. I piatti fissi sono molto vari.
Caratteristiche: Questo ristorante di cucina pechinese è specializzato in piatti particolari come la pinna di squalo e il cetriolo di mare brasato.
Consigli: i piatti fissi sono ben composti e offrono un buon rapporto qualità-prezzo. Nella zona di Gangnam, portate di qualità simile costerebbero dai 20.000 ai 30.000 KRW in più.
Nota: si consiglia di ordinare i piatti principali piuttosto che i piatti di pasta.

Voci di menu più popolari

Signature Dim Sum (하교 Har Gow / 구채교 Gow Choi Gau) 3 pezzi 14.000

Lunch Course 65.000-115.000
Dinner Course 85.000-14.000
Dimsum Special Course - Lunch 75.000 Dinner 95.000

Voci di menu più popolari

잡탕밥 Japtangbap (riso misto con frutti di mare assortiti) 22.000
간소큰새우 Ganso Keun Saewoo (gamberi brasati di grandi dimensioni in salsa di aglio e pomodoro) 20.000
기아해삼 Gia Haesam (cetrioli di mare brasati ripieni di gamberetti) 98.000

Lunch Course from 38.000
Dinner Course from 70.000

Apgujeong / Cheongdam / Garosu-gil
압구정 / 청담 / 가로수길

Un ristorante cinese di alto livello rinomato per la carne di maiale in agrodolce con impasto cotonato

JS 가든 압구정점
JS Garden
(Filiale di Apgujeong)

서울 강남구 언주로174길 13
Gangnam-gu Eonju-ro 174-gil 13
www.jsgarden.co.kr   instagram.com/jsgarden.official

Tel : 0504-1400-4677

Prenotazione tel :	O	APERTO	Tutti i gg 11:30-22:00
Da asporto :	O	Ultimo ord :	14:00.21:00
Pren. obbligatoria. :	X	Tempo pausa :	15:00-17:00

Ambiente: Situato al secondo piano di un edificio, il ristorante presenta interni moderni ed eleganti con un'ampia sala e salette private. L'ampia distanza tra i tavoli garantisce un'esperienza culinaria confortevole. L'arredamento a tema cinese arricchisce l'atmosfera.
Menu: Offre una gamma di piatti tradizionali cinesi, tra cui l'anatra di Pechino, la cucina coreano-cinese e piatti unici come il maiale in agrodolce che ha una consistenza cotonosa all'esterno.
Caratteristiche: Pur essendo un franchising, ogni filiale è gestita direttamente per mantenere una qualità costante.
Suggerimento: si consiglia di scegliere una portata piuttosto che singoli piatti. Su richiesta, il cibo può essere servito in mezze porzioni. Il servizio di tappo è gratuito.
Nota: per gustare l'anatra alla pechinese tipica del JS Garden, è necessario chiamare il ristorante con un giorno di anticipo per prenotare.

Voci di menu più popolari

새우볶음밥 Saewoo Bokkeumbap (riso fritto con gamberetti) 21.000
목화솜 탕수육 Mokhwasom Tangsuyuk (maiale in agrodolce) 45.000/60.000
북경오리 Beijing Duck (mezza porzione) 80.000

Lunch Course 50.000 - 70.000
Dinner Course 88.000-200.000

Un ristorante cinese alla moda famoso per la sua bistecca al tartufo jjajangmyeon

무탄 압구정본점
Mutan
(Filiale principale di Apgujeong)

서울 강남구 논현로176길 22
Gangnam-gu Nonhyeon-ro 176-gil 22

Tel : 02-549-9339

Prenotazione tel :	O	APERTO	Tutti i gg 11:00-22:00
Da asporto :	O	Ultimo ord :	2:50
Pren. obbligatoria. :	X	Tempo pausa :	—

Ambiente: L'esterno è caratterizzato da ampie vetrate che si affacciano sulla strada, mentre l'interno è pulito e ben curato. Il ristorante offre un'ampia sala e sale private per la comodità dei clienti.
Menu: Piatti fusion come la bistecca di filetto e il jjajangmyeon al tartufo, oltre a vari piatti della cucina coreano-cinese, che raramente si trovano nei tipici ristoranti cinesi.
Caratteristiche: Conosciuto sia per il gusto che per l'atmosfera raffinata, Mutan è consigliato per gli appuntamenti nelle zone di Apgujeong o Gangnam.
Suggerimento: si consiglia vivamente il maiale in agrodolce. Le porzioni sono generalmente abbondanti.
Nota: non è consentito attendere all'interno del ristorante; i clienti devono attendere all'ingresso dell'edificio, dove in inverno sono disponibili dei riscaldatori.

Voci di menu più popolari

스테이크 트러플 자장면 Bistecca al tartufo Jjajangmyeon (Tagliatelle con salsa di fagioli neri con tartufo e bistecca di filetto) 33.000
제주 흑돼지 볶음탕수육 Jeju Heuk Doeji Bokkeum Tangsuyuk (Maiale nero saltato in agrodolce) 45.000

❷ Seocho / Seorae Village 서초 / 서래마을

Un ristorante boutique di cucina cinese, ispirato alla Shanghai degli anni Trenta

모던눌랑 센트럴시티점
Modern Nullang
(Filiale di Central City)

서울 서초구 사평대로 205
Seocho-gu Sapyeong-daero 205
www.modernnulang.com   instagram.com/sunatfood.official

Tel : 02-6282-5005
Prenotazione tel : O   **APERTO** Tutti i gg 11:30-22:00
Da asporto : O   **Ultimo ord :** —
Pren. obbligatoria. : X   **Tempo pausa :** 21:00

Ambiente: Il ristorante vanta interni lussuosi che fondono l'opulenza della Cina con elementi occidentali moderni. Il locale dispone di numerosi posti a sedere e i tavoli sono abbondantemente distanziati tra loro.
Menu: L'ampia varietà di opzioni, tra cui antipasti, piatti principali e cocktail, rende divertente la scelta e la combinazione dei piatti. Le portate sono ben composte e ci sono molti piatti cinesi in stile fusion che non si trovano altrove.
Caratteristiche: Il ristorante offre un'atmosfera unica che ricorda le strade della Shanghai degli anni '30, insieme a una serie di cibi deliziosi.
Suggerimenti: provate i piatti fusion unici del Modern Nulang, che non troverete in altri ristoranti tipici.
Nota: non c'è orario di pausa, quindi si può entrare e sedersi immediatamente se c'è un posto libero. Il piatto grande sul tavolo serve per appoggiare altri piatti e non per servire direttamente il cibo.

Voci di menu più popolari

모던눌랑 케이지 Modern Nulang Cage 45.000
민트&라임 슈림프 Mint & Lime Shrimp 40.000
크랩 타워 라이스 Crab Tower Rice 23.000

❹ Myeongdong 명동

Un ristorante che fonde la cucina cantonese con elementi unici di Hong Kong, Taiwan e Corea

팔레드신
Palais de Chine

서울 중구 퇴계로 67 레스케이프 호텔 6층
Jung-gu Toegye-ro 67, L'Escape Hotel, 6F
lescapehotel.com/

Tel : 02-317-4001
Prenotazione tel : O   **APERTO** Tutti i gg 1:30-22:00
Da asporto : O   **Ultimo ord :** 14:30 / 21:30
Pren. obbligatoria. : X   **Tempo pausa :** 15:00-17:00

Ambiente: Situato all'interno dell'Hotel L'Escape, offre un ambiente spazioso e pulito dove gli ospiti possono sperimentare i sapori e l'eleganza dell'Oriente. I vivaci accenti di design cinese a tema rosso aggiungono un tocco di glamour.
Menu: Dall'anatra alla pechinese a una miscela di dim sum e di piatti tradizionali cantonesi rivisitati in chiave moderna, il menu offre una grande varietà di opzioni.
Caratteristiche: Specializzato nella cucina cantonese come base, infusa con elementi distintivi di Hong Kong, Taiwan e Corea per creare piatti intelligenti e innovativi che conservano l'essenza di ogni ingrediente.
Suggerimenti: Rinomato per i suoi dim sum e l'anatra alla pechinese, che riflettono i sapori regionali della Cina.
Nota: Gli ospiti dell'hotel godono di uno sconto del 10%. La prenotazione anticipata, soprattutto per l'anatra alla pechinese e alcuni altri piatti, è consigliata con 3-4 giorni di anticipo.

Voci di menu più popolari

북경오리 Beijing Duck 160.000 (prenotazione obbligatoria 3 giorni prima)
라탕면 La Tang Myeon (vongole, cetrioli di mare, seppie, verdure assortite, zuppa di noodle piccante) 32.000
소흥주 칠리 새우 Soheungju Chili Saewoo (gamberoni, vino di riso cinese, aceto, peperoncino) 53.000

⑤ Jongno / Gwanghwamun / Insa-dong
종로 / 광화문 / 인사동

Un moderno ristorante cinese che esalta i sapori naturali dei suoi ingredienti

차이797 을지로점
Chai797 (Filiale di Euljiro)

서울 중구 청계천로 100, 지하1층
Jung-gu Cheonggyecheon-ro 100, B1F
instagram.com/chai797_   www.chai797.co.kr

Tel : 0507-1421-0301
Prenotazione tel : O
Da asporto : O
Pren. obbligatoria. : X
APERTO Feriale 11:30-22:00
Sa&Do 12:00-22:00
Ultimo ord : 21:00
Tempo pausa : 15:00-17:30

Un ristorante cinese famoso per i suoi noodles e stufati di manzo con brodo in stile Qingdao

진중 우육면관 광화문
Jin Joong Uyuk Myeon Gwan Gwanghwamun

서울 종로구 종로7길 29-14
Jongno-gu Jong-ro 7-gil 29-14
instagram.com/niuroumian_guan/

Tel : 0507-1313-4830
Prenotazione tel : O
Da asporto : X
Pren. obbligatoria. : X
APERTO Tutti i gg 11:00-22:00
Ultimo ord : 21:00
Tempo pausa : 14:00-17:00

Ambiente: Gli interni moderni hanno un sottile tocco cinese. Il ristorante offre una varietà di posti a sedere, tra cui tavoli, cabine e sale private, per accogliere un gran numero di ospiti.
Menu: Il menu propone piatti tradizionali cinesi, cucina cinese in stile coreano e cucina fusion moderna. I clienti possono scegliere tra portate e opzioni à la carte. Sono disponibili anche i dim sum.
Caratteristiche: I piatti mettono in risalto i sapori naturali degli ingredienti, utilizzando prodotti freschi e genuini provenienti da fonti locali.
Suggerimenti: Il cibo cinese si abbina perfettamente alla birra. Provate la zuppa di nurungji (riso croccante), un piatto difficile da trovare in altri ristoranti cinesi.
Nota: i prezzi sono un po' alti, ma la mancanza di lunghe attese consente di sedersi rapidamente.

Ambiente: Di recente costruzione, con tavoli da bar al primo piano e tavoli separati al secondo piano.
Menu: A differenza dei tipici ristoranti cinesi, si concentra su un menu specializzato con piatti come spaghetti di manzo, stufato di manzo, melanzane alla Sichuan, tofu mapo con fagiolini e ravioli bolliti alla cinese.
Caratteristiche: Conosciuta per le sue sostanziose zuppe con vari tipi di carne di manzo e abbondanti verdure, che ricordano i tonici medicinali, riscaldanti e soddisfacenti.
Suggerimento: quando si ordina lo stufato di manzo, sono disponibili opzioni scontate per le melanzane alla Sichuan e il mapo tofu. L'abbinamento con il liquore kaoliang appositamente selezionato e raccomandato dal maestro dei noodle di manzo esalta i sapori.
Nota: le ordinazioni vengono effettuate e pagate in anticipo. Il cibo viene servito prontamente. Quando si ordinano spaghetti di manzo, è possibile richiedere del coriandolo extra.

Voci di menu più popolari

고기짬뽕 Gogi Jjamppong (zuppa di noodle piccante con carne di maiale alla griglia) 12.500
해산물 누룽지탕 Haesanmul Nurungjitang (Zuppa di frutti di mare brasati con riso croccante e verdure) 48.000
토종 마늘볶음밥 Tojong Maneul Bokkeumbap (riso saltato con aglio locale selezionato) 15.000

Voci di menu più popolari

우육전골 Wooyuk Jeongol (stufato di manzo) 24.000
우육면 Wooyuk Myeon (Tagliatelle di manzo) 19.000
마파연두부 Mapo Yeondubu (Tofu setoso Mapo) 17.000

Huogo / Malatang

1 Apgujeong / Cheongdam / Garosu-gil
압구정 / 청담 / 가로수길

Autentico ristorante di piatti caldi in stile Yunnan

인량훠궈
Illyang Huoguo

서울 강남구 강남대로140길 9 비피유빌딩 지하 1층
Gangnam-gu Gangnam-daero 140-gil 9, B1
renliang.co.kr   instagram.com/renliang_fishhotpot

Tel : 02-516-8777	**CHIUSO** Lu
Prenotazione tel : O	**APERTO** Ma-Do 11:30-23:00
Da asporto : X	**Ultimo ord :** 22:00
Pren. obbligatoria. : X	**Tempo pausa :** 14:30-17:00

Ambiente: Il ristorante è caratterizzato da un arredamento di lusso in stile cinese che ricorda un ristorante tradizionale cinese. Vanta un'area spaziosa e confortevole con numerosi tavoli.
Menu: Offre un'ampia varietà di ingredienti, tra cui pesce serpente tagliato a fettine sottili e vari funghi, per un totale di oltre 60 opzioni per un'esperienza di hot pot personalizzabile. Le ordinazioni possono essere effettuate tramite un tablet al tavolo.
Caratteristiche: È il primo ristorante in Corea del Sud a offrire il tradizionale hot pot di pesce con testa di serpente in stile Yunnan, sviluppato grazie a una ricerca approfondita.
Suggerimento: non perdete l'occasione di assaggiare l'esclusivo hot pot con pesce testa di serpente, un'esperienza rara altrove. Con un supplemento di 3.000 KRW, è possibile accedere al bar self-service, che comprende salse e frutta.
Nota: è possibile ordinare altre verdure, anche se le porzioni sono ridotte. È possibile scegliere fino a tre brodi diversi per l'hot pot.

Voci di menu più popolari

훠궈 Huoguo 8.900
가물치 Gamulchi (Pesce serpente) 15.000
1++ 최상급 한우 Hanwoo (manzo coreano di prima qualità) 35.000

---

5 Jongno / Gwanghwamun / Insa-dong
종로 / 광화문 / 인사동

Autentico ristorante cinese di hot pot e mala tang

마라중독
Mala Jung Dok

서울 종로구 삼일대로 391, 2층
Jongno-gu Samil-daero 391, 2F

Tel : 02-736-8880	
Prenotazione tel : O	**APERTO** Tutti i gg 10:00-22:00
Da asporto : O	**Ultimo ord :** X
Pren. obbligatoria. : X	**Tempo pausa :** —

Ambiente: Il ristorante ha un interno spazioso, che lo rende perfetto per le riunioni di gruppo e gli eventi aziendali.
Menu: L'offerta principale comprende Hot Pot (Huoguo), Mala Tang, Mala Xiang Guo e Guo Bao Rou. I contorni sono costituiti da riso fritto e Menbosha, con mini pancake disponibili per un'aggiunta leggera.
Caratteristiche: È possibile personalizzare l'Hot Pot, il Mala Tang o il Mala Xiang Guo con gli ingredienti preferiti. C'è anche l'opzione Hot Pot all-you-can-eat, che offre un ottimo rapporto qualità-prezzo.
Suggerimento: è possibile regolare la piccantezza del Mala Tang richiedendo al personale il livello desiderato.
Nota: per chi sceglie l'Hot Pot a volontà, è disponibile un bar self-service. Tuttavia, bisogna fare attenzione a non sprecare il cibo, poiché è previsto un supplemento ambientale di 5.000 KRW per ogni avanzo di cibo.

Voci di menu più popolari

마라탕 Mala Tang: 7.000
훠궈 Huoguo (all-you-can-eat): 18.800
꿔바로우 Guo Bao Rou: 10.000

Giapponese - Ramen / Soba

 Apgujeong / Cheongdam / Garosu-gil
압구정 / 청담 / 가로수길

Un luogo dove si può assaggiare l'autentica soba giapponese tirata a mano

호무랑 (청담)
Homuran (Cheongdam)

서울 강남구 도산대로 442
Gangnam-gu Dosan-daero 442
josunhotel.com/retail/homurang.do

Tel : 02-6947-1279	**CHIUSO** Seollal, Chuseok
Prenotazione tel : O	**APERTO** Tutti i gg 11:30-17:30
Da asporto : X	**Ultimo ord** : 15:30,20:00
Pren. obbligatoria. : X	**Tempo pausa** : 16:30-17:30

Ambiente: L'interno è spazioso e lussuoso, in grado di ospitare gruppi numerosi. È anche un luogo popolare per gli appuntamenti galanti.
Menu: Grazie alla collaborazione di un maestro di soba giapponese di 220 anni, potrete provare il gusto autentico della soba giapponese tirata a mano.
Caratteristiche: Lo spazio modernizza l'ambiente tradizionale giapponese, offrendo un'elegante fusione di gusto ed estetica giapponese. Gestito dal Chosun Hotel.
Consigli: da provare assolutamente la soba preparata da un artigiano della soba e gli udon, anch'essi eccellenti. Il set di sushi offre una buona selezione. Anche gli involtini sono buoni.
Nota: se si visita il locale in auto, prepararsi a una lunga coda per il parcheggio. Le porzioni di sashimi possono essere piccole per il prezzo.

Voci di menu più popolari

자루 소바 Zaru Soba 23.000
매콤한 참치 롤 Spicy Tuna Roll 24.000 (8 pezzi)
스시 세트 Sushi Set 69.000

Lunch Course a partire da 85.000

Un tranquillo e autentico ristorante giapponese di ramen

멘츠루 신사점
Menchuru (Filiale di Sinsa)

서울 강남구 강남대로162길 21, 1층 102호
Gangnam-gu Gangnam-daero 162-gil 21, 1F #102
instagram.com/menchuru_sinsa/

Tel : 0507-1306-6465	
Prenotazione tel : O	**APERTO** Tutti i gg 11:00-21:30
Da asporto : O	**Ultimo ord** : 21:00
Pren. obbligatoria. : X	**Tempo pausa** : —

Ambiente: Situato leggermente fuori dalla strada principale di Garosugil, questo tranquillo locale dispone di un'area salotto in stile bar per circa 10 persone, con alcuni tavoli da 2 persone.
Menu: Una varietà di piatti innovativi a base di noodle giapponesi che soddisfano gusti diversi.
Caratteristiche: Il ristorante si è guadagnato il riconoscimento di molti appassionati per la sua esperienza pluriennale nella cucina giapponese a base di noodle.
Suggerimento: su richiesta è possibile regolare la salinità del brodo. È un posto adatto per cenare da soli e offrono riso gratuito su richiesta.
Nota: ordinare al chiosco all'ingresso prima di sedersi. Di solito non ci sono tempi di attesa dopo l'orario di pranzo.

Voci di menu più popolari

쇼유라멘 Shoryu Ramen 10.000
토리파이탄 Tori Paitan 10.500
아부라소바 Abura Soba 14.500

7 Seongsu-dong
성수동

8 Hongdae
홍대

Un ristorante di ramen tonkotsu su misura per il palato coreano

Un ristorante di ramen paitan noto per il suo ricco brodo di pollo

록멘
Rongmen

오레노라멘 본점
Oreno Ramen (Filiale principale)

서울 성동구 성수일로3길 2
Seongdong-gu Seongsuil-ro 3-gil 2

서울 마포구 독막로6길 14
Mapo-gu Dokmak-ro 6-gil 14
instagram.com/oreramen/

Tel : 0507-1339-9857

Prenotazione tel : X	**APERTO** Tutti i gg 11:30-21:00
Da asporto : X	**Ultimo ord** : X
Pren. obbligatoria. : X	**Tempo pausa** : 15:00-17:00

Tel : 02-322-3539

Prenotazione tel : X	**APERTO** Tutti i gg 11:00-22:00
Da asporto : X	**Ultimo ord** : 21:00
Pren. obbligatoria. : X	**Tempo pausa** : —

Ambiente: Il ristorante dispone di un tavolo a forma di sushi-bar "ㄷ" con circa 14 posti a sedere. L'interno è piccolo, ideale per pasti veloci in solitaria.
Menu: Oltre ai classici ramen tonkotsu in versione dolce e piccante, il menu comprende una varietà di opzioni come i ramen all'olio di perilla senza brodo.
Caratteristiche: Gustate i ramen con sapori delicati, saporiti e piccanti.
Suggerimento: per i clienti con i capelli lunghi sono disponibili lacci per capelli per mangiare comodamente. La piccantezza è suddivisa in quattro livelli. È possibile ordinare altri condimenti come uova, carne e noodles.
Nota: trattandosi di un ristorante gestito da una sola persona, a volte può esserci attesa.

Ambiente: Il ristorante offre una varietà di posti a sedere, tra cui tavoli per due persone, tavoli per quattro persone e posti a sedere al bar. Il ricambio dei tavoli è rapido.
Menu: L'attenzione si concentra su due tipi di ramen tori paitan, caratterizzati da un brodo di pollo ricco e cremoso mescolato a una schiuma simile a quella del cappuccino. Le opzioni includono il Tori Paitan Ramen delicato e il Kara Paitan Ramen piccante. Sono disponibili ulteriori condimenti.
Caratteristiche: Il ristorante si preoccupa di mantenere la qualità dei suoi ramen preparando ogni giorno brodo e noodles freschi e conducendo test costanti.
Suggerimento: è possibile richiedere gratuitamente il rifornimento di noodles, riso e brodo, quindi non esitate a chiederne altri se ne avete bisogno.
Nota: il ristorante è meno affollato se si visita un'ora prima della chiusura nei giorni feriali. Durante le ore di punta, chiamano il vostro numero, quindi restate nelle vicinanze per evitare di perdere il vostro turno.

Voci di menu più popolari

돈코츠라멘 Donkotsu Ramen 9.000
매운 돈코츠라멘 Spicy Donkotsu Ramen 9.000
들기름 라멘 Deul Gireum (olio di perilla, senza brodo) Ramen 9.000

Voci di menu più popolari

토리 파이탄 라멘 Tori Paitan Ramen 12.000
카라 파이탄 라멘 Kara Paitan Ramen (piccante) 12.000

Sushi / Sashimi / Donburi

9 Yeouido 여의도

Un ristorante di soba noto per l'impressionante brodo e la salsa di soia fatti in casa

소몽
Somong

서울 영등포구 여의나루로 113 공작상가 2층 212, 213호
Yeongdeungpo-gu Yeouinaru-ro 113, 2F, #212, 213
instagram.com/so___mong   blog.naver.com/somong_yeouido

Tel : 0507-1475-8893
Prenotazione tel : X
Da asporto : O
Pren. obbligatoria. : X
APERTO Tutti i gg 11:00- 20:30
Ultimo ord : 22:30
Tempo pausa : 15:00-17:00

Ambiente: Situato in un piccolo angolo al secondo piano tra il fiume Hangang e i grandi magazzini Hyundai, questo ristorante accogliente e suggestivo offre un'esperienza culinaria affascinante.
Menu: Il menu propone spaghetti di soba e ciotole di riso come la soba uni, la ciotola di riso al salmone e la ciotola di riso ai ricci di mare. Il ristorante prepara con cura i noodle di soba e le ciotole di riso utilizzando ingredienti accuratamente selezionati e preparati a mano. Anche la tempura è un piatto forte.
Caratteristiche: Il ristorante prepara con cura i noodles di soba e le ciotole di riso utilizzando ingredienti accuratamente selezionati e preparati a mano. Anche la tempura è un piatto forte.
Suggerimento: si consiglia di provare i noodles di soba con brodo fatto in casa e salsa di soia, che sono le attrazioni principali. La combinazione di soba fredda e inari sushi è molto apprezzata dai clienti.
Nota: visitando il locale subito dopo la fine dell'orario di pausa si ha la possibilità di entrare senza aspettare.

Voci di menu più popolari

냉소바 Cold Soba 10.000
우니소바 Uni Soba 16.000
연어덮밥 Yeoneo Deop Bap (Ciotola di riso al salmone)

1 Apgujeong / Cheongdam / Garosu-gil 압구정 / 청담 / 가로수길

Un bar giapponese alla moda, presentato in televisione

갓포아키 삼성점
Kappo Akii
(Filiale di Samseong)

서울 강남구 테헤란로 610 B2
Gangnam-gu Teheran-ro 610, B2
instagram.com/kappo_akii

Tel : 02-6203-8660
Prenotazione tel : O
Da asporto : X
Pren. obbligatoria. : X
APERTO Lu-Ve 12:00 - 00:30
Sa 17:30 - 00:30
Do 17:00 - 23:00
Ultimo ord : X
Tempo pausa : Lu-Ve 14:30 - 17:30

Ambiente: Situato a 50 metri dall'uscita 1 della stazione di Samseong, al livello 2 del seminterrato del Glad Hotel. Essendo un bar giapponese, è possibile osservare lo chef che prepara il cibo proprio davanti a voi. L'ambiente generale è poco luminoso, il che lo rende meno adatto a raduni rumorosi. Lo spazio è ampio, con posti a sedere al bar, tavoli, cabine e sale private.
Menu: Offre una varietà di piatti tra cui sashimi, uni, udon e tempura, oltre a una vasta scelta di contorni.
Caratteristiche: Il bar serve piatti di alta qualità che si abbinano bene agli alcolici. Per chi non beve è disponibile anche la birra analcolica.
Suggerimento: noto per i suoi deliziosi futomaki, da provare assolutamente. Se soggiornate al Glad Hotel, potete ottenere uno sconto su alcuni piatti del menu.
Nota: l'insegna non è molto visibile, quindi se avete difficoltà a trovarlo, chiedete indicazioni al personale del parcheggio. Non si tratta di un ristorante specializzato in sushi, quindi il menu di sushi è limitato. Per una selezione di sushi più ampia, visitate un ristorante di sushi dedicato.

Voci di menu più popolari

사시미 Sashimi (2 persone) 49.000
후토마키 Futomaki 29.000

Apgujeong / Cheongdam / Garosu-gil
압구정 / 청담 / 가로수길

Un autentico ristorante di sushi gestito da un rinomato chef giapponese

스시코우지
Sushi Koji

서울 강남구 도산대로 318 SB타워 어넥스B동 3층
Gangnam-gu Dosan-daero 318 (Building B), 3F

Tel : 02-541-6200
Prenotazione tel : O **APERTO** Tutti i gg 11:00-22:00
Da asporto : X   **Ultimo ord** : X
Pren. obbligatoria. : X **Tempo pausa** : 14:00-18:30

Ambiente: Il ristorante dispone di posti a sedere al bancone, dove gli ospiti possono osservare lo chef preparare i piatti proprio davanti a loro.
Menu: Offre un menu di portate che vanno dagli antipasti al sushi e ai dessert.
Caratteristiche: Presenta piatti omakase di alto livello preparati da uno chef di un ristorante stellato di Tokyo.
Suggerimenti: I prezzi dei menu per il pranzo e la cena sono diversi, quindi scegliete in base alle vostre preferenze. Diversi chef lavorano su un programma, ognuno con il proprio stile unico.
Nota: se si gustano tutte le portate, il tempo necessario va da 1 ora e 30 minuti a 2 ore. Se non si ha familiarità con l'omakase, è consigliabile conoscere il galateo. Le fotografie sono consentite previa autorizzazione, a titolo di cortesia. Le prenotazioni vengono cancellate in caso di ritardo di oltre 5 minuti, quindi la puntualità è fondamentale.

Voci di menu più popolari

Lunch Counter Sushi Omakase 150.000
Dinner Counter Omakase 27.000

Un moderno ristorante Kaisen-don rinomato per i suoi frutti di mare freschi

특별한 오복수산
Teukbyeolhan Obok Susan

서울 강남구 도산대로 150, 3층
Gangnam-gu Dosan-daero 150, 3F
instagram.com/oboksusan_official

Tel : 0507-1355-8570
Prenotazione tel : O **APERTO** Tutti i gg 11:30-21:30
Da asporto : O **Ultimo ord** : 14:30 / 20:30
Pren. obbligatoria. : X **Tempo pausa** : 15:00-17:30

Ambiente: Il ristorante è caratterizzato da interni moderni in tonalità bianca, con sale private disponibili per un'esperienza culinaria più intima. La disposizione spaziosa lo rende ideale per gli appuntamenti galanti e la pulizia è notevole.
Menu: Offre una varietà di piatti giapponesi, tra cui portate, Kaisen-don, sashimi e ciotole di riso. Le porzioni sono generose.
Caratteristiche: L'azienda gestisce un proprio centro di sviluppo alimentare per mantenere la freschezza e il gusto costante, occupandosi della preparazione del pesce vivo e dello sviluppo delle salse. Le ordinazioni vengono effettuate al tavolo tramite tablet.
Suggerimenti: Per i pasti speciali di 10 portate, si consiglia di prenotare una sala o una cabina per una comoda riunione di famiglia, una cena di lavoro o un appuntamento.
Nota: il ristorante collabora con diverse aziende produttrici di liquori per offrire menu highball unici, che vale la pena provare.

Voci di menu più popolari

카이센동 Kaisen-don 22.000
사케 우니 이쿠라동 Sake Uni Ikura-don 28.000
우니 아보카도 오일 파스타 Uni Avocado Oil Pasta 35.000

Corso (tutto il giorno) 89.000

Hannam-dong / Itaewon
한남동 / 이태원

 **Yeouido**
여의도

Un'esperienza culinaria omakase che armonizza la cucina giapponese con le influenze coreane

초승달
Cho Seung Dal

Un ristorante omakase con un'eccellente qualità del prezzo

스시미소 국회의사당점
Sushi Miso
(Filiale di National Assembly)

서울 용산구 회나무로26길 12
Yongsan-gu Hoenamu-ro 26-gil 12

서울 영등포구 국회대로 750, 1층 114호
Yeongdeungpo-gu Gukhoe-daero 750, #114

Tel : 02-749-6444
Prenotazione tel : O
Da asporto : X
Pren. obbligatoria. : O
CHIUSO Lu
APERTO Ma-Do 12:00-21:30
Ultimo ord : 20:00
Tempo pausa : 15:30-17:00

Tel : 0507-1388-7734
Prenotazione tel : O
Da asporto : X
Pren. obbligatoria. : O
APERTO Tutti i gg 12:00-21:00
Ultimo ord : X
Tempo pausa : Festivo 13:30-17:00
　　　　　　　　Feriale 15:00-19:00

Ambiente: Caratterizzato da interni puliti e di colore marrone. Nonostante le sue dimensioni compatte, ospita efficacemente posti a sedere al bancone e tavoli per quattro o più persone.
Menu: Si può gustare una portata omakase a prezzi convenienti e una varietà di bevande alcoliche coreane tradizionali.
Caratteristiche: Combina la cucina giapponese con le influenze coreane, offrendo il meglio di entrambi i mondi.
Suggerimenti: I piatti sono ben abbinati alle bevande coreane tradizionali. Si consiglia anche di provare il panino Katsu come voce aggiuntiva del menu.
Nota: situato su una collina, si consiglia di prendere la strada che scende dal Grand Hyatt. La sera è necessario ordinare bevande alcoliche.

Ambiente: Situato al primo piano di un edificio, il ristorante dispone di un piccolo bancone a forma di U che può ospitare fino a 14 persone.
Menu: L'offerta comprende portate per il pranzo del fine settimana, cena omakase e pranzo omakase nei giorni feriali.
Caratteristiche: Il ristorante offre piatti di alta qualità a un prezzo conveniente.
Suggerimento: il pranzo feriale offre un ottimo rapporto qualità-prezzo. È disponibile uno spazio per riporre oggetti personali e cappotti.
Nota: per chi è in fila, i posti a sedere vengono assegnati in base all'ordine di arrivo, 5 minuti prima dell'orario di prenotazione. È possibile richiedere telefonicamente un'area specifica per i posti a sedere. Gli orari di prenotazione variano tra i giorni feriali e i fine settimana/festivi.

Voci di menu più popolari

Voci di menu più popolari

초승달 오마카세 Omakase 69.000
카츠산도 Katsu Sando (Sandwich) 14.000

Lunch Omakase 50.000
Dinner Omakase 100.000

THAILANDESE

Alla fine del XX secolo, l'emergere della globalizzazione ha aperto le porte a un maggiore scambio culturale e all'accesso alle cucine internazionali, tra cui quella tailandese, in Corea. Con i suoi sapori vibranti, le spezie aromatiche e gli ingredienti diversi, la cucina tailandese ha rapidamente conquistato il palato coreano. Piatti iconici della cucina tailandese come il Pad Thai, il curry verde, il curry rosso, il Tom Yum Kung e il riso appiccicoso al mango hanno guadagnato popolarità per la loro armoniosa miscela di sapori dolci, acidi, salati e piccanti, oltre che per l'uso di ingredienti freschi ed erbe aromatiche. Oggi la cucina tailandese è diventata una scelta culinaria molto amata in Corea, con ristoranti e trattorie tailandesi che proliferano in tutte le città e i paesi del Paese.

VIETNAMITA

La cucina vietnamita ha guadagnato popolarità in Corea anche grazie all'emergere di comunità vietnamite nel Paese. Molti immigrati vietnamiti hanno aperto ristoranti e locali per valorizzare le loro tradizioni culinarie, offrendo piatti autentici preparati con metodi e ingredienti tradizionali. I commensali coreani erano attratti dalla freschezza della cucina vietnamita, dalle erbe aromatiche e dai sapori decisi, in particolare da piatti come il pho (zuppa di noodle), i banh mi (panini con baguette), gli involtini primavera e il bun cha (maiale alla griglia con noodles). Queste offerte hanno offerto ai coreani un'esperienza culinaria coinvolgente che ha celebrato il ricco patrimonio culinario del Vietnam.

Thailandese

Hannam-dong / Itaewon
한남동 / 이태원

Un ristorante con la migliore certificazione del governo tailandese

부다스벨리
Buddha's Belly

서울 용산구 녹사평대로40길 48
Yongsan-gu Noksapyeong-daero 40-gil 48
instagram.com/buddhasbelly_official

Tel : 1666-2753
Prenotazione tel : O   **APERTO** Tutti i gg 11:30-23:00
Da asporto : X   **Ultimo ord :** 22:00
Pren. obbligatoria. : O   **Tempo pausa :** 15:00-16:30

Ambiente: Il ristorante emana un'atmosfera esotica, che ricorda quella di un resort di alto livello del sud-est asiatico, con piante collocate in tutto l'interno. I posti a sedere sulla terrazza sono caratterizzati da vetrate che creano un senso di apertura.
Menu: Il ristorante offre principalmente cucina thailandese, con piatti come il pad thai yam woonsen tale e il poo nim pad pong garee.
Caratteristiche: Un team di chef thailandesi ricrea fedelmente i sapori autentici della Thailandia.
Suggerimento: l'atmosfera unica è arricchita dalla presenza di dipinti di Buddha, murales tradizionali thailandesi sulle lavagne dei menu e statue.
Nota: durante l'estate, i posti a sedere sulla terrazza possono attirare molti insetti volanti, che possono disturbare la vostra esperienza culinaria. I prezzi sono più alti.

Voci di menu più popolari

팟타이 Pad Thai 14.300
얌운센 똘레 Yam Woonsen 26,400
뿌 님 팟 퐁 커리 Poo Nim Pad Pong Garee 28.600

Cena fusion in un locale ispirato all'ambasciata francese in Vietnam

살라댕앰버시
Saladaeng Embassy

서울 용산구 회나무로35길 26
Yongsan-gu Hoenamu-ro 35-gil 26
instagram.com/saladaeng.series

Tel : 0507-1431-2218
Prenotazione tel : O   **APERTO** Tutti i gg 11:30-21:30
Da asporto X   **Ultimo ord :** 20:30
Pren. obbligatoria. : X   **Tempo pausa :** 15:00-17:00

Ambiente: Progettato per evocare l'ambasciata francese in Vietnam, questo luogo è caratterizzato da un bellissimo giardino e da un'imponente piscina. L'atmosfera esotica lo rende popolare per gli appuntamenti e gli appassionati di fotografia.
Menu: Principalmente piatti fusion asiatico-francesi, che mescolano la cucina vietnamita/tailandese con elementi occidentali.
Caratteristiche: Una miscela armoniosa di culture orientali e occidentali sia nello spazio che nel cibo.
Suggerimenti: Optate per il menu fisso piuttosto che per i singoli piatti. Si consiglia vivamente la granita di anguria e il tangmo pan.
Nota: le prenotazioni per i posti all'aperto possono essere annullate automaticamente a seconda del tempo.

Voci di menu più popolari

아시아 2인 세트 Asia Set per 2 persone 79.000
프렌치 2인 세트 French Set per 2 persone 89.000
앰버시 2인 세트 Embassy Set per 2 persone 95.000
땡모반 Tangmo Pan 13.000

7 Seongsu-dong 성수동

Un luogo dove soddisfare la nostalgia per l'autentica cucina tailandese

마하차이 성수본점
Maha Chai
(Filiale principale di Seongsu)

서울 성동구 뚝섬로 399, 2층
Seongdong-gu Ttukseom-ro 399, 2F
mahachai.modoo.at instagram.com/mahachai_thaifood

Tel : 0507-1317-5678
Prenotazione tel : O
Da asporto : O
Pren. obbligatoria. : X

APERTO Feriale 11:00-21:00
Sa&Do/Festivo 11:30-21:00
Ultimo ord : 20:20
Tempo pausa : 15:30-17:00

Ambiente: Presenta un interno in stile industriale con un'atmosfera pulita e ordinata.
Menu: Offre una varietà di piatti thailandesi come omelette pad thai, pu pad pong curry, zuppa di noodle thailandese e tom yum goong, tutti da gustare con bevande alcoliche.
Caratteristiche: La zuppa di noodle si distingue per il brodo ricco e le tagliatelle gommose.
Suggerimento: il ristorante offre una varietà di birre thailandesi come Singha, Tiger, Chang e Leo, che si abbinano bene al cibo.
Nota: nei giorni feriali l'attesa inizia alle 11:55, ma anche nei fine settimana può capitare di dover aspettare.

Voci di menu più popolari

오믈렛 팟타이 Omelette Pad Thai 12.000
똠양꿍 & 면 Tom Yum Kung & Noodle (zuppa di gamberi piccante e acida) 12.000

10 Jamsil 잠실

Un ristorante thailandese gestito da uno chef solitario con anni di esperienza in Thailandia

방콕언니
Bangkok Eonni

서울 송파구 송파대로48길 7
Songpa-gu Songpa-daero 48-gil 7
instagram.com/bangkokunni

Tel : 0507-1387-0566
Prenotazione tel : O
Da asporto : O
Pren. obbligatoria. : X

CHIUSO Lu
APERTO Feriale 11:30-21:00
Sa&Do/Festivo 11:30-20:00
Ultimo ord : Feriale 20:00
            Sa&Do 19:00
Tempo pausa : 14:30-17:00

Ambiente: L'affascinante esterno giallo attira l'attenzione come un caffè, anche se l'interno ha pochi posti a sedere. Si trova in un vicolo nascosto.
Menu: Specializzato in cucina tailandese con una varietà di piatti, tra cui molti che non si trovano nei tipici ristoranti tailandesi in Corea.
Caratteristiche: La chef, che ha vissuto in Thailandia per oltre dieci anni, cerca di ricreare i sapori autentici di cui si è innamorata durante il suo soggiorno.
Suggerimento: alcuni piatti sono accompagnati da riso o noodles, mentre altri sono serviti da soli. Prestare attenzione ai dettagli del menu per assicurarsi di ordinare la porzione giusta.
Nota: poiché il ristorante è gestito da un unico chef, l'arrivo dei piatti potrebbe richiedere più tempo, quindi è bene organizzarsi di conseguenza se si hanno tempi stretti.

Voci di menu più popolari

얌운센 Yam Woon Sen 15.000
푸팟퐁커리 Poo Pad Pong Curry 17.000
카이룩커이 Kai Look Keuy (uova fritte) 9.000

Vietnamita

 Apgujeong / Cheongdam / Garosu-gil
압구정 / 청담 / 가로수길

Un ristorante pho con un brodo rinfrescante preparato fresco ogni giorno

미아사이공
Mia Saigon

서울 강남구 도산대로30길 29
Gangnam-gu Dosan-daero 30-gil 29
instagram.com/mia_saigon_nhyun

Tel : 0507-1377-8793
Prenotazione tel : X
Da asporto : O
Pren. obbligatoria. : X

CHIUSO Sa&Do/Festivo
Lu-Ve 11:30-22:00
Ultimo ord : 21:00
Tempo pausa : 14:30-17:00

Ambiente: Situato in un seminterrato con soffitto basso, le sedie sono poste a un'altezza inferiore.
Menu: Offre una varietà di piatti vietnamiti tra cui pho, pho bo, bun cha e com suon.
Caratteristiche: Il ristorante, aperto originariamente nel 2009, è stato rinnovato nel giugno 2021 e presenta solo le voci più popolari del menu.
Suggerimento: ci sono molti contorni che si abbinano bene al pho, quindi assicuratevi di ordinare qualche menu di contorno.
Nota: il brodo di pho è preparato fresco ogni giorno e viene servito fino a esaurimento, quindi il ristorante potrebbe chiudere prima se il brodo è esaurito.

Voci di menu più popolari

퍼보 Phở Bò 11.000
분짜 Bún Chả 14.000
고이꾸온 Gỏi Cuốn (Involtini primavera) 13.500

Un ristorante vietnamita ad Apgujeong Rodeo, noto per il suo delizioso Bun Bo Xao

리틀사이공 압구정점
Little Saigon (Apgujeong Station)

서울 강남구 언주로 174길 26
Gangnam-gu Eonju-ro 174-gil 26
littlesaigon.co.kr

Tel : 02-547-9050
Prenotazione tel : X
Da asporto : O
Pren. obbligatoria. : X

APERTO Tutti i gg 11:30-22:00
Ultimo ord : 21:00
Tempo pausa : —

Ambiente: Il ristorante dispone di una terrazza all'aperto e di un interno spazioso con un arredamento pulito e ordinato, che lo rende adatto a riunioni di gruppo.
Menu: Offre una varietà di noodles, piatti di riso e altre voci del menu, ideali per provare una varietà di piatti.
Caratteristiche: Il brodo combina sette erbe medicinali tradizionali, offrendo un sapore robusto ma rinfrescante. Rispetto ad altri ristoranti vietnamiti, il gusto si orienta verso un'autentica esperienza vietnamita.
Suggerimento: sebbene ci siano molti piatti tra cui scegliere, si consiglia di provare il Bun Bo Xao.
Nota: nei periodi di maggiore affluenza, il servizio potrebbe subire dei ritardi.

Voci di menu più popolari

퍼 보2 Phở Bò 2 (medio) 13.500
짜죠 Chả Giò (involtino fritto) 10.500
분보싸오 Bún Bò Xào (medio) 14.900

Hannam-dong / Itaewon
한남동 / 이태원

 Jongno / Gwanghwamun / Insa-dong
종로 / 광화문 / 인사동

Un ristorante vietnamita tradizionale con una grande atmosfera

꾸잉
Kkuing

Un ristorante che cattura il gusto e l'atmosfera autentica del Vietnam

냐항in안국
Nyahang in Anguk

서울 용산구 이태원로 189
Yongsan-gu Itaewon-ro 189
instagram.com/quynh_official

Tel : 02-796-1244
Prenotazione tel : O   **APERTO** Tutti i gg 10:00-21:30
Da asporto : O   **Ultimo ord :** 21:30
Pren. obbligatoria. : X   **Tempo pausa :** —

서울 종로구 윤보선길 34-1
Jongno-gu Yunboseon-gil 34-1
instagram.com/nhahang_anguk

Tel : 0507-1334-6510
Prenotazione tel : O   **APERTO** Lu-Ve 11:30-21:00
Da asporto : O   Sa&Do 11:30-20:30
Pren. obbligatoria. : X   **Ultimo ord :** Feriale 20:00
                                            Sa&Do 19:30
                               Tempo pausa : Feriale 14:00-17:00
                                            Sa&Do 15:30-16:30

Ambiente: Il ristorante presenta un interno spazioso con un tema verde e legno che cattura in modo moderno l'essenza del Vietnam. Ci sono anche posti a sedere all'aperto coperti da ombrelloni.
Menu: Offre una varietà di piatti vietnamiti, tra cui phở, bún riêu e bún chả.
Caratteristiche: Conosciuto per i suoi autentici piatti vietnamiti come il nem lụi e il riso fritto nam định. Il caffè vietnamita è particolarmente delizioso.
Suggerimento: se avete provato il phở vietnamita altrove, provate il nem lụi e il nam định fried rice qui per una nuova esperienza.
Nota: aperto 24 ore, è un luogo popolare per un pasto dopo l'aperitivo. Adatto agli animali domestici.

Ambiente: Nascosto nei vicoli di Anguk-dong, il ristorante è caratterizzato da un'illuminazione esotica che evoca la sensazione di trovarsi in Vietnam. L'interno è accogliente e invitante e offre un'esperienza culinaria coinvolgente.
Menu: Specializzato in cucina vietnamita, offre piatti come pho, riso fritto con gamberi e ananas e banh xeo.
Caratteristiche: Godetevi un ambiente esotico vietnamita nel cuore della città. Le ordinazioni possono essere effettuate comodamente tramite un chiosco e il cibo viene servito rapidamente.
Suggerimento: provate il banh xeo, disponibile solo durante le cene dei giorni feriali e nei fine settimana, e il panino banh mi, poiché la baguette di riso viene sfornata ogni giorno.
Nota: il menu del pranzo è limitato. Il gusto del pho è stato adattato alle papille gustative dei clienti coreani.

Voci di menu più popolari

양지쌀국수 Yangji (punta di petto) Phở 11.000
분지우 Bún Riêu 11.000
남딩볶음밥 Nam Định Bokkeumbap (riso fritto) 11.000

Voci di menu più popolari

불향 가득 쌀국수 Ssal Guksu (Zuppa di spaghetti di manzo) 10.000
새우 파인애플 볶음밥 Saeawoo Pineapple Bokkeumbap
(Riso fritto all'ananas e gamberetti) 10.000
반쎄오 Ban Xeo 23.000

⑧ Hongdae 홍대

Un autentico ristorante di zuppa di noodle tailandese rinomato per il suo ricco brodo

소이연남
Soi Yeonnam

서울 마포구 동교로 267
Mapo-gu Donggyo-ro 267
instagram.com/soi_yeonnam

Tel : 0507-1355-5130

Prenotazione tel : X
Da asporto : O
Pren. obbligatoria. : X

APERTO Tutti i gg 11:00-21:20
Ultimo ord : 14:30/20:50
Tempo pausa : 15:00-17:00

Ambiente: Rinomato per il suo interno a tema unico che sembra una fetta di Thailandia, lo spazio è accogliente, con diversi tavoli da 4 e 2 persone.
Menu: Offre una varietà di piatti, tra cui zuppa di noodle di manzo, zuppa di noodle tom yum e piatti a base di soia.
Caratteristiche: Si dedica alla preparazione di zuppe di noodle thailandesi che mirano a superare i sapori della Thailandia.
Suggerimento: il ristorante fornisce istruzioni su come gustare al meglio le zuppe di noodle, che consigliamo di seguire. Gli involtini primavera fatti in casa sono croccanti e umidi, quindi consigliamo vivamente di provarli.
Nota: gli animali domestici sono ammessi all'interno solo se in gabbia. Se l'ingresso è chiuso, significa che al momento non ci sono posti disponibili.

Voci di menu più popolari

소고기쌀국수 Sogogi Ssalguksu (noodles di riso al manzo) 12.000
똠얌쌀국수 13.900 Tom Yum Ssalguksu (noodles di riso)
소이뽀삐아 Soi Popia (involtini primavera) 14.000

AMERICANO

L'influenza del cibo americano in Corea deriva dall'arrivo del personale militare americano dopo la guerra di Corea negli anni Cinquanta. I soldati introdussero piatti classici americani come hamburger, hot dog, pollo fritto e panini, che si integrarono rapidamente nella cucina locale.

I giganti americani del fast-food come McDonald's, KFC e Burger King hanno ulteriormente rafforzato questa influenza adattando i loro menu per incorporare i sapori coreani. Nel corso del tempo, gli adattamenti coreani di classici americani come gli hamburger bulgogi e il pollo fritto alla coreana hanno guadagnato popolarità, mostrando una fusione di tradizioni culinarie. Oggi la cucina americana rimane parte integrante della scena gastronomica coreana, come dimostra la presenza diffusa di ristoranti e catene di fast-food in stile americano in tutto il Paese.

ITALIANO

La cucina italiana ha fatto il suo debutto in Corea negli anni '60, inizialmente al servizio di diplomatici, espatriati ed élite. Tuttavia, la sua vera impennata è avvenuta tra la fine del XX e l'inizio del XXI secolo, alimentata dalla globalizzazione, dalla prosperità economica e dall'aumento del turismo. Oggi la gastronomia italiana fiorisce in tutta la Corea, con classici come la pizza, la pasta, il risotto, la bruschetta e il tiramisù. Dalle accoglienti trattorie ai ristoranti di lusso, i ristoranti italiani abbelliscono le città coreane, offrendo una deliziosa gamma di sapori.

Inoltre, gli elementi culinari italiani si integrano perfettamente nella cucina coreana, ispirando piatti fusion innovativi che fondono l'essenza italiana con gli ingredienti e le tecniche coreane. Il telefilm coreano "Pasta" ha avuto un ruolo fondamentale nella divulgazione della cucina italiana, contribuendo al suo ampio riconoscimento e apprezzamento da parte del pubblico coreano. Con i loro ambienti accoglienti e l'atmosfera romantica, i ristoranti italiani rivestono un'importanza culturale significativa in Corea e sono spesso scelti come luoghi preferiti per gli appuntamenti.

Americano - Burger

 Apgujeong / Cheongdam / Garosu-gil
압구정 / 청담 / 가로수길

 Seocho / Seorae Village
서초 / 서래마을

Un locale alla moda per hamburger artigianali e champagne

제레미버거
Jeremy Burger

서울 강남구 언주로148길 14 라동 1층 105호
Gangnam-gu Eonju-ro 148-gil 14, Building 'Ra', 1F #105
instagram.com/jeremydosan

Tel : 02-6404-0808	CHIUSO Do/Festivo
Prenotazione tel : X	APERTO Feriale 11:00-20:30
Da asporto : O	Sa 12:00-16:00
Pren. obbligatoria. : X	Ultimo ord : Feriale 14:30/20:00
	Sa 15:30
	Tempo pausa : 15:00-17:30

Ambiente: L'interno è caratterizzato da una tonalità completamente bianca, che crea un'atmosfera pulita e sofisticata. Lo spazio può ospitare circa 16 persone.
Menu: Il menu comprende una varietà di hamburger artigianali abbinati a mini bottiglie di champagne. Le ordinazioni possono essere effettuate presso il chiosco di fronte al bancone.
Caratteristiche: Gli hamburger si distinguono per le loro polpette fatte al momento.
Suggerimento: l'hamburger Philly cheesesteak è altamente raccomandato, soprattutto con formaggio extra. È possibile aggiungere una bevanda e mezza porzione di patatine fritte per altri 6.000 KRW. Se siete a dieta, potete richiedere un involucro di lattuga al posto del panino.
Nota: il ristorante è piccolo, quindi potrebbe esserci un po' di attesa. È disponibile anche il servizio d'asporto.

Voci di menu più popolari

콘치즈버거 Corn Cheese Burger 9,400
제레미버거 Jeremy Burger 9.900
필리치즈스테이크 버거 Philly Cheese Steak Burger 13.000

Un locale di hamburger fatti in casa con un'atmosfera autenticamente americana

브루클린 더 버거조인트
Brooklyn The Burger Joint

서울 서초구 서래로2길 27
Seocho-gu Seorae-ro 2-gil 27

Tel : 02-533-7180	
Prenotazione tel : X	APERTO Tutti i gg 11:00-21:30
Da asporto : O	Ultimo ord : 21:00
Pren. obbligatoria. : X	Tempo pausa : —

Ambiente: Sembra un tipico hamburger americano, con un interno spazioso in grado di accogliere gruppi numerosi. L'atmosfera è informale e vivace.
Menu: Offre una varietà di piatti, tra cui hamburger, patatine, contorni e frullati. Le voci uniche del menu, come gli hamburger di polpetta d'agnello e le patatine dolci, non si trovano comunemente altrove.
Caratteristiche: Assaggiate gli hamburger fatti in casa con un'atmosfera completamente americana e con piatti dal menu unico.
Suggerimento: provate a intingere le patatine nel frullato. L'insalata di cavoli fatta in casa è particolarmente impressionante.
Nota: è possibile scegliere il grado di cottura dell'hamburger; quello predefinito è medio-buono.

Voci di menu più popolari

브루클린 웍스 Brooklyn Works 12.500
램버거 Lamb Burger 14.300
코울슬로 Cole Slaw 7.500

Hannam-dong / Itaewon
한남동 / 이태원

L'abbinamento perfetto tra hamburger artigianali e birra alla spina

더백테라스
The 100(Baek) Terrace

서울 용산구 한강대로40길 26, 3층
Yongsan-gu Hangang-daero 40-gil 26, 3F
instagram.com/the100fnb

Tel : 0507-1392-3341
Prenotazione tel : O **APERTO** Tutti i gg 11:00-22:00
Da asporto : O **Ultimo ord** : 21:00
Pren. obbligatoria. : X **Tempo pausa** : 15:30-17:00

Ambiente: L'interno è moderno e spazioso, con la luce del sole che filtra dalle grandi finestre, dando la sensazione di essere in viaggio. C'è una bella terrazza e un tetto che può essere utilizzato nelle giornate di bel tempo.
Menu: Offre hamburger artigianali, brunch e vari contorni.
Caratteristiche: Ogni giorno preparano internamente le polpette, il prosciutto, la pancetta e altro ancora.
Suggerimento: tranne che nei fine settimana e nei giorni festivi, dalle 11:30 alle 15:00 offrono specialità per il pranzo, con menù fissi a prezzo scontato. Si consiglia di sostituire le patatine del menu fisso con patatine dolci.
Nota: ogni tavolo è dotato di un tablet per facilitare le ordinazioni, ma questo è disponibile solo per i tavoli interni.

Voci di menu più popolari

치즈 버거 Cheese 9.500
더백 버거 The 100 10.800
더블백 버거 Double 100 16.800

Un locale specializzato in hamburger, noto per il suo famoso hamburger "Gut Buster"

자코비버거
Jacoby Burger

서울 용산구 신흥로 38
Yongsan-gu Sinheng-ro 38

Tel : 02-3785-0433
Prenotazione tel : X **APERTO** Tutti i gg 11:00 - 01:00
Da asporto : O **Ultimo ord** : X
Pren. obbligatoria. : X **Tempo pausa** : —

Ambiente: L'interno è pulito e spazioso, arredato con sedie e tavoli in nero. Ci sono anche due tavoli su una terrazza coperta.
Menu: Oltre a una varietà di hamburger artigianali, il menu comprende pasta, hot dog, ali di pollo e insalate.
Caratteristiche: Le polpette degli hamburger sono preparate con manzo 100% chuck e brisket, verdure fresche e panini sfornati giornalmente.
Suggerimenti: Personalizzate l'ordine a vostro piacimento e se avete richieste specifiche di condimento, fatelo sapere al momento dell'ordine.
Nota: tutti gli hamburger sono preparati su ordinazione e richiedono circa 20 minuti. Le ali di pollo piccanti sono molto piccanti. Il famoso Gut Buster Burger è per due persone e non è disponibile per l'asporto.

Voci di menu più popolari

내장파괴버거 Gut Buster Burger (per 2 persone) 29.900
자코비버거 Jacoby Burger 10.900
블루하와이안 베이컨 버거 Blue Hawaiian Bacon Burger 12.900

7 Seongsu-dong 성수동

Un locale di hamburger fatti in casa, famoso per i suoi hamburger di gamberi

제스티살룬 성수
Zesty Saloon Seongsu

서울 성동구 서울숲4길 13
Seongdong-gu Seoulsup 4-gil 13
instagram.com/zestysaloon

Tel : 0507-1371-2622
Prenotazione tel : X   **APERTO** Tutti i gg 11:30-21:00
Da asporto : O   **Ultimo ord** : 20:00
Pren. obbligatoria. : X   **Tempo pausa** : —

Ambiente: Il ristorante è ospitato in una casa trasformata a due piani, con il primo piano caratterizzato da bar e tavoli all'aperto. Il secondo piano è più spazioso.
Menu: Il menu è semplice e offre due tipi di hamburger, di gamberi e di manzo, con diverse varianti. Verificare le opzioni stagionali del menu. È disponibile anche un'ampia selezione di birre.
Caratteristiche: Gli hamburger sono in stile americano, ma incorporano ingredienti unici come wasabi, tartufo e aglio.
Suggerimenti: Consigliato per la sua polpa di gamberi succosa e di alta qualità che aggiunge una consistenza deliziosa.
Nota: le ordinazioni vengono effettuate al primo piano tramite un sistema di campanelli che vibrano quando l'hamburger è pronto. I sottaceti sono serviti al bar dei condimenti. Regolare la quantità di wasabi nell'hamburger di gamberi al Wasabi a proprio piacimento.

Voci di menu più popolari

제스티 갈릭 버거 Zesty Garlic Burger 10.300
와사비 쉬림프 버거 Wasabi Shrimp Burger 11.300

---

8 Hongdae 홍대

Un locale specializzato in hamburger fatti in casa, perfetto per un pasto soddisfacente

풀리너마이트 홍대
Fullinamite

서울 마포구 홍익로 13-4
Mapo-gu Hongik-ro 13-4
instagram.com/fullinamite

Tel : 0507-1497-9237
Prenotazione tel : O   **APERTO** Tutti i gg 11:00-21:00
Da asporto : O   **Ultimo ord** : 20:30
Pren. obbligatoria. : X   **Tempo pausa** : —

Ambiente: Un'atmosfera accogliente che ricorda una casa indipendente con una terrazza per un picnic all'aperto. L'interno moderno ed elegante è simile a un caffè e offre posti a sedere da 2 a 8 persone.
Menu: Con un'ampia varietà di hamburger fatti in casa, c'è una vasta scelta di combinazioni di hamburger.
Caratteristiche: Gli hamburger fatti in casa sono di qualità superiore a quelli dei fast food, preparati con panini brioche di alta qualità e ingredienti di prima scelta, come le polpette di manzo intere.
Suggerimento: si consiglia di abbinare il pasto a vari contorni, limonate o frullati. L'hamburger di pollo appena fritto, caldo e croccante è particolarmente impressionante.
Nota: la prenotazione tramite Naver è disponibile ma richiede un minimo di 5 persone.

Voci di menu più popolari

러쉬 치즈 버거 Rush Cheese Burger 8.900
핫더블치킨 버거 Hot Double Chicken Burger 9.900
(La piccantezza può essere regolata su 3 livelli)
에그갈릭 버거 Egg Garlic Burger 9.500

Pizza all'americana

① Apgujeong / Cheongdam / Garosu-gil
압구정 / 청담 / 가로수길

Una pizzeria in stile americano vivace e alla moda

클랩피자 청담
Clap Pizza Cheongdam

서울 강남구 압구정로46길 71
Gangnam-gu Apgujeong-ro 46-gil 71
clappizza.co.kr   instagram.com/clappizza

Tel : 0507-1427-2528
Prenotazione tel : X   **APERTO** Tutti i gg 11:30-21:30
Da asporto : O   **Ultimo ord** : 20:30
Pren. obbligatoria. : X   **Tempo pausa** : —

Ambiente: L'esterno è alla moda, completato da un design interno ed esterno di colore arancione. L'area spaziosa comprende tavoli e bar vicino alle finestre.
Menu: Il menu comprende le famose pizze al forno e offre anche piatti di pasta.
Caratteristiche: A differenza dei tipici forni a nastro (a circolazione d'aria), qui le pizze sono cotte con un forno a binario in stile americano che cuoce dal basso verso l'alto.
Suggerimento: se non riuscite a scegliere un solo gusto, provate la pizza metà e metà. La pizza è generalmente una scelta migliore della pasta.
Nota: le porzioni possono essere costose. Il sistema di autospurgo è complesso e richiede di separare da soli i piatti, le posate, i materiali riciclabili e i rifiuti in generale.

Voci di menu più popolari

Half & Half (8 pezzi) R 17.800 / L 24.800

③ Hannam-dong / Itaewon
한남동 / 이태원

Una pizzeria dove assaggiare la pizza in stile Detroit

모터시티 이태원점
Motor City (Filiale di Itaewon)

서울 용산구 이태원로 140-1, 2층
Yongsan-gu Itaewon-ro 140-1, 2F
instagram.com/motorcitykorea

Tel : 0507-1343-8916
Prenotazione tel : O   **APERTO** Tutti i gg 11:30-22:30
Da asporto : O   **Ultimo ord** : 21:55
Pren. obbligatoria. : X   **Tempo pausa** : —

Ambiente: L'interno è caratterizzato da una tonalità scura e nera, piena di cimeli legati a Detroit, USA. Offre sia tavoli in stile bar che tavoli quadrati, per accogliere gruppi numerosi.
Menu: Specializzato in pizze quadrate in stile Detroit con una varietà di condimenti, insieme a piatti come ali di pollo e pasta.
Caratteristiche: Conosciuto per la sua consistenza soffice che utilizza una base in stile siciliano, offre un'esperienza di pizza unica.
Suggerimento: in Corea, la pizza e la birra ("pimaek") sono una combinazione famosa, quindi si consiglia di abbinarle. La pizza Jackson 5 è più vicina al gusto americano rispetto alla pizza Motown. Anche provare l'opzione metà e metà per assaggiare due pizze diverse è una buona idea.
Nota: gli animali domestici sono ammessi. Si consiglia di preferire la pizza ai piatti di pasta.

Voci di menu più popolari

Half & Half 23.900
JACKSON 5 26.900
MOTOWN SUPREME 26.900

Italiano

 Apgujeong / Cheongdam / Garosu-gil
압구정 / 청담 / 가로수길

Un ristorante e un caffè che offre un'esperienza tranquilla nella foresta

포레스트 청담
Forest Cheongdam

Un ristorante italiano che armonizza influenze orientali e occidentali

페어링룸
Pairing Room

서울 강남구 선릉로 803 1, 2, 3층
Gangnam-gu Seolleung-ro 803, 1F, 2F, 3F
instagram.com/forestcheongdam_official

Tel : 0507-1350-8998
Prenotazione tel : O
Da asporto : O
Pren. obbligatoria. : X
APERTO Tutti i gg 11:30-23:00
Ultimo ord : 22:00
Tempo pausa : —

Ambiente: Il locale si sviluppa su tre livelli distinti: il primo piano è un ambiente naturale simile a una foresta, il secondo piano è una galleria lussuosa e unica e il terzo piano è una sala VIP privata. Sono disponibili anche posti a sedere in terrazza.
Menu: Offre un'ampia gamma di opzioni, dai prodotti base del caffè come il succo di anguria, il bingsu, il caffè e le torte ai pasti completi come il risotto, la pasta e la bistecca di petto d'anatra.
Caratteristiche: È possibile ordinare pasti, prodotti da caffè e vino a qualsiasi ora del giorno.
Suggerimento: il menu fisso del pranzo, che comprende zuppa, insalata, pasta, pane di campagna e una

Nota: ogni venerdì sera si tengono spettacoli di jazz. Gli animali domestici sono ammessi su prenotazione (solo al primo piano). Se si acquista una bottiglia di vino presso il locale, si rinuncia a una tassa sul tappo. L'assenza di un orario di pausa consente una visita flessibile.

Voci di menu più popolari

포레스트 부르스케타 Forest Bruschetta 19.000
누들 로제 떡볶이 Noodle Rose Tteokbokki 29.000
콤비네이션 피자 Combination Pizza 29.000
망고 빙수 Mango Bingsu 48.000
런치 세트 메뉴 Lunch Set Menu (11:30-16:00) 52.000 - 65.000

서울 강남구 도산대로81길 14
Gangnam-gu Dosan-daero 81-gil 14
instagram.com/tasting_melting_pairing

Tel : 010-3100-8861
Prenotazione tel : O
Da asporto : O
Pren. obbligatoria. : O
APERTO Feriale 11:00-22:30
Sa&Do/Festivo 11:00-23:00
Ultimo ord : 21:30
Tempo pausa : —

Ambiente: Ospitato in un bellissimo edificio a due piani in stile europeo, questo ristorante dispone di una terrazza rinfrescante e di un design interno unico, che crea un'atmosfera vivace. È particolarmente apprezzato come luogo per appuntamenti.
Menu: Il menu è principalmente a base italiana, ma incorpora sapori coreani per creare piatti unici.
Caratteristiche: Il ristorante offre abbinamenti di cibo e vino, oltre a dessert e tè. Il personale è cordiale e disponibile a fornire consigli. Il menu può essere comodamente visualizzato su un tablet con le foto dei piatti.
Suggerimento: la pasta meju al pepe del collo di maiale e il risotto di riso all'abalone sono piatti tipici.
Nota: lo spazio tra i tavoli è ridotto. Nei periodi di maggiore affluenza, potrebbero esserci dei limiti di tempo per cenare.

Voci di menu più popolari

발사믹 관자와 감자 퓨레 Capesante e purè al balsamico 36.000
항정살 페퍼 메주 파스타 Hangjeongsal (collo di maiale) Meju al pepe (pasta di fagioli) Psta 29.000
전복 솥밥 리조또 Jeonbok Sotbap
(Riso in pentola all'abalone) Risotto 29.000

Apgujeong / Cheongdam / Garosu-gil
압구정 / 청담 / 가로수길

 Seocho / Seorae Village
서초 / 서래마을

An Italian restaurant renowned for its sea urchin pasta

볼피노
Volpino

Un ristorante italiano con vista sul fiume Hangang

이솔라 레스토랑
Isola Restaurant

서울 강남구 도산대로45길 10-7
Gangnam-gu Dosan-daero 45-gil 10-7
instagram.com/cucciologroup

서울 서초구 올림픽대로 2085-14
Seocho-gu Olympic-daero 2085-14
somesevit.co.kr/kr/business/gavit/isola.do

Tel : 010-2249-1571
Prenotazione tel : O **APERTO** Tutti i gg 12:00-22:30
Da asporto : O **Ultimo ord :** 20:50
Pren. obbligatoria. : X **Tempo pausa :** 15:00-18:00

Tel : 02-533-0077
Prenotazione tel : O **APERTO** Tutti i gg 11:30-21:30
Da asporto : O **Ultimo ord :** 14:00 / 20:30
Pren. obbligatoria. : X **Tempo pausa :** 15:00-17:00

Ambiente: L'interno combina elementi europei classici e moderni, creando un'atmosfera elegante. Il locale dispone di cabine e tavoli, anche se i tavoli sono molto distanziati tra loro. L'illuminazione è morbida, né troppo luminosa né troppo fioca.
Menu: Offre un'ampia varietà di piatti, tra cui antipasti, primi piatti e dessert, che consentono un'esperienza culinaria diversificata.
Caratteristiche: Si concentra sull'autentica cucina italiana con la pasta come attrazione principale. L'uso di pasta fresca migliora la consistenza e la qualità complessiva.
Suggerimento: la pasta ai ricci di mare (pasta uni) e la pasta al ragù sono particolarmente apprezzate.
Nota: i piatti tendono ad essere salati. Si consiglia di preferire la pasta alla bistecca.

Ambiente: Situato a Sebitseom, un luogo rinomato per la vista notturna di Seoul. Il ristorante presenta interni spaziosi e lussuosi. I clienti possono gustare i loro pasti con una vista sul fiume Hangang attraverso grandi finestre, completata da un ambiente accogliente.
Menu: L'offerta comprende piatti della tradizione italiana come pasta, pizza e bistecca, disponibili sia come menu fisso che come piatto unico.
Caratteristiche: Durante il giorno, i visitatori possono godersi un momento di relax con vista sul fiume Hangang, mentre la sera possono ammirare il tramonto e il paesaggio notturno.
Suggerimento: si consiglia di consumare il pranzo (pasta o bistecca).
Nota: il ristorante è un po' distante dal parcheggio e dalla stazione della metropolitana e richiede almeno 5 minuti a piedi.

Voci di menu più popolari

트러플 아란치니 Arancini tartufati (6) 19.000
탈리아탈레 라구 볼로네제 Tagliatelle al Ragu Bolognese 29.000
우니파스타 Pasta Uni (uova di riccio) 34.000

Voci di menu più popolari

Pizza Margherita 25.000
Spaghetti alle Vongole 27.000
Lasagne con melanzane arrostite 29.000

Lunch Pasta/Steak Course 33.000/45.000
Dinner Pasta Course (solo feriale) 46.000
Isola Special/Premium Course 77.000/150.000

Hannam-dong / Itaewon
한남동 / 이태원

Un autentico ristorante italiano riconosciuto dal governo italiano

일키아소
Il Chiasso

Un autentico ristorante italiano a Namsan attivo dal 1990

라쿠치나
La Cucina

서울 용산구 녹사평대로40길 55-7
Yongsan-gu Noksapyeong-daero 40-gil 55-7
instagram.com/ilchiasso.seoul

서울 용산구 회나무로44길 10
Yongsan-gu Hoenamu-ro 44-gil 10
la-cucina.co.kr

Tel : 0507-1465-5648　　　　**CHIUSO** Lu
Prenotazione tel : O　　　　**APERTO** Ma-Do 18:00-22:00
Da asporto : X　　　　**Ultimo ord** : X
Pren. obbligatoria. : X　　　　**Tempo pausa** : —

Tel : 02-794-6006　　　　**CHIUSO** Do
Prenotazione tel : O　　　　**APERTO** Lu-Sa 12:00-21:30
Da asporto : X　　　　**Ultimo ord** : 19:30
Pren. obbligatoria. : O　　　　**Tempo pausa** : 15:00-17:00

Ambiente: Situato in un vicolo della collina di Noksapyeong, caratterizzato da un interno dai toni gialli che ricorda un piccolo ristorante italiano portato a Seoul. La presenza di personale italiano contribuisce a creare un'atmosfera autentica.
Menu: Offre una varietà di piatti tra cui antipasti, pasta, secondi, dessert e bevande.
Caratteristiche: È orgoglioso di possedere la certificazione "Ospitalità Italiana" del governo italiano. Conosciuto per la pasta fresca e gli gnocchi all'italiana.
Suggerimenti: Le porzioni di pasta sono abbondanti. Godetevi il divertimento di raschiare il risotto al tartufo di Parmigiano da una grande forma di formaggio. La bistecca di manzo è preparata secondo la tradizione fiorentina con carbone di legna e legno di quercia.
Nota: è disponibile il servizio d'asporto (si consiglia l'ordinazione telefonica). L'ingresso non è consentito agli ospiti di età inferiore ai 13 anni.

Ambiente: L'intero edificio è utilizzato, con il primo piano che funge da hall e il secondo piano che offre camere private. L'ampio spazio interno offre la possibilità di godere della vista esterna. Lo spazio è elegante e ben organizzato, adatto a conversazioni tranquille.
Menu: L'esperienza culinaria consiste in pasti di portata, con menu diversi offerti nelle camere e nella sala.
Caratteristiche: Il ristorante serve da molti anni l'autentica cucina italiana con i migliori ingredienti.
Consigli: Si consiglia di assaggiare le costolette di agnello. Visitare il ristorante verso il tramonto per godere di una splendida vista.
Nota: le opzioni per i menu dei bambini sono molto limitate.

Voci di menu più popolari

Voci di menu più popolari

LEGACY COURSE (Cena) 180.000
LUNCH COURSE (Sala/Stanza) 50.000/85.000

파르미자노 치즈 트러플 리조또 Risotto al Tartufo Sulla Forma di Parmiggiano 30.000
로마식 엔쵸비 스파게티 Spaghetti alla Carretiera 26.000
티본스테이크 Bistecca alla Fiorentina 96.000 (600g)

5 Jongno / Gwanghwamun / Insa-dong
종로 / 광화문 / 인사동

Un ristorante americano-italiano contemporaneo

마이클바이해비치
Michael By Haevichi

서울 종로구 우정국로 26 센트로폴리스 B동 2층
Jongno-gu Ujeongguk-ro 26, Centropolis, Building B, 2F
michaelsbyhaevichi.com   instagram.com/haevichidining

Tel : 02-722-4300
Prenotazione tel : O
Da asporto : O
Pren. obbligatoria. : X

APERTO Feriale 11:00-22:00
Sa 10:00-22:00
Do/Festivo 10:00-21:00
Ultimo ord : Feriale/Sa 21:00
Do/Festivo 20:00
Tempo pausa : 15:00-17:00

Ambiente: Il ristorante è caratterizzato da interni americani moderni con soffitti alti e un'armoniosa miscela di legno lussuoso, marmo e accenti dorati. Dispone inoltre di ampie sale private che lo rendono adatto a riunioni di lavoro.
Menu: Il menu offre una varietà di piatti disponibili alla carta e come portate fisse. Sono disponibili sia piatti piccoli che grandi.
Caratteristiche: Attingendo all'esperienza culinaria maturata nella gestione di un hotel di lusso, il ristorante presenta una gamma diversificata di piatti di concetto.
Suggerimenti: Piuttosto che optare per un piatto fisso, provate diversi piatti alla carta. I piccoli piatti si abbinano bene al vino. Da provare assolutamente il polpo e patate.
Nota: durante i giorni feriali a pranzo, il ristorante è molto frequentato dagli uomini d'affari.

Voci di menu più popolari

마이클 시그니쳐 버거 Michael's Signature Burger 23.000
잠발라야 Jambalaya 24.000
문어 & 감자 Octopus & Potato 26.000
루이지애나 슈림프 Lousiana Shrimp 28.000

Lunch Course 75.000
Dinner Course 105.000

Un'esperienza unica di degustazione di pasta in un bellissimo ristorante hanok

스미스가좋아하는한옥
The Hanok Which Smith Likes

서울 종로구 삼청로 22-7
Jongno-gu Samcheong-ro 22-7
instagram.com/smith_hanok

Tel : 02-722-7003
Prenotazione tel : O
Da asporto : O
Pren. obbligatoria. : X

APERTO Lu-Sa 11:30-21:00
Do/Festivo 11:30-20:30
Ultimo ord : X
Tempo pausa : Lu-Sa 15:00-17:00
Festivo 15:00-16:30

Ambiente: Questo ristorante, ristrutturato da un hanok, vanta un incantevole ampio cortile e offre una miscela unica di influenze coreane e occidentali. Dispone di ampi tavoli a sedere.
Menu: Il menu comprende una varietà di piatti come pizza al forno, pasta, risotto e dessert.
Caratteristiche: Offre piatti di portata e il locale è adatto ad ospitare eventi e piccoli matrimoni.
Suggerimento: il ristorante offre un ambiente particolarmente bello e accogliente durante il tramonto e la sera. È situato vicino al Museo Nazionale d'Arte Moderna e Contemporanea.
Nota: le prenotazioni possono essere effettuate tramite Catchtable. È consigliabile controllare le date di apertura su Instagram prima di visitarlo. Si prega di notare che la preparazione del cibo richiede un po' di tempo e che la pasta tende a essere salata. Si consiglia vivamente la pizza al forno.

Voci di menu più popolari

Vongole pasta 26.000
Nero di seppia risotto 28.000
Salami pizza 27.000

8 Hongdae 홍대

Un ristorante italiano che offre piatti a prezzi ragionevoli

오스테리아 리오
Osteria Leo

서울 마포구 어울마당로5길 50, 2층
Mapo-gu Eoulmadang-ro 5-gil 50, 2F
instagram.com/osterialeo_seoul

Tel : 0507-1336-2754
Prenotazione tel : O
Da asporto : X
Pren. obbligatoria. : O
APERTO Tutti i gg 12:00-22:00
Ultimo ord : 14:00 / 20:30
Tempo pausa : 15:00-17:30

Ambiente: Situato al secondo piano di un edificio in un vicolo tranquillo, offre un'atmosfera accogliente per gustare le portate. Lo spazio non è grande, ma l'ampia distanza tra i tavoli e le grandi finestre lo rendono piacevole. C'è anche un tavolo da bar.
Menu: Pasta fresca, pizza e altri autentici piatti italiani.
Caratteristiche: Mette in risalto i sapori naturali degli ingredienti, offrendo sia piatti alla carta che portate.
Suggerimento: quando si ordina un menu di portate, si consiglia di aggiungere gli arancini. Oltre alla pasta, il petto d'anatra è eccellente.
Nota: Essendo gestito da un unico chef, potrebbe essere necessario un po' di tempo prima che il cibo venga servito.

Voci di menu più popolari

Arancini 15.000
Vongole 23.000
Gnocchi 26.000

Degustation A 50.000
Degustation B 80.000

Pizza all'italiana

3 Hannam-dong / Itaewon 한남동 / 이태원

Il ristorante di specialità di pizza napoletana di prima generazione in Corea

부자피자
Buzza Pizza

서울 용산구 이태원로55가길 28
Yongsan-gu Itaewon-ro 55ga-gil 28

Tel : 02-794-9474
Prenotazione tel : X
Da asporto : O
Pren. obbligatoria. : X
CHIUSO Lu
APERTO Ma-Do 11:30-21:20
Ultimo ord : 20:50
Tempo pausa : —

Ambiente: L'interno non è molto grande, con tavoli da quattro persone disposti in modo ravvicinato.
Menu: Autentica pizza alla napoletana e contorni.
Caratteristiche: Il grande forno a legna conferisce all'impasto un sapore e un aroma meravigliosi.
Suggerimento: provate i contorni fritti, che offrono una consistenza deliziosa e un gusto saporito che ricorda l'Italia.
Nota: il ristorante ha spesso lunghe attese e un basso tasso di turnover. Per evitare la folla, visitatelo al di fuori degli orari di punta del pranzo e della cena. Le ordinazioni da asporto non richiedono attesa.

Voci di menu più popolari

Marinara 10.700
Margherita 15.900
Buzza Classica Pizza 24.000

8 Hongdae 홍대

Una pizzeria rinomata per la sua pizza al forno a legna

스파카나폴리
Spacca Napoli

서울 마포구 양화로6길 28, 2층
Mapo-gu Yanghwa-ro 6-gil 28, 2F
instagram.com/spaccanapoliseoul

Tel : 02-326-2323
Prenotazione tel : X   **APERTO** Tutti i gg 11:30-21:30
Da asporto : O   **Ultimo ord** : 20:30
Pren. obbligatoria. : X   **Tempo pausa** : 15:00-17:00

Ambiente: Situato al secondo piano, questo piccolo spazio è adornato con cimeli del cinema italiano e del calcio, creando un'autentica atmosfera italiana. La cucina è dotata di un forno a legna, che permette agli ospiti di osservare il processo di preparazione della pizza. Anche se lo spazio non è grande, una finestra a tutta altezza lungo una parete dà un senso di apertura rinfrescante.
Menu: Oltre a una varietà di pizze cotte nel forno a legna, il menu comprende pasta, insalate e altro ancora.
Caratteristiche: Questa pizzeria offre un'autentica pizza cotta a legna preparata da un pluripremiato maestro napoletano, che attira molti visitatori internazionali.
Suggerimenti: Le pizze sono servite in sei spicchi. Visitate il locale durante la stagione dei ciliegi in fiore per godervi la vista dalla finestra. È disponibile il servizio d'asporto e si può ordinare subito all'arrivo senza aspettare.
Nota: a causa delle sue dimensioni ridotte, il ristorante non accetta prenotazioni, ma è possibile iscriversi a una lista d'attesa all'arrivo. Nonostante le lunghe attese, molti ospiti se ne vanno prima di essere fatti accomodare, per cui l'occasione potrebbe presentarsi prima del previsto. La durata della cena è limitata a un massimo di 1,5 ore.

Voci di menu più popolari

Margherita Bufala 26.500
Americana 28.000
Parisienne 29.500

---

10 Jamsil 잠실

Una pizzeria che serve l'autentica pizza napoletana e la cucina italiana

피제리아라고
Pizzeria Lago

서울 송파구 백제고분로41길 39 103호
Songpa-gu Baekjegobun-ro 41-gil 39, #103
instagram.com/pizzeria_lago

Tel : 0507-1434-8588
Prenotazione tel : X   **APERTO** Tutti i gg 11:30-21:30
Da asporto : O   **Ultimo ord** : X
Pren. obbligatoria. : X   **Tempo pausa** : 15:00-17:00

Ambiente: Situato vicino al lago Seokchon, il ristorante è caratterizzato da un'atmosfera accogliente con luci leggermente soffuse. L'imponente soffitto ornato di piante ne aumenta il fascino.
Menu: Specializzato in pizze, il menu offre una varietà di pizze, tra cui Margherita, Prosciutto e Rucola e altre ancora.
Caratteristiche: Sperimentate l'autentica pizza napoletana e i piatti della cucina italiana.
Suggerimento: il menu si abbina bene al vino, quindi si consiglia di gustarlo insieme.
Nota: spesso c'è una lista d'attesa. Invece di una sequenza di arrivi, i tavoli si rendono disponibili in base al numero di ospiti in attesa, quindi non sorprendetevi se un altro gruppo viene fatto sedere per primo. Si consiglia di scegliere una pizza diversa dalla Bismarck.

Voci di menu più popolari

Double Extra Margherita 21.000
Quattro Formaggi 23.800

MESSICANO

La cucina messicana ha trovato inizialmente una nicchia tra gli espatriati e i viaggiatori in Corea, ma ha gradualmente conquistato i commensali coreani con i suoi sapori audaci e gli ingredienti vivaci. Tacos, burritos, quesadillas e nachos hanno rapidamente guadagnato popolarità, offrendo una deliziosa fusione di carni saporite, salsas piccanti, guacamole cremoso e formaggio piccante. Nelle aree urbane proliferarono i ristoranti messicani e i food truck, che servivano sia l'autentica cucina messicana sia piatti fusion di ispirazione coreana.

Oggi la cucina messicana gode di un ampio apprezzamento in Corea e il suo fascino continua a crescere man mano che i coreani abbracciano i sapori diversi e dinamici della cucina internazionale. Inoltre, l'influenza dei coreani che hanno vissuto e studiato negli Stati Uniti, sperimentando offerte messicane americanizzate come i burrito bowls di Chipotle, ha giocato un ruolo significativo nell'introdurre i palati coreani alla ricchezza delle tradizioni culinarie messicane.

FRANCESE

Inizialmente messa in ombra da opzioni più popolari come la cucina italiana, la cucina francese in Corea sta gradualmente guadagnando terreno. Gli chef coreani, che hanno studiato arte culinaria all'estero, hanno introdotto la cucina francese ai commensali coreani, contribuendo alla sua crescente popolarità. Sebbene sia ancora in ritardo rispetto alla cucina italiana per quanto riguarda l'attrattiva del mainstream, la cucina francese sta raccogliendo riconoscimenti e apprezzamenti in tutta la Corea. In particolare, i ristoranti coreani traggono ispirazione dall'alta cucina francese, incorporando elementi della tradizione culinaria francese nei loro menu.

Tuttavia, è la pasticceria francese a spiccare nella cultura culinaria coreana. Mentre piatti come il coq au vin e il beef bourguignon si stanno diffondendo sulle tavole coreane, i dolci francesi come i croissant, i macarons, gli éclairs e le crostate sono stati a lungo adorati dai commensali coreani. La meticolosa lavorazione artigianale e i sapori squisiti dei dolci francesi hanno conquistato il palato coreano, rendendoli una presenza fissa nelle panetterie, nei caffè e nei negozi di dolci di tutto il Paese.

Messicano - Autentico

 Hannam-dong / Itaewon
한남동 / 이태원

Autentico ristorante messicano con ricette tradizionali

라 크루다
La Cruda

서울 용산구 이태원로42길 36, 2층
Yongsan-gu Itaewon-ro 42-gil 36, 2F
instagram.com/lacruda_corea   lacruda.modoo.at

Tel : 0507-1350-6445	
Prenotazione tel : X	**APERTO** Feriale 11:30-21:00
Da asporto : X	Sa&Do/Festivo 13:00-20:30
Pren. obbligatoria. : X	**Ultimo ord :** Feriale 20:30
	Sa&Do
	Festivo 20:00
	Tempo pausa : 15:00-17:00

Ambiente: Nascosto tra gli edifici, può essere difficile da trovare. È necessario salire una scala bianca per raggiungere il secondo piano. L'interno è semplice e modesto, ma decorato in modo colorato. È uno spazio molto informale con circa 10 tavoli.
Menu: Offre una varietà di piatti che si possono trovare in Messico. Le ordinazioni vengono effettuate tramite un tablet al tavolo.
Caratteristiche: Gestito da un proprietario-chef diplomato presso una scuola di cucina messicana. Le tortillas sono di mais messicano e tutte le salse sono fatte in casa.
Suggerimento: c'è un bancone self-service da cui si può prendere la salsa fatta in casa.
Nota: nei fine settimana non c'è pausa. Se siete abituati allo stile Tex-Mex, i sapori potrebbero sembrare un po' insipidi.

Voci di menu più popolari

Chimichanga 18.000
Nacho 15.000
Quesadilla 13.000

Un festoso ristorante coreano-messicano amato sia dagli abitanti del luogo che dagli stranieri

바토스 이태원점
Vatos (Filiale di Itaewon)

서울 용산구 이태원로15길 1, 2층
Yongsan-gu Itaewon-ro 15-gil 1, 2F
vatoskorea.com   instagram.com/vatoskorea

Tel : 02-797-8226	
Prenotazione tel : O	**APERTO** Tutti i gg 11:30-22:00
Da asporto : O	**Ultimo ord :** 14:30, 21:30
Pren. obbligatoria. : X	**Tempo pausa :** 15:00-17:00

Ambiente: L'interno emana un'atmosfera da pub esotico con toni neri e marroni. Lo spazio interno è buio, ma la terrazza esterna è luminosa e rilassata.
Menu: Offre piatti tex-mex insieme a piatti fusion e vari cocktail.
Caratteristiche: Introduce un nuovo concetto di cucina fusion coreano-messicana che incorpora i sapori coreani.
Suggerimento: si consiglia vivamente il piatto forte, le patatine fritte con carnitas al kimchi e il taco al galbi. Anche il "Batos Rita", un margarita con una bottiglia di birra all'interno, è un elemento iconico del menu.
Nota: aperto ininterrottamente senza pause nei fine settimana e nei giorni festivi. Situato in leggera salita. Trattandosi principalmente di un bar, nelle ore serali possono esserci molti avventori ubriachi, il che potrebbe non essere adatto a chi ha bambini.

Voci di menu più popolari

Patatine fritte carnitas al kimchi 15.900
Galbi Taco 16.900

⑤ Jongno / Gwanghwamun / Insa-dong
종로 / 광화문 / 인사동

Messicano - Tex-Mex

Un luogo dove si può gustare l'autentico cibo messicano in un ambiente hanok

엘까르니따스 익선점
El Carnitas (Filiale di Ikseon)

서울 종로구 수표로28길 17-13
Jongno-gu Supyo-ro 28-gil 17-13
instagram.com/elcarnitas_ikseon

Tel : 0507-1434-8229

Prenotazione tel : O	**APERTO** Tutti i gg 11:30-22:00
Da asporto : O	**Ultimo ord :** 21:00
Pren. obbligatoria. : X	**Tempo pausa :** —

Ambiente: Situato in un edificio tradizionale hanok a Ikseon-dong, l'interno è caratterizzato da un'atmosfera messicana.
Menu: È possibile gustare una varietà di piatti messicani come tacos, piatti unici e burritos.
Caratteristiche: Si concentra sull'autentico cibo messicano, offrendo l'opportunità di sperimentare i sapori messicani in Corea.
Suggerimento: offre menu fissi ben curati che offrono un buon rapporto qualità-prezzo, il che lo rende una scelta consigliata per i gruppi più numerosi. La Double Quesadilla è nota per il suo generoso ripieno. Da notare che il Taco di gamberi contiene gamberi fritti.
Nota: il locale funziona con un sistema di chiamata piuttosto che con una lista d'attesa telefonica, quindi è importante non lasciare il proprio posto incustodito.

Voci di menu più popolari

Carnitas Taco 9.900
Carnitas Burrito 11.900
Double Quesadilla 18.900

---

② Seocho / Seorae Village
서초 / 서래마을

Un ristorante messicano tradizionale che vi farà sentire come se steste cenando in una casa messicana

슈가스컬 센트럴시티점
Sugar Skull
(Filiale di Central City)

서울 서초구 사평대로 205 파미에스테이션 103호-1호
Seocho-gu Sapyeong-daero 205, Famille Station 103-1
instagram.com/sugarskull0_0

Tel : 0507-1382-8677

Prenotazione tel : O	**APERTO** Tutti i gg 11:00-22:00
Da asporto : O	**Ultimo ord :** 21:00
Pren. obbligatoria. : X	**Tempo pausa :** —

Ambiente: Lo spazio è stato progettato per assomigliare alle strade e alle case messicane, con decorazioni colorate e stravaganti. Anche se i tavoli sono molto distanziati, l'ambiente rimane confortevole.
Menu: Si può gustare un'ampia gamma di piatti tradizionali messicani, come tacos, burritos e fajitas.
Caratteristiche: Offre una varietà di piatti sudamericani che consentono di sperimentare un ampio spettro di sapori.
Suggerimento: si consiglia il piatto di tacos, che consente di assaggiare quattro tipi di tacos, con due pezzi ciascuno. Le tortillas possono essere riempite gratuitamente su richiesta.
Nota: gli ordini da asporto ricevono uno sconto del 10%.

Voci di menu più popolari

Taco Platter 43.000
Barbacoa Quesadilla 21.500

Hannam-dong / Itaewon
한남동 / 이태원

 Hongdae
홍대

Ristorante messicano di prima generazione in Corea

코레아노스키친
Coreanos Kitchen

서울 용산구 녹사평대로40길 46
Yongsan-gu Noksapyeong-daero 40-gil 46
instagram.com/coreaskitchen

Tel : 02-795-4427
Prenotazione tel : O   **APERTO** Tutti i gg 12:00-22:00
Da asporto : O   **Ultimo ord** : 21:20
Pren. obbligatoria. : X   **Tempo pausa** : —

Ambiente: Il locale è decorato con un'atmosfera messicana e presenta un'incantevole terrazza ornata di ombrelloni aperti.
Menu: A partire dai tacos, il menu offre una varietà di piatti, con un codice QR per facilitare la consultazione delle foto del menu al momento della selezione.
Caratteristiche: Questo ristorante introduce lo stile Tex-Mex in Corea, mescolando ingredienti coreani e cucina messicana per offrire piatti fusion.
Suggerimento: è possibile personalizzare i piatti aggiungendo o omettendo ingredienti, quindi non esitate a discutere le vostre preferenze al momento dell'ordinazione. I posti a sedere sulla terrazza durante il tramonto sono particolarmente romantici.
Nota: i posti a sedere sulla terrazza sono limitati a un massimo di 2 ore il venerdì, il sabato e la domenica. Il ristorante si trova vicino alla stazione di Noksapyeong ed è quindi facilmente raggiungibile in metropolitana.

Voci di menu più popolari

Taco Platter (7 pezzi) 39.000
Chicken Quesadilla 14.000
OG Buritto 14.000

Un ristorante messicano moderno in stile newyorkese nel cuore della città

익스첼
Ixchel

서울 마포구 토정로 33-1
Mapo-gu Tojeong-ro 33-1
instagram.com/ixchel.seoul

Tel : 0507-1352-1358   **CHIUSO** Lu
Prenotazione tel : O   **APERTO** Ma-Do 11:00-21:00
Da asporto : X   **Ultimo ord** : 14:00 / 20:00
Pren. obbligatoria. : X   **Tempo pausa** : 15:00-17:00

Ambiente: Ispirato alle grotte calcaree nelle profondità della giungla messicana, l'interno offre la sensazione di trovarsi in una destinazione di viaggio. I tavoli spaziosi offrono un'esperienza culinaria confortevole.
Menu: Assaggiate piatti come i Tacos di Birria, preparati con stinco di manzo cotto a fuoco lento per oltre 6 ore, o le Carnitas, preparate con pancia di maiale cotta a vapore per oltre 8 ore.
Caratteristiche: Reinterpretazione moderna della cucina messicana da parte di uno chef due stelle Michelin. Tutto, dalle salse alle tortillas, è fatto a mano, per un'esperienza culinaria sana e saporita senza eccessive spezie.
Suggerimento: Non perdetevi il Guacamole di patate dolci, un piatto unico che non troverete altrove.
Nota: le patatine fritte sono disponibili a pagamento su richiesta, mentre le salse sono fornite senza costi aggiuntivi. I servizi igienici sono puliti e ben tenuti.

Voci di menu più popolari

고구마 과카몰리 Goguma (patata dolce) Guacamole 18.000
Birria Taco 14.000
Carnitas 16.000

Francese

 Apgujeong / Cheongdam / Garosu-gil
압구정 / 청담 / 가로수길

Un ristorante francese informale che ricorda un wine bar parigino

부베트
Buvette

서울 강남구 논현로 854 안다즈 서울 강남 상업시설 건물 1층
Gangnam-gu Nonhyeon-ro 854
www.buvette.co.kr   instagram.com/buvetteseoul

Tel : 02-3442-7859
Prenotazione tel : O
Da asporto : X
Pren. obbligatoria. : O

APERTO Tutti i gg 10:00-23:00
Ultimo ord : 22:00
Tempo pausa : —

Ambiente: L'esterno, con accenti rossi, e l'interno, di ispirazione francese, creano un'atmosfera particolare. Ci sono posti a sedere al bar e al tavolo, con una terrazza che si apre in caso di bel tempo.
Menu: Il menu propone oltre 40 tipi di vino e 10 tipi di cocktail, accompagnati da piccoli piatti. I menu per il pranzo, il brunch e la cena sono diversi.
Caratteristiche: Questo bistrot francese può essere frequentato tutto il giorno, dalla mattina alla sera.
Suggerimenti: il brunch è servito dalle 10:00 alle 16:00, mentre il menu serale è disponibile dalle 16:00 alle 23:00. Il menu del brunch è altamente consigliato.
Nota: le porzioni sono piccole, pensate per essere abbinate al vino, quindi potrebbero essere necessari più piatti per sentirsi sazi.

Voci di menu più popolari

Carottes Rapees 12.000
Salmon Rilletes 22.000
Ostriche Fritte 32.000

Ristorante francese a prezzi accessibili

파씨오네
Passionne

서울 강남구 언주로164길 39
Gangnam-gu Eonju-ro 164-gil 39

Tel : 02-546-7719
Prenotazione tel : O
Da asporto : X
Pren. obbligatoria. : O

CHIUSO Do
APERTO Lu-Ve 12:00-22:00
Sa 12:00-21:30
Ultimo ord : X
Tempo pausa : 15:00-18:00

Ambiente: Situato al secondo piano dell'edificio. L'interno antico ha un'atmosfera affascinante e accogliente.
Menu: Il ristorante offre a pranzo e a cena un'interpretazione informale della cucina tradizionale francese.
Caratteristiche: Il proprietario-chef prepara ogni giorno i piatti utilizzando i migliori ingredienti freschi selezionati a mano.
Suggerimenti: Per le occasioni speciali possono aggiungere scritte o candele ai dessert, quindi è bene richiederlo in anticipo.
Nota: l'ambiente può risultare un po' freddo nelle giornate fredde e i tavoli sono un po' stretti.

Voci di menu più popolari

Lunch Course 65.000
Dinner Course 110.000

2 Seocho / Seorae Village
서초 / 서래마을

Un'esperienza culinaria francese contemporanea con ingredienti di stagione

윤
Yoon

서울 서초구 반포동 68-1
Seocho-gu Banpo-dong 68-1
instagram.com/yoon_seorae

Tel : 02-3481-5007
Prenotazione tel : O   **APERTO** Tutti i gg 11:30-22:00
Da asporto : X   **Ultimo ord** : 20:30
Pren. obbligatoria. : X   **Tempo pausa** : 15:00-17:30

Ambiente: L'interno è caratterizzato da una tonalità pulita di bianco e nero e da soli cinque tavoli, per un'atmosfera intima e privata. Le ampie finestre evitano che lo spazio risulti angusto. È un luogo ideale per appuntamenti e occasioni speciali.
Menu: Offre sia il pranzo che la cena, consentendo di gustare una gamma completa di piatti, dalle portate principali ai dessert.
Caratteristiche: Si possono gustare piatti raffinati ed eleganti a un prezzo ragionevole, con un gusto paragonabile a quello di ristoranti più costosi.
Suggerimento: Il menu cambia stagionalmente, quindi assicuratevi di controllarlo prima della vostra visita.
Nota: le porzioni possono essere leggermente piccole per un commensale medio di sesso maschile. Considerate la possibilità di scegliere un piatto aggiuntivo tra le portate. I servizi igienici sono unisex.

Voci di menu più popolari

Lunch Course 49.000
Dinner Course 99.000

3 Hannam-dong / Itaewon
한남동 / 이태원

Un ristorante francese informale in un ambiente accogliente

꼼모아
CommeMoa

서울 용산구 신흥로 56
Yongsan-gu Sinheng-ro 56
instagram.com/commemoa

Tel : 02-6217-5252   **CHIUSO** Ma / Me
Prenotazione tel : X   **APERTO** Feriale 17:30-23:00
Da asporto : X   Sa&Do/Festivo 12:00-23:00
Pren. obbligatoria. : X   **Ultimo ord** : 21:30
                                      Tempo pausa : 15:00-17:00

Ambiente: Situato in cima a una ripida collina, il ristorante si distingue per il suo esterno bordeaux brillante e l'intimo spazio interno. È disponibile anche un tavolo sulla terrazza.
Menu: Offre piatti tradizionali francesi come escargot e coscia d'anatra confit, ma anche piatti unici come la crème brûlée ai ricci di mare.
Caratteristiche: Rinomato per l'autentico gusto e l'atmosfera francese, è un luogo affascinante per un appuntamento caratteristico.
Suggerimento: il famoso Beef Wellington richiede una prenotazione con un giorno di anticipo (utilizzare l'app CatchTable e annotarlo nel promemoria della prenotazione, ordine minimo per due persone). Anche il soufflé speciale dello chef è altamente raccomandato. Tra i piatti più apprezzati figurano la crème brûlée al foie gras e il pâté en croûte.
Nota: lo spazio è piuttosto piccolo. A causa della posizione in salita, potrebbe non essere adatto a chi ha difficoltà a camminare. È richiesto un ordine minimo di una bevanda a persona. Il ristorante è vietato ai bambini.

Voci di menu più popolari

Beef Wellington 80.000
Escargot 21.000
성게알 크렘브륄레 Sea Urchin (Capriolo di riccio di mare)
Crème Brûlée 21.000

3 Hannam-dong / Itaewon
한남동 / 이태원

Un ristorante francese informale dedicato all'utilizzo di ingredienti freschi

쎄오
Seo

서울 용산구 이태원로54길 74
Yongsan-gu Itaewon-ro 54-gil 74
instagram.com/seo_hannam

Tel : 0507-1360-4795   **CHIUSO** Lu
Prenotazione tel : X   **APERTO** Ma 17:00-22:00
Da asporto : X   Me-Do 12:00-22:00
Pren. obbligatoria. : X   **Ultimo ord :** 20:50
                                  Tempo pausa : 15:00-17:00

Ambiente: Il ristorante vanta un'atmosfera moderna e informale, perfetta per gruppi di 3-4 persone che si riuniscono e chiacchierano. L'ambiente è tranquillo, con bellissimi arredi e una cucina a vista da cui si può osservare il processo di cottura.
Menu: Propone principalmente cucina francese, con piatti come la tarte flambée e la bistecca di petto d'anatra, oltre a piatti esotici come lo shimesaba.
Caratteristiche: Si possono gustare piatti preparati con ingredienti freschi provenienti da fattorie e mercati del pesce.
Suggerimento: se si desidera un posto alla finestra, si consiglia di prenotare.
Nota: anche se l'insegna è visibile dall'edificio, è necessario entrare per trovare l'ingresso. Situato al secondo piano di un edificio in mattoni. Il ristorante dispone di ampi posti a sedere, quindi vale la pena di provare a entrare.

Voci di menu più popolari

타르트 플랑베 Tarte Flambée 21.000
오리 가슴살 스테이크 Duck Breast with Duck Jus (Petto d'anatra con Jus d'anatra) 42.000

4 Myeongdong
명동

Un affascinante ristorante francese contemporaneo di alta cucina

라망시크레
L'Amant Secret

서울 중구 퇴계로 67 레스케이프 호텔 26층
Jung-gu Toegye-ro 67, L'Escape Hotel, 26F
instagram.com/lamant_secret

Tel : 02-317-4003
Prenotazione tel : O   **APERTO** Tutti i gg 12:00-22:00
Da asporto : X   **Ultimo ord :** X
Pren. obbligatoria. : X   **Tempo pausa :** 15:00-18:00

Ambiente: Situato al 26° piano dell'Escape Hotel, questo ristorante offre un'atmosfera segreta con interni in stile Belle Époque prevalentemente color cremisi. È rinomato come luogo popolare per appuntamenti romantici.
Menu: Interpreta in modo moderno la "cucina occidentale con un tocco coreano". Vengono offerti solo menu fissi, con opzioni limitate di personalizzazione.
Caratteristiche: Il menu varia sottilmente in base alle stagioni e alla disponibilità degli ingredienti, concentrandosi su un'impiattamento meticoloso e decorativo con un tocco di arguzia.
Suggerimento: ogni piatto è accompagnato da una storia unica, che arricchisce l'esperienza culinaria. Prestare attenzione a questi racconti mentre si assapora il pasto aumenta il piacere.
Nota: si consiglia di vestirsi in modo elegante. Se si tratta di un'occasione speciale, ricordatevi di comunicarlo in anticipo per un'esperienza più personalizzata.

Voci di menu più popolari

Lunch Course 160.000
Dinner Course 250.000

INDIANO

Il curry in stile giapponese è da tempo popolare in Corea. Tuttavia, con l'aumento dei viaggi internazionali, in città come Seoul sono comparsi ristoranti indiani che offrono piatti tradizionali come curry, biryani, tandoori e naan. Questa comparsa ha risposto alla crescente domanda di autentici sapori indiani da parte dei commensali coreani. I sapori decisi e la gamma di opzioni vegetariane della cucina indiana hanno attratto i palati locali, contribuendo alla sua ampia accettazione. Inoltre, i ristoranti indiani sono diventati ricercati per la loro ampia offerta vegetariana, soddisfacendo le preferenze alimentari di molti coreani e stranieri in visita in Corea.

SPAGNOLO

La cucina spagnola si sta facendo conoscere sempre di più in Corea, attirando sempre più commensali verso i suoi sapori e le sue offerte. Le tapas, in particolare, sono diventate sempre più popolari, presentando un'ampia gamma di piccoli piatti ideali da condividere tra i commensali. Con un crescente fascino per la cultura del vino, i bar e i ristoranti di tapas stanno prosperando nelle aree urbane, introducendo gli avventori coreani a una vasta gamma di prelibatezze spagnole. Dai salumi alle patatas bravas, alla tortilla española, alle gambas al ajillo, alle croquetas e alle bistecche iberiche, i commensali coreani stanno abbracciando i sapori ricchi e variegati della cucina spagnola.

MEDITERRANEO E MEDIO ORIENTE

All'inizio degli anni 2000, i ristoranti mediterranei e mediorientali hanno iniziato a fare il loro debutto nelle principali città come Seoul, rivolgendosi inizialmente agli avventori musulmani ma guadagnando rapidamente terreno tra i commensali coreani. Questi ristoranti hanno introdotto nella scena gastronomica locale autentiche prelibatezze come il kebab e dolci deliziosi come la baklava. I sapori unici e le spezie aromatiche hanno rapidamente attratto un pubblico più ampio, portando a un'impennata di popolarità in tutto il Paese.

Indiano

 Apgujeong / Cheongdam / Garosu-gil
압구정 / 청담 / 가로수길

An Indian restaurant run by an Indian chef with over 20 years of experience

칸티푸르

Kantipur

서울 강남구 선릉로152길 5, 지하 1층
Gangnam-gu Seolleung-ro 152-gil 5, B1

Tel : 0507-1354-4667
Prenotazione tel : O   **APERTO** Tutti i gg 10:00-22:00
Da asporto : O   **Ultimo ord :** 21:30
Pren. obbligatoria. : X   **Tempo pausa :** —

Ambiente: Situato nel seminterrato a destra entrando nell'edificio. L'arredamento e gli interni, provenienti direttamente dall'India, creano un'autentica atmosfera indiana. L'area spaziosa è dotata di numerosi tavoli e dispone anche di sale private.
Menu: Offre una varietà di piatti tradizionali indiani, tra cui curry, biryani, pollo Tanduri e lassi.
Caratteristiche: Il ristorante offre l'autentica cucina indiana coreana da 13 anni. Utilizza un forno tradizionale tandoor per offrire i migliori sapori di barbecue e curry.
Suggerimento: il pranzo offre un buon rapporto qualità-prezzo (non disponibile nei fine settimana). Se si prenota tramite Naver, si può ricevere un lassi o un'insalata verde in omaggio (l'offerta può terminare senza preavviso).
Nota: la cucina è molto autentica, quindi per alcuni potrebbe risultare poco familiare.

Voci di menu più popolari

Samosa (2 pezzi) 5.500
Chicken Tika Masala Curry 16.000
Tanduri Chicken 20.000
Lassi 5.500

Lunch Course - 15.000
Couple Set Menu: 56.000

---

3 **Hannam-dong / Itaewon**
한남동 / 이태원

Un autentico ristorante indiano noto per il suo buffet del fine settimana

타지팰리스
Taji Palace

서울 용산구 우사단로 39
Yongsan-gu Usadan-ro 39

Tel : 02-790-5786
Prenotazione tel : O   **APERTO** Tutti i gg 11:00-21:30
Da asporto : O   **Ultimo ord :** X
Pren. obbligatoria. : X   **Tempo pausa :** —

Ambiente: Situato al secondo piano di un edificio decorato con motivi tradizionali indiani in giallo. L'interno è spazioso e dispone di tavoli per piccoli e grandi gruppi, con un'impressionante decorazione a tema indiano.
Menu: Offre una varietà di piatti, tra cui piatti base come curry e naan, thali, menu di portate e opzioni vegetariane.
Caratteristiche: Gestito da un proprietario e da uno staff indiani, serve un'ampia gamma di piatti autentici della cucina indiana. Le ordinazioni possono essere effettuate tramite i tablet installati ai tavoli.
Suggerimento: il buffet del fine settimana/festivo, che comprende pollo Tanduri, vari curry e barbecue, riso allo zafferano, dal e dolci, offre un ottimo rapporto qualità-prezzo.
Nota: non si servono alcolici. Le spezie sono piuttosto forti. Nei fine settimana e nei giorni festivi è possibile ordinare alla carta.

Voci di menu più popolari

Tanduri Chicken 19.800
Butter Chicken Curry 14.000

Course 23.000
Buffet 22.900

8 Hongdae
홍대

10 Jamsil
잠실

Un piccolo ristorante indiano noto per i suoi piatti di alta qualità a prezzi accessibili

Un autentico ristorante indiano noto per il suo delizioso curry

더키친아시아 홍대점
The Kitchen Asia (Filiale di Hongdae)

서울 마포구 와우산로23길 35-6
Mapo-gu Wausan-ro 23-gil 35-6

Tel : 0507-1359-3232
Prenotazione tel : O
Da asporto : O
Pren. obbligatoria. : X

APERTO Tutti i gg 11:00-22:00
Ultimo ord : 21:30
Tempo pausa : —

Ambiente: Sebbene l'indirizzo indichi il primo piano, è necessario salire una piccola serie di scale. Lo spazio è accogliente, come un piccolo caffè, senza essere appariscente.
Menu: È possibile scegliere tra menu à la carte e menu fissi, con menu fissi disponibili per i singoli commensali. Il menu del pranzo offre una buona varietà.
Caratteristiche: Il ristorante serve cibo 100% halal.
Consigli: Il curry, preparato dal proprietario nepalese con spezie importate dal Nepal, è altamente raccomandato per i suoi sapori profondi ed esotici. Da provare con un lassi.
Nota: i prezzi sono accessibili, ma la qualità è eccellente.

Voci di menu più popolari

Butter Chicken Curry 10.900
Tanduri Chicken (mezzo/intero) 9.000/16.000
Mango Lassi 4.000

1 Persona Set Menu 9.900-14.900
2-persone Weekday Couple Set Menu A 29.900
3-persone Set Menu 51.000
4-persone Set Menu 71.000

강가 롯데월드몰점
Gangga (Filiale di Lotte World Mall)

서울 송파구 올림픽로 300 롯데월드몰 6층
Songpa-gu Olympic-ro 300, Lotte World Mall, 6F
gangakr.modoo.at   instagram.com/ganga.official

Tel : 02-3213-4635
Prenotazione tel : O
Da asporto : O
Pren. obbligatoria. : X

APERTO Tutti i gg 10:30-22:00
Ultimo ord : 21:00
Tempo pausa : —

Ambiente: Situato nel centro commerciale Jamsil Lotte World Mall, questo ristorante presenta un'impressionante interpretazione moderna di elementi indiani, sia all'interno che all'esterno, interpretati in modo pulito ed elegante.
Menu: Si sforza di rimanere fedele ai sapori locali e al tempo stesso di soddisfare i gusti coreani.
Caratteristiche: Gestito da chef indiani, il ristorante offre una cucina indiana di alto livello. La possibilità di ordinare tramite tablet aggiunge comodità.
Suggerimenti: Optate per un posto alla finestra per ammirare il lago Seokchon.
Nota: è disponibile il servizio d'asporto. I prezzi non sono economici, ma considerando l'ambiente piacevole e la qualità del cibo, sono ragionevoli.

Voci di menu più popolari

Tanduri Chicken 26.500
Beef Vindaloo 24.500
Crispy Samosa 9.500

Spagnolo

Apgujeong / Cheongdam / Garosu-gil
압구정 / 청담 / 가로수길

Un ristorante spagnolo che si concentra sui sapori naturali degli ingredienti

트라가
Traga

서울 강남구 압구정로2길 18
Gangnam-gu Apgujeong-ro 2-gil 18
instagram.com/traga_garosugil

Tel : 0507-1352-3523
Prenotazione tel : O
Da asporto : O
Pren. obbligatoria. : X
APERTO Tutti i gg 11:00-22:00
Ultimo ord : 21:00
Tempo pausa : 15:00-17:00

Ambiente: L'esterno è caratterizzato da un suggestivo tetto rosso e da un'insegna gialla che simboleggiano la Spagna. L'interno è spazioso, con molti tavoli che creano un'atmosfera informale. Ci sono anche alcuni tavoli sulla terrazza.
Menu: Offre non solo menu fissi ma anche una varietà di piatti spagnoli.
Caratteristiche: Si concentra sulla cucina per massimizzare il valore naturale degli ingredienti, riflettendo da vicino i sapori locali.
Suggerimento: provare la paella e le gambas; il menu fisso è ben strutturato.
Nota: le prenotazioni possono essere confermate istantaneamente tramite Naver. La sangria ha una gradazione alcolica inferiore. Il ristorante non dispone di servizi igienici.

Voci di menu più popolari

Traga Paella 30.000
Gambas Picante 17.000
Pulpo 32.000

Traga Set (2 persone) 69.000

---

② Seocho / Seorae Village
서초 / 서래마을

Tapas spagnole rivisitate con i freschi frutti di mare coreani

꼬시나 에스파냐
Cocina España

서울 서초구 서래로5길 19, 2층
Seocho-gu Seorae-ro 5-gil 19, 2F
blog.naver.com/nana5725

Tel : 0507-1424-5561
Prenotazione tel : O
Da asporto : X
Pren. obbligatoria. : X
APERTO Tutti i gg 12:00-22:00
Ultimo ord : X
Tempo pausa : 14:30-17:00

Ambiente: Il ristorante si trova al secondo piano, accessibile tramite scale. L'interno non è molto spazioso ma accogliente, con finestre accanto ai tavoli che offrono una vista sull'esterno. Ci sono molti elementi d'arredo a tema spagnolo, che conferiscono un'atmosfera esotica.
Menu: Nei giorni feriali a pranzo non vengono serviti piatti di tapas. È possibile scegliere solo tra le portate del pranzo.
Caratteristiche: Il ristorante fonde perfettamente il gusto e l'atmosfera della Spagna con gli esterni, gli interni e il cibo. Anche la carta dei vini è varia e ideale da abbinare alle tapas durante i pranzi del fine settimana o le cene dei giorni feriali.
Suggerimento: I sottaceti e i jalapeños non vengono serviti automaticamente, quindi si consiglia di richiederli. Da provare assolutamente il polpo alla galiziana.
Nota: le portate tendono a essere piccole, quindi potrebbe essere necessario ordinare altri piatti alla carta come il ceviche.

Voci di menu più popolari

갈리시아 문어 Pulpo a la Gallega 27.000
해산물 빠에야 Paella de Marisco 29.000

Lunch A 39.000 Lunch B 50.000
Set Menu (España) 99.000 / persona

Hannam-dong / Itaewon
한남동 / 이태원

 Hongdae
홍대

Un tapas bar con autentica cucina spagnola e una deliziosa sangria

Un ristorante spagnolo noto per i suoi deliziosi Gambas al Ajillo

타파스바
Tapas Bar

엘비스텍
El Bistec

서울 용산구 이태원로27가길 49
Yongsan-gu Itaewon-ro 27ga-gil 49
instagram.com/tapasbar15

서울 마포구 연남로1길 26
Mapo-gu Yeonnam-ro 1-gil 26
instagram.com/_el_bistec

Tel : 0507-1473-0799
Prenotazione tel : O
Da asporto : O
Pren. obbligatoria. : X

APERTO Lu-Gi 13:00-02:00
Sa&Do 12:00-03:00
Ultimo ord : —
Tempo pausa : —

Tel : 0507-1373-1713
Prenotazione tel : O
Da asporto : O
Pren. obbligatoria. : X

CHIUSO Ma
APERTO Lu-Do 11:30-22:00
Ultimo ord : 21:30
Tempo pausa : 15:00-16:30

Ambiente: Situato su una strada principale vicino all'uscita 1 della stazione di Itaewon. L'interno è stato progettato per farvi sentire come se foste entrati in Spagna, con una disposizione spaziosa che accoglie molti ospiti.
Menu: Offre piatti classici spagnoli come gambas al ajillo, paella, merluzzo al miele, jamón e lasagne. Sono disponibili cinque tipi di sangria.
Caratteristiche: Il ristorante regola l'illuminazione durante il giorno per creare un ambiente che soddisfi il gusto, la vista e il suono.
Consigli: il rapporto qualità-prezzo è buono, quindi si consiglia di provare una varietà di tapas. Oltre alla sangria, è disponibile anche la birra spagnola.
Nota: l'arrivo del cibo può richiedere un po' di tempo e le sedie possono essere scomode per sedersi a lungo.

Ambiente: Il ristorante ha un accogliente tema spagnolo con una varietà di luci e oggetti decorativi che creano un'atmosfera affascinante. È popolare per appuntamenti e incontri grazie alla sua illuminazione fioca e al design degli interni a tema verde. Sono disponibili anche posti in terrazza all'aperto.
Menu: Il menu offre una varietà di piatti spagnoli, tra cui gambas, paella, pasta e vino.
Caratteristiche: Lo chef, noto come "Gambas Master", è stato più volte citato dai media coreani. Il ristorante serve piatti leggermente più accessibili al pubblico rispetto alla cucina spagnola tradizionale.
Suggerimento: Dopo aver ordinato le gambas, gustatele su fette di baguette. Poiché l'aglio è rimasto in abbondanza, si consiglia di abbinarlo alla paella.
Note: Personale attento. Adatto agli animali domestici. Le gambas incluse nel menu fisso non contengono aglio.

Voci di menu più popolari

Gambas al Ajillo 11.900
Bacalao con Miel 15.900
Paella de Tomate 17 900
Sangria 7.900 - 35.000

Voci di menu più popolari

Gambas al Ajillo 15.500
Seafood Paella 28.000

Mediterraneo e Medio Oriente

 Hannam-dong / Itaewon
한남동 / 이태원

Riconosciuto come il miglior ristorante arabo della Corea dalle ambasciate mediorientali

페트라
Petra

서울 용산구 녹사평대로40길 33, 2층
Yongsan-gu Noksapyeong-daero 40-gil 33, 2F

Tel : 02-790-4433

Prenotazione tel : X   **APERTO** Tutti i gg 11:30-22:00
Da asporto : O   **Ultimo ord :** 21:30
Pren. obbligatoria. : X **Tempo pausa :** —

Ambiente: Interni eleganti e antichi a tema mediorientale, con un'atmosfera grandiosa e decorata. La musica esalta l'atmosfera mediorientale e le imponenti tende alle finestre ne aumentano il fascino. Situato al secondo piano con accesso dalle scale.
Menu: Oltre a piatti molto conosciuti come l'hummus e i falafel, è possibile assaggiare vari piatti giordani che potrebbero essere poco conosciuti in Corea.
Caratteristiche: Vengono utilizzate solo carni certificate halal e ingredienti freschi.
Suggerimenti: Considerate l'idea di gustare antipasti abbondanti prima delle insalate e dei piatti principali per vivere un'esperienza tradizionale. Per due persone, una combinazione di hummus, falafel, insalata taboly e kebab è eccellente.
Nota: ci sono opzioni di menu per i vegetariani. Le spezie non sono troppo forti, il che lo rende piacevole anche per i principianti. Le porzioni non sono molto abbondanti, quindi si consiglia di ordinare una varietà di piatti. Il brunch è servito solo nei fine settimana dalle 11:30 alle 15:30.

Voci di menu più popolari

Hummus 9.000
Taboly Salad 9.000
Chicken Kebap 19.000

Un ristorante arabo unico e saporito

아라베스크
Arabesque

서울 용산구 이태원로 227
Yongsan-gu Itaewon-ro 227
instagram.com/arabesque_itaewon

Tel : 02-790-6910

Prenotazione tel : X   **APERTO** Tutti i gg 11:30-22:00
Da asporto : O   **Ultimo ord :** 21:30
Pren. obbligatoria. : X **Tempo pausa :** —

Ambiente: L'interno è caratterizzato da un'atmosfera esotica e distintiva in stile arabo. Offre un'area spaziosa con camere private. Si trova al secondo piano, quindi assicuratevi di trovare l'ingresso.
Menu: Pur essendo un ristorante arabo con una varietà di piatti mediorientali, offre anche piatti in stile indiano come curry e naan. Sono disponibili opzioni vegane.
Caratteristiche: Il ristorante è gestito e gestito da persone provenienti da paesi arabi e attira molti ospiti stranieri, compresi gli arabi. Serve autentici sapori mediorientali, non adattati ai gusti coreani. È un ristorante certificato halal.
Consiglio: il piatto "patate e agnello" è un pasto sostanzioso per due persone. Il curry di pesce è unico.
Nota: durante il Ramadan, gli orari di apertura cambiano e il ristorante serve un buffet. Assicuratevi di controllare gli orari.

Voci di menu più popolari

Fatosh 8.000
Shawerma Chicken 16.000
Lamb & Potato (agnello e patate) 24,00

Hannam-dong / Itaewon
한남동 / 이태원

Un ristorante arabo gestito da nativi del Medio Oriente, specializzato in cucina autentica

두바이레스토랑
Dubai Restaurant

서울 용산구 이태원로 192
Yongsan-gu Itaewon-ro 192

Tel : 02-798-9277
Prenotazione tel : O
Da asporto : O
Pren. obbligatoria. : X
CHIUSO Lu
APERTO Ma-Do 12:00-23:00
Ultimo ord : 22:30
Tempo pausa : —

Ambiente: Lo spazio è ampio, con divisioni create da porte di vetro; c'è un'area per la shisha (pipa ad acqua). I posti a sedere sono dotati di grandi finestre apribili che consentono un'esperienza all'aria aperta in caso di bel tempo. Gli interni moderni fondono i profumi mediorientali con un'estetica pulita e moderna, lasciando una forte impressione.
Menu: Vengono offerti vari piatti, tra cui curry, barbecue e antipasti in stile arabo.
Caratteristiche: Tra i piatti più popolari ci sono sambosa, kebab e shawarmas.
Suggerimenti: Per gli interessati è disponibile anche la shisha araba.
Nota: il cibo è vicino ai sapori mediorientali, che possono sembrare un po' esotici.

Voci di menu più popolari

Sambosa 6.000
Hummus & Lamb 12.000
Chicken Shish Kebab 15.500

Cucina tradizionale turca curata da uno chef turco

케르반 레스토랑
Kervan Restaurant

서울 용산구 이태원로 192
Yongsan-gu Itaewon-ro 192
instagram.com/kervankorea

Tel : 0507-1412-4767
Prenotazione tel : O
Da asporto : O
Pren. obbligatoria. : X
APERTO Tutti i gg 11:00-06:00
Ultimo ord : 23:15
Tempo pausa : —

Ambiente: Vicino all'uscita 3 della stazione di Itaewon, il ristorante presenta un esterno trasparente e due tavoli sulla terrazza. Gli interni, dalle piastrelle del pavimento alle pareti, riflettono magnificamente lo stile locale turco, con oggetti importati direttamente dalla Turchia che creano un'atmosfera autentica. Lo spazio è abbastanza ampio.
Menu: Specializzato in agnello e costolette di agnello, con possibilità di barbecue in stile turco.
Caratteristiche: Ristorante mediterraneo che offre una varietà di piatti della cucina turca, tra cui i tradizionali kebab, pide e dessert. Il pane viene cucinato fresco in loco.
Suggerimenti: I critici consigliano di provare il kaymak. I modelli di cibo esposti all'esterno del ristorante possono aiutare a scegliere. Ordinando il kebab si ricevono in omaggio antipasti come pane e zuppa.
Nota: il personale è composto da molti camerieri stranieri. I prezzi sono un po' alti. I kebab in stile wrap sono disponibili dalle 21:00.

Voci di menu più popolari

Chicken Stea (Lunch Set Menu) 15.900
Chicken Shish Kebab (Set Menu) 22.500
Mix Pidé (Set Menu) 23.500

Kervan Special (2 - 4 persone) 98.000-167.000

Occidentale - Generale

 Apgujeong / Cheongdam / Garosu-gil
압구정 / 청담 / 가로수길

Un sofisticato ristorante moderno americano-europeo

센트레 청담
Centre Cheongdam

서울 강남구 도산대로49길 9
Gangnam-gu Dosan-daero 49-gil 9
instagram.com/centre.cheongdam

Tel : 0507-1372-0559
Prenotazione tel : O
Da asporto : O
Pren. obbligatoria. : X
CHIUSO Lu
APERTO Ma-Do 11:00-22:00
Ultimo ord : 21:15
Tempo pausa : 16:00-17:00

Ambiente: Ricorda la hall di un hotel, lo stile pulito e moderno lo rende perfetto per amici e coppie. Le grandi vetrate offrono splendide viste panoramiche.
Menu: Offre una varietà di piatti occidentali e di caffetteria, con impressionanti reinterpretazioni in stile fusion di piatti tradizionali.
Caratteristiche: Offre un'atmosfera confortevole e piacevole, ispirata alle cene in giardino.
Suggerimenti: Scegliere i piatti in stile fusion può essere un'esperienza piacevole. È anche un luogo ideale per una visita al caffè, e il bingsu (fiocchi di ghiaccio) alla mela e al mango è particolarmente consigliato in estate.
Nota: nei fine settimana non ci sono pause, il che rende comoda la visita. Siate consapevoli che occasionalmente può chiudere per eventi privati, quindi informatevi in anticipo. Il menu cambia spesso, quindi è fondamentale controllare le offerte attuali. Gli spettacoli di pianoforte del venerdì e del sabato sera possono interferire con le conversazioni.

Voci di menu più popolari

Scrambled N Croissant 27.000
Waffle N More 28.000
Seafood Puttanesca Spaghettini 38.000
Apple Mango Ice Flake 72.000

Un ristorante galleggiante con vista panoramica sullo skyline notturno di Seul e sul fiume Hangang

오엔 ON

서울 강남구 압구정로11길 37-30
Gangnam-gu Apgujeong-ro 11-gil 37-30
onriver.co.kr

Tel : 0507-1400-1582
Prenotazione tel : O
Da asporto : O
Pren. obbligatoria. : X
APERTO Tutti i gg 11:00 - 05:00
Ultimo ord : 03:00
Tempo pausa : —

Ambiente: Situato in un edificio costruito artificialmente sul fiume Hangang, il ristorante si sviluppa su tre piani. Gli interni spaziosi offrono una vista romantica sul fiume Hangang e lo rendono un luogo popolare per gli appuntamenti.
Menu: Il primo piano è un bar e una sala da pranzo, mentre il secondo piano è una caffetteria e un ristorante che serve piatti alla moda in forma di portate. L'offerta del menu è prevalentemente italiana.
Caratteristiche: Godetevi la moderna vista sul fiume e la cucina di Seoul. Il ristorante è attivo da oltre 20 anni.
Suggerimento: il terzo piano è una Party Hall per eventi privati. Visitando il ristorante verso il tramonto si può godere di una vista sia diurna che notturna. Se si visita il ristorante durante il giorno, le finestre possono diventare calde in estate.
Nota: si trova nell'area Jamwon del fiume Hangang. Dal parcheggio c'è un po' di strada da fare a piedi, che può essere scomoda in caso di maltempo. In genere, per sedersi alla finestra è richiesto un menu fisso specifico, ma quando il ristorante non è affollato può essere offerta una certa flessibilità.

Voci di menu più popolari

Vongole Pasta 32.000
Seaafood Tomato Risotto 33.000

Couple Set (2 persone) 149.000
T-Bone Set (2 persone) 219.000

Apgujeong / Cheongdam / Garosu-gil
압구정 / 청담 / 가로수길

Un grande lounge bar perfetto per le feste, pieno dell'energia della Gioventù

피플더테라스
People The Terrace

Un brunch con una splendida terrazza

퀸즈파크 청담점
Queen's Park
(Filiale di Cheongdam)

서울 강남구 도산대로81길 13
Gangnam-gu Dosan-daero 81-gil 13
instagram.com/people.theterrace

Tel : 0507-1308-8113
Prenotazione tel : O
Da asporto : X
Pren. obbligatoria. : O

CHIUSO Lu
APERTO Ma-Do 18:00-02:00
Ultimo ord : 0:40
Tempo pausa : —

서울 강남구 압구정로60길 22
Gangnam-gu Apgujeong-ro 60-gil 22

Tel : 02-542-4073
Prenotazione tel : O
Da asporto : O
Pren. obbligatoria. : X

APERTO Feriale 11:00-21:00
Sa&Do 10:00-21:00
Ultimo ord : X
Tempo pausa : —

Ambiente: Gli interni si ispirano a una dimora europea. Il primo piano è caratterizzato da un'ampia terrazza e da una sala da pranzo. Il secondo piano ospita posti a sedere per gruppi e sale private, mentre il terzo piano è uno spazio sul tetto. L'atmosfera è quella di uno spazioso lounge bar. L'atmosfera romantica attira un pubblico prevalentemente giovane.
Menu: Offre una varietà di piatti tra cui pizza, pasta, pollo fritto e bistecca, oltre a un'ampia selezione di cocktail e bevande alcoliche.
Caratteristiche: Uno spazio culturale urbano ideale per eventi speciali o celebrazioni.
Suggerimenti: A pagamento, sono disponibili decorazioni per il compleanno come palloncini, diademi e fusciacche. Si consiglia vivamente il secchiello di pollo fritto.
Nota: non c'è orario di pausa, ma è aperto dalle 18.00 alle 2.00, quindi pianificate di conseguenza. Si tratta di un luogo in cui le persone si vestono generalmente in modo elegante, quindi si consiglia di prestare attenzione al proprio abbigliamento.

Ambiente: Dispone di una splendida terrazza esterna e di interni in stile europeo. L'area spaziosa è piena di luce grazie alle grandi finestre, che la rendono un luogo popolare per gli appuntamenti.
Menu: Offre una varietà di piatti occidentali come pasta, crocchette, caprese e insalate. Anche la carta dei vini è ampia.
Caratteristiche: Oltre al brunch, si possono gustare vari piatti come la pasta e la bistecca, insieme a una selezione di vini. Il ristorante è gestito da una grande azienda e si trova nella stessa sede da molto tempo.
Consigli: I menu fissi sono ben composti e a prezzi ragionevoli. Le promozioni sui vini offrono occasionalmente buoni affari.
Nota: le porzioni sono generalmente piccole rispetto al prezzo.

Voci di menu più popolari

Nasi Goreng 28.000
Fried Chicken Bucket 35.000
Uni (Capriolo di riccio di mare) Pasta 39.000
Chili con Carne & Truffle Fries 27.000

Voci di menu più popolari

Queen's Waffle Brunch 25.000
Blueberry Pancake 27.000
Eggs Benedict 29.000

Lunch Set per 2 persone 106.000
Steak Set per 2 persone 130.000

Apgujeong / Cheongdam / Garosu-gil
압구정 / 청담 / 가로수길

Insalate salutari, pasta e una varietà di piatti vegani

썬더버드
Sun The Bud

서울 강남구 압구정로60길 18
Gangnam-gu Apgujeong-ro 60-gil 18
sgdinehill.co.kr   instagram.com/sunthebud_official

Tel : 0507-1436-1377
Prenotazione tel : O   **APERTO** Tutti i gg 11:00-21:00
Da asporto : O   **Ultimo ord :** 20:30
Pren. obbligatoria. : X   **Tempo pausa :** —

Ambiente: L'interno, spazioso e ordinato, presenta una cucina a vista da cui si può osservare il processo di cottura.
Menu: Include insalate e noodles preparati con ingredienti che riducono l'indice glicemico e le calorie.
Caratteristiche: Ogni voce del menu riporta il contenuto calorico, il che lo rende consigliato a chi è a dieta, e ci sono opzioni vegane adatte ai vegetariani.
Suggerimenti: Le ordinazioni da asporto sono disponibili a un prezzo scontato.
Nota: è necessario prendere l'acqua dal bar self-service. È possibile ordinare dal proprio tavolo utilizzando il codice QR, ma è necessaria una carta di credito coreana.

Voci di menu più popolari

연어소바마끼 Yeoneo Soba Maki (Salmon Soba Maki) 20.000
클린 떡볶이 Clean Tteobokki (2 People) 25.000
참깨 크림 씨푸드 파스타 Seasame Cream Seafood Pasta 19,550

 Hannam-dong / Itaewon
한남동 / 이태원

Un luogo famoso per l'ambiente elegante e il delizioso brunch

오아시스 한남
Oasis Hannam

서울 용산구 이태원로45길 30
Yongsan-gu Itaewon-ro 45-gil 30
www.instagram.com/oasisbrunch

Tel : 02-790-8906
Prenotazione tel : X   **APERTO** Do-Gi 09:00-18:00
Da asporto : O   Ve-Sa 09:00-19:00
Pren. obbligatoria. : X   **Ultimo ord :** Feriale 17:00
                                                  Sa&Do/Festivo 18:00
                                  Tempo pausa : —

Ambiente: Situato in un vicolo tranquillo, questo ristorante è stato ricavato da una tipica casa residenziale con una sala d'attesa all'interno. L'interno accogliente, dai toni caldi, offre un'atmosfera confortevole per conversazioni rilassate. È disponibile anche uno spazio al secondo piano.
Menu: Offre una selezione di piatti e caffè, con il brunch in primo piano.
Caratteristiche: Il ristorante funziona con un sistema di pagamento anticipato e il cibo arriva subito dopo l'ordinazione.
Suggerimenti: Considerando che offre menù fissi, si consiglia di ordinare in base alle dimensioni del gruppo. Inoltre, essendo vicino al Leeum, la visita e l'assaggio del menu della caffetteria potrebbero completare la visita. Provate i loro pancake.
Nota: il ristorante chiude alle 18:00 e l'ultima ordinazione viene effettuata alle 17:00, quindi è bene organizzarsi di conseguenza.

Voci di menu più popolari

Chicken Avocado Sandwich 19.500
Egg Benedict 21.000
Banana Walnut Pancake 21.000

Hannam-dong / Itaewon
한남동 / 이태원

 Jongno / Gwanghwamun / Insa-dong
종로 / 광화문 / 인사동

Un ristorante alla moda noto per la sua cucina fusion asiatica

DOTZ

서울 용산구 이태원로55나길 6
Yongsan-gu Itaewon-ro 55na-gil 6
instagram.com/dotz_hannam

Tel : 0507-1309-7445
Prenotazione tel : O   **APERTO** Lu-Sa 11:00-22:00
Da asporto : O   Do 11:00-19:00
Pren. obbligatoria. : X   **Ultimo ord :** Lu-Sa 14:30/21:00
                                                                    Do 18:00
                                        Tempo pausa : 15:00-17:30

Un brunch e un wine bar con terrazza sul giardino e opere d'arte contemporanea di grande impatto

오드하우스
Odd House

서울 중구 정동길 33
Jung-gu Jeongdong-gil 33
instagram.com/odd_haus

Tel : 0507-1310-9845
Prenotazione tel : O   **APERTO** Tutti i gg 11:00-22:00
Da asporto : X   **Ultimo ord :** X
Pren. obbligatoria. : X   **Tempo pausa :** 15:00-17:00

Ambiente: Il ristorante è caratterizzato da un'atmosfera semplice e moderna con un'illuminazione artistica, che lo rende un luogo popolare per le foto di Instagram. Gli interni, spaziosi e confortevoli, sono illuminati dalla luce del sole durante il giorno grazie alle grandi finestre, mentre la sera si respira un'atmosfera accogliente e più cupa. È un luogo popolare per gli appuntamenti.
Menu: Il menu offre una varietà di piatti che fondono spezie e ingredienti asiatici con specialità per il brunch, insalate e pasta.
Caratteristiche: Il ristorante è noto per le sue proposte creative che non si trovano altrove. Spesso ospita eventi pop-up per presentare nuovi piatti.
Suggerimento: si consiglia di provare i piatti in stile fusion piuttosto che quelli standard.
Nota: i piatti a base di mala sono molto piccanti. Le porzioni sono relativamente piccole rispetto al prezzo.

Ambiente: Contrariamente all'esterno in mattoni antichi, l'interno è uno spazio elegante pieno di oggetti e arte moderna. Il locale dispone di una splendida terrazza con giardino e di sale private per gli incontri, che lo rendono un luogo perfetto per gli appuntamenti.
Menu: Offre insalate, panini, set per il brunch e pasta, anche se la varietà è piuttosto limitata.
Caratteristiche: Il cibo è preparato ogni giorno con ingredienti freschi e un'ampia selezione di vini saporiti.
Suggerimento: I grandi ombrelloni dei tavoli all'aperto offrono un'ampia ombra, quindi non c'è da preoccuparsi delle scottature. È anche un luogo ideale per gustare le offerte in stile caffè.
Nota: dopo l'ultima ordinazione della cena, alle 20.30, è possibile ordinare dal menu notturno, che include gli accompagnamenti di vino.

Voci di menu più popolari

다츠 김치 볶음밥 Kimchi Bokkeumbap (riso fritto) 17.000
다츠 시그니처 카츠산도 Katsu Sando 18.000
마파 라구 소스 에그누들 Mapo Ragu Egg Noodle 21.000

Voci di menu più popolari

House Salad 18.000
Pastrami Sandwich 17.000
Brunch Special Set 28.000

7 Seongsu-dong 성수동

Un punto di ritrovo per il brunch nel Seoul Forest

메종 파이프그라운드
Maison Pipeground

서울 성동구 왕십리로 83-21, 지하1층 B124호, B125호
Seongdong-gu Wangsimni-ro 83-21, B1 #B124, B125
instagram.com/maison_pipeground

Tel : 0507-1398-7624
Prenotazione tel : O   **APERTO** Tutti i gg 10:00-21:00
Da asporto : O   **Ultimo ord :** 20:00
Pren. obbligatoria. : X   **Tempo pausa :** —

Ambiente: L'interno è un mix pulito di elementi freddi in metallo e caldi in legno, con una disposizione spaziosa. L'esterno è caratterizzato da ampie vetrate e ogni tavolo è ben illuminato. Situato all'interno della Seoul Forest D Tower, può essere difficile da trovare, quindi chiedete indicazioni se necessario. La clientela principale è costituita da giovani.
Menu: Offre una varietà di piatti, tra cui brunch, pizza e piatti unici.
Caratteristiche: Adatto sia per il brunch che per la cena, con un'ottima atmosfera per gustare un bicchiere di vino la sera.
Suggerimenti: la pizza di mais e l'hummus con sushi di tofu fritto sono piatti tipici.
Nota: i bambini sono i benvenuti, ma le sedie e i tavoli fissi possono creare disagi ai gruppi superiori a sei persone, che devono sedersi separatamente. Con un buon tempismo è spesso possibile entrare a piedi.

Voci di menu più popolari

Spicy & Sweet Corn Pizza 25.000
Croissant Egg Benedict 19.000
Hummus and Fried-Tofu K-Sushi 17.000

8 Hongdae 홍대

Un'accogliente enoteca di tapas situata lungo il sentiero forestale della linea Gyeongui

스위그뱅
Swig Vin

서울 마포구 백범로16안길 21
Mapo-gu Baekbeom-ro 16an-gil 21
instagram.com/swig.vin

Tel : 0507-1366-4354
Prenotazione tel : O   **APERTO** Lu-Ve 15:00-24:00
Da asporto : O   Sa-Do 12:00-24:00
Pren. obbligatoria. : X   **Ultimo ord :** X
                                  Tempo pausa : —

Ambiente: Uno spazio tranquillo lungo il sentiero forestale della linea Gyeongui con un design interno impressionante, elegante e moderno. I posti a sedere alla finestra, illuminati dalla luce del sole, sono accoglienti e la terrazza è spaziosa. La playlist musicale è di tendenza.
Menu: Offre una varietà di piatti preparati nello stile delle tapas spagnole, tra cui frutti di mare, pasta e carne.
Caratteristiche: In primavera è possibile sorseggiare un drink sulla terrazza ammirando i ciliegi in fiore lungo il Gyeongui Line Forest Trail.
Suggerimento: la sera il locale funziona come bar bistrot e ogni persona deve ordinare un drink o una bottiglia di vino. Il vino della casa è molto buono.
Nota: gli animali domestici sono i benvenuti. La birra alla spina è un po' cara.

Voci di menu più popolari

Potato Pavé 11.000
Shakshuka 19.000
Pulpo 24.000

TÈ COREANO / DESSERT

Il tè tradizionale coreano è ritenuto un modo salutare per riscaldare il corpo e la mente. Ecco una panoramica di alcuni dei più popolari tè tradizionali coreani e delle loro caratteristiche uniche.

Ssanghwa-cha 쌍화차
Si ottiene facendo bollire erbe come cannella, liquirizia e zenzero, condite con giuggiole, pinoli e miele. Si ritiene che questo tè abbia un effetto nutriente, aiutando a recuperare la fatica e a reintegrare le energie.

Omija-cha 오미자차
Prodotto con le bacche di omija, unico nel suo genere e con cinque gusti, si ritiene che aiuti ad alleviare la stanchezza e a placare la sete. In estate, viene spesso gustato freddo per un effetto rinfrescante, offrendo un'esperienza deliziosa con il suo complesso profilo gustativo.

Yuja-cha 유자차
Prodotto mescolando lo yuja, un agrume, con il miele e facendolo macerare in acqua calda, ha un sapore dolce e aromatico. Conosciuta per il suo alto contenuto di vitamina C, si ritiene che aiuti a prevenire i raffreddori e ad alleviare la stanchezza, rendendola una scelta popolare in inverno.

Daechu (Jujube)-cha 대추차
Prodotto con giuggiole essiccate, ha un sapore naturalmente dolce e si ritiene che aiuti a riscaldare il corpo. In Corea la giuggiola è spesso definita un "rimedio naturale" e il tè è molto apprezzato in inverno.

Mogwa-cha 모과차
Si ricava dal frutto dolce della mela cotogna e si ritiene che favorisca la digestione e allevi la stanchezza. Si dice anche che sia benefico per la salute della gola, il che lo rende una scelta confortante quando ci si sente sottotono.

Yulmu-cha 율무차
Preparato mescolando la polvere di yulmu (lacrime di Giobbe) tostata con acqua o latte, ha un sapore morbido e di noce. Si ritiene che aiuti la salute della pelle ed è una bevanda deliziosa e delicata, spesso gustata come bevanda a base di cereali.

Sujeonggwa 수정과
Prodotto facendo bollire zenzero e cannella, è noto per il suo sapore fresco e unico. Viene tradizionalmente gustato durante le feste e si pensa che aiuti la digestione e stimoli l'appetito, rendendolo una scelta popolare dopo i pasti.

Sikhye 식혜
È una bevanda dolce a base di riso fermentato, consumata come dessert dopo i pasti, che si ritiene favorisca la digestione. Spesso servita fredda, è rinfrescante e popolare durante le feste e le stagioni più calde.

I dessert coreani offrono una miscela di sapori e consistenze, grazie a ingredienti naturali come miele, riso e noci. Ecco una panoramica di alcuni popolari dessert coreani, perfetti per chi li visita per la prima volta.

❶ Yakgwa 약과
È un dolce gommoso e zuccherato a base di pasta di farina di grano fritta e imbevuta di sciroppo di miele. La sua consistenza gommosa e il suo sapore di nocciola lo rendono un dolce popolare.

❷ Dasik 다식
I dasik sono dolci ben modellati a base di polvere di fagioli, riso o castagne mescolati con miele. Hanno un aspetto raffinato, sono leggermente dolci e si abbinano perfettamente al tè.

❸ Songpyeon 송편
Questa torta di riso a forma di mezzaluna è farcita con fagioli, semi di sesamo o fagioli rossi e viene gustata durante il Chuseok (festa coreana del raccolto). È morbida e leggermente gommosa e simboleggia prosperità e fortuna.

❹ Yugwa 유과
Un dolce leggero e croccante a base di pasta di riso glutinoso fritta e poi ricoperta di miele e farina di riso. Spesso presente ai matrimoni e alle festività, la sua consistenza croccante e la sua leggera dolcezza lo rendono uno dei dolci preferiti dalla gente.

❺ Gangjeong 강정
Questi grappoli di riso o di noci sono legati con il miele e hanno una consistenza croccante e dolce. Vengono comunemente consumati come spuntino durante le occasioni speciali.

❻ Injeolmi 인절미
Torta di riso gommosa ricoperta di polvere di soia, ha un sapore unico di nocciola ed è amata per la sua consistenza appagante.

❼ Bingsu 빙수
Un tradizionale dessert estivo a base di ghiaccio finemente tritato e ricoperto da varie guarnizioni. Dal classico bingsu ai fagioli rossi alle combinazioni creative e moderne, questa delizia rinfrescante è un must del caldo estivo coreano.

Caffè degli animali

 Seongsu-dong
성수동

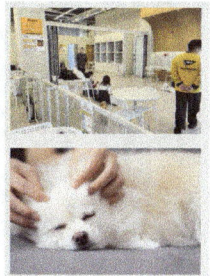

Un caffè dove si possono vedere procioni, suricati, gatti e cani allo stesso tempo

미어캣족장 Meerkat Jokjang

서울 광진구 동일로20길 72, 3층
Gwangjin-gu Dongil-ro 20-gil 72, 3F
instagram.com/meerkatchief

Tel : 0507-1430-0132

Prenotazione tel : X	**APERTO** Feriale 13:00-21:30
Da asporto : X	Sa&Do 12:00-21:30
Pren. obbligatoria. : X	**Ultimo ord :** X
	Tempo pausa : —

Ambiente: Un'ampia area interna dove gli animali vivono insieme. Ci sono diversi tavoli dove è possibile sedersi e gustare le bevande.
Menu: L'ingresso è a pagamento e varia tra i fine settimana e i giorni feriali. Oltre all'ingresso, ogni persona deve acquistare una bevanda.
Caratteristiche: Vi convivono diversi animali, tra cui procioni, suricati, gatti e cani.
Suggerimento: non è necessario acquistare separatamente le crocchette per gli animali; il personale ne fornirà piccole quantità ai visitatori. Vengono forniti armadietti per riporre gli effetti personali e pantofole. Non è necessario acquistare bevande costose.
Nota: nei fine settimana e nei giorni festivi, l'area è vietata ai bambini. Sono ammessi solo i bambini di età pari o superiore alle scuole medie (i bambini dai 10 ai 13 anni possono entrare nei giorni feriali con un adulto, con un limite di 2 bambini per adulto). È necessario portare un documento d'identità (passaporto, ecc.) per verificare l'età. All'ingresso è necessario mantenere il massimo silenzio per non spaventare gli animali. A causa delle norme sugli animali, non è possibile dare direttamente da mangiare ai procioni.

Voci di menu più popolari

Tassa di ammissione
Feriale 10.000 + Drink
Weekend 11.000 + Drink

Una caffetteria dove è possibile usufruire di vari servizi per cani e giocare insieme

펌킨 펫하우스
Pumpkin Pet House

서울 성동구 상원1길 22
Seongdong-gu Sangwon 1-gil 22
pumpkincorp.com   instagram.com/pumpkin.pethouse

Tel : 02-994-4000

Prenotazione tel : O	**APERTO** Feriale 08:00-20:00
Da asporto : X	Sa&Do/Festivo 10:00-20:00
Pren. obbligatoria. : X	**Ultimo ord :** X
	Tempo pausa : —

Ambiente: Il bar presenta un esterno pulito con ampie finestre che lasciano entrare molta luce naturale. L'interno spazioso permette ai cani di correre e giocare liberamente.
Menu: Ci sono varie opzioni di bevande e dessert incluse nel prezzo d'ingresso.
Caratteristiche: Questo caffè per cani permette di portare il proprio cane e ha anche dei cani residenti con cui è possibile interagire.
Suggerimento: il bar offre una varietà di servizi come l'asilo per cani, l'hotel, la toelettatura e la pensione giornaliera, che lo rendono un luogo ideale da visitare quando si ha bisogno di questi servizi.
Nota: per la sicurezza dei bambini e dei cani, sono ammessi solo quelli di età superiore ai 13 anni. Sono ammessi solo cani di piccola taglia, al di sotto dei 10 kg.

Voci di menu più popolari

(Incluso il biglietto d'ingresso)
아메리카노 Americano 8.000
카페 라떼 Cafe Latte 8.300
카페 모카 Cafe Mocha 8.500

Hongdae
홍대

Una caffetteria dove rilassarsi in compagnia degli adorabili animali

페럿월드
Ferret World

서울 마포구 홍익로 15 3층
Mapo-gu Hongik-ro 15, 3F
instagram.com/ferret_world01

Tel : 0507-1405-4672
Prenotazione tel : X   **APERTO** Feriale 13:00-21:00
Da asporto : X   Sa&Do 13:00-22:00
Pren. obbligatoria. : X   **Ultimo ord :** X
                                  Tempo pausa : —

Ambiente: Questa caffetteria unica nel suo genere offre un ambiente spazioso dove è possibile non solo vedere una varietà di animali, ma anche interagire con loro da vicino.
Menu: Il menu comprende opzioni di caffè come l'americano, il caffellatte e il latte alla vaniglia, oltre a bevande non a base di caffè.
Caratteristiche: È possibile incontrare una serie di amici animali, tra cui procioni, suricati, kinkajous, furetti, serpenti, lucertole, cani, gatti e alpaca.
Suggerimenti: L'ingresso costa 15.000 KRW a persona e il prezzo delle bevande è aggiuntivo.
Nota: gli animali domestici non sono ammessi. Siate prudenti se soffrite di allergie o siete sensibili agli odori.

Voci di menu più popolari

Americano 3.000
Vanilla Latte 4.000
Grapefruit Ade 5.000

Un incantevole villaggio di gatti con circa 50 gatti adorabili

루프캣미
Roof Cat Me

서울 마포구 양화로 140, 지하 2층
Mapo-gu Yanghwa-ro 140, B2F
roofcatme.com   instagram.com/roof_cat_me

Tel : 0507-1405-1678   **CHIUSO** 1°/3° lunedì di ogni
Prenotazione tel : X   mese
Da asporto : X   **APERTO** Lu-Do 12:00-22:00
Pren. obbligatoria. : X   **Ultimo ord :** X
                                    Tempo pausa : —

Ambiente: Lo spazio si trova nel seminterrato di un edificio simile a un hotel, progettato per assomigliare a un piccolo villaggio europeo. Si tratta di un'ampia area con gatti che si aggirano intorno. All'ingresso i visitatori effettuano il check-in e pagano presso un chiosco. Gli oggetti personali possono essere riposti negli spogliatoi. C'è una zona dedicata al fai-da-te dove è possibile creare i propri souvenir con le bambole dei personaggi e le postazioni per le foto.
Menu: Il bar offre una varietà di bevande gratuite e illimitate, tra cui caffè e bevande alla frutta.
Caratteristiche: È uno spazio in cui gatti e persone interagiscono e coesistono, offrendo una fuga rilassante dalla città.
Suggerimenti: I gatti vengono nutriti in orari specifici: 13:30 e 18:30. Se volete assistere al pasto, visitatelo in questi orari.
Nota: ci sono due tipi di braccialetti: uno per riporre gli oggetti personali e uno per acquistare gli snack. I braccialetti gialli servono per acquistare gli snack per i gatti. È possibile acquistare gli snack solo una volta a persona per garantire la salute dei gatti. Gli snack devono essere dati solo ai gatti che indossano un foulard al collo. Non date da mangiare agli altri gatti. Limite di tempo per i visitatori: 3 ore nei giorni feriali, 2 ore nei fine settimana.

Voci di menu più popolari

Tassa d'ingresso
Feriale 18.000
Weekend 20.000

Caffè e dessert

Apgujeong / Cheongdam / Garosu-gil
압구정 / 청담 / 가로수길

Una caffetteria per il brunch in una casa ristrutturata con un'atmosfera vintage

카페413 프로젝트
Cafe413 Project

서울 강남구 논현로97길 19-11
Gangnam-gu Nonhyeon-ro 97-gil 19-11
instagram.com/cafe413project

Tel : 070-7798-0544
Prenotazione tel : X
Da asporto : O
Pren. obbligatoria. : X
CHIUSO Lu
APERTO Ma-Sa 10:30-22:00
Do 10:30-21:00
Ultimo ord : X
Tempo pausa : —

Ambiente: Il caffè è ospitato in un edificio residenziale ristrutturato, con un primo e un secondo piano con tavoli su ciascun livello. Il secondo piano comprende spazi privati e gli interni vintage presentano pareti con mattoni a vista. C'è anche una terrazza all'aperto dove si può gustare il caffè.
Menu: Offre una varietà di opzioni per il caffè, oltre a una selezione di piatti per il brunch e di dessert.
Caratteristiche: Caffè indipendente per il brunch che offre un'atmosfera rilassata che ricorda una casa in stile europeo.
Suggerimento: l'ambiente cambia tra il giorno e la sera, quindi visitarlo poco prima del tramonto permette di sperimentare entrambe le cose.
Nota: il caffè si trova in un vicolo collinare, il che potrebbe rendere la passeggiata un po' impegnativa. Le ordinazioni possono essere effettuate solo al primo piano. Le scale che portano al secondo piano sono un po' ripide, quindi fate attenzione. Dovrete prendere utensili, piatti e acqua dal bar self-service, mentre le bevande devono essere ritirate al primo piano, il cibo vi verrà portato al tavolo.

Voci di menu più popolari

Caffe Latte 5.800
Carrot Cake 8.000
Sausage Bacon Omlete 17.500
Avocado Orange Bowl 18.800

Un elegante brunch/caffè in uno spazio costruito in mattoni

꽁티드툴레아
Conte de Tulear

서울 강남구 도산대로49길 39
Gangnam-gu Dosan-daero 49-gil 39
contedetulear.com   instagram.com/contedetulear

Tel : 0507-1325-8490
Prenotazione tel : X
Da asporto : O
Pren. obbligatoria. : X
APERTO Lu-Sa 11:00-24:00
Do 11:00-23:00
Ultimo ord : X
Tempo pausa : 17:00-18:00
Solo dessert e bevande

Ambiente: L'ingresso, costruito con mattoni rossi, offre un tocco esotico. L'interno spazioso comprende posti a sedere sia all'interno che all'esterno, creando un'atmosfera antica e accogliente con un arredamento alla moda. È un luogo popolare per le giovani coppie che hanno un appuntamento.
Menu: Oltre al caffè, c'è una vasta gamma di cibi e dessert, tra cui insalate, pasta e cialde.
Caratteristiche: Questo locale è uno spazio culturale che serve brunch e vino, basato su un marchio specializzato in prodotti di profumeria. È attivo da molto tempo.
Suggerimento: il menu si abbina bene al vino, quindi si consiglia di gustarlo insieme. Il brunch è disponibile dalle 11.00 alle 16.00. Scegliendo i posti a sedere all'interno si può entrare più rapidamente. Dalle 17.00 alle 24.00 il locale funziona come wine bar naturale. La pausa è tra le 17:00 e le 18:00, ma è possibile ordinare dessert e bevande.
Nota: nei fine settimana c'è spesso attesa, quindi si consiglia una visita nei giorni feriali. Per il brunch è richiesto un minimo di un piatto a persona. Nei periodi di maggiore affluenza, potrebbe esserci un limite di tempo per la visita.

Voci di menu più popolari

Avocado Toast 14.000
Lemon Anchovy Oil Pasta 18.000
Kimchi Fried Rice (riso fritto) 19.500

Apgujeong / Cheongdam / Garosu-gil
압구정 / 청담 / 가로수길

Seocho / Seorae Village
서초 / 서래마을

Un popolare caffè con brunch in giardino di ispirazione europea

달마시안
Dalmatian

서울 강남구 압구정로42길 42
Gangnam-gu Apgujeong-ro 42-gil 42
instagram.com/dalmatian_dosan

Tel : 0507-1491-0926
Prenotazione tel : O
Da asporto : X
Pren. obbligatoria. : X
APERTO Tutti i gg 09:00-23:00
Ultimo ord : 22:00
Tempo pausa : ―

Ambiente: Ricavato da una casa, il caffè presenta un interno spazioso con posti a sedere all'aperto. Gli spazi aperti creano un'atmosfera naturale e le opere d'arte a tema dalmata sono esposte ovunque. L'ambiente è giovane e alla moda, con due piani.
Menu: Come caffè per il brunch, offre una varietà di piatti occidentali come toast, uova alla Benedict e pasta. Le ordinazioni possono essere effettuate tramite tablet.
Caratteristiche: Conosciuto per il suo giardino di ispirazione europea e per le sue offerte per il brunch. È un locale pet-friendly, quindi molti ospiti portano i loro animali.
Suggerimento: la "fontana di fiori", con petali che galleggiano sull'acqua, è un luogo molto apprezzato per le foto. Durante il giorno è molto frequentata come caffetteria, mentre la sera si trasforma in un popolare bar per la ristorazione.
Nota: spesso c'è attesa anche nei giorni feriali. La terrazza e il primo piano sono spesso pieni. Gli animali domestici sono ammessi all'interno se trasportati in una borsa o in un trasportino.

Voci di menu più popolari

Crunch French Toast 21.000
Eggs Benedict 22.500
Dalmatian Monte Cristo 25.500

Una caffetteria famosa per i suoi dolci francesi e le sue torte al forno

카페드리옹 서래본점
Cafe de Lyon (Filiale principale di Seorae)

서울 서초구 서래로7길 18
Seocho-gu Seorae-ro 7-gil 18

Tel : 0507-1353-0835
Prenotazione tel : O
Da asporto : O
Pren. obbligatoria. : X
APERTO Tutti i gg 09:00-23:00
Ultimo ord : 22:50
Tempo pausa : ―

Ambiente: Il locale presenta un esterno pulito e moderno. Anche se l'interno non è molto spazioso, presenta uno stretto passaggio fiancheggiato da una lunga cucina e da alcuni tavoli. All'interno si trova anche una terrazza.
L'illuminazione intensa crea un'atmosfera vivace.
Menu: Il caffè offre un'ampia varietà di dolci e dessert francesi, oltre a caffè, tè e succhi di frutta.
Caratteristiche: È un punto di riferimento per i dessert francesi nella zona di Seorae Village e ha aperto altre sedi a causa della sua popolarità.
Suggerimento: provate la cheesecake d'Alsazia, preparata con formaggio francese.
Nota: la Mille-Feuille alla vaniglia tende ad esaurirsi rapidamente, quindi si consiglia di visitarlo in anticipo.

Voci di menu più popolari

Mille-feuille Vanille 7.200
Alsace Cheesecake 7.200
Chocolat Chantilly 7.200
Espresso 4.800
Vanilla Latte 5.800

Seocho / Seorae Village
서초 / 서래마을

Una caffetteria dagli interni misteriosi e dalle esposizioni uniche, che offre bevande e dessert a base di cereali

카페 이로 Cafe Eero

서울 서초구 반포대로30길 32, 지하1층, 1층
Seocho-gu Banpo-daero 30-gil 32, B1F, 1F
instagram.com/eero.seoul

Tel : 02-6447-1080
Prenotazione tel : X
Da asporto : O
Pren. obbligatoria. : X
APERTO Feriale 08:30-21:00
Sa&Do/Festivo 11:00-21:30
Ultimo ord : X
Tempo pausa : —

Ambiente: Il giardino esterno è caratterizzato da opere d'arte di grande effetto, mentre lo spazio interno vanta soffitti alti e ampie finestre, perfette per godersi il tempo. L'arredamento moderno dell'ampia area è di grande effetto. Il piano interrato è caratterizzato da installazioni artistiche da sogno, che lo rendono un luogo sereno per sorseggiare un drink e sognare ad occhi aperti.
Menu: Offre dessert e bevande a base di cereali che esaltano i sapori e le consistenze tradizionali coreane.
Caratteristiche: La caffetteria è incentrata su un tempio dedicato a Haechi, una creatura mitica coreana, che fonde il design tradizionale coreano con un tocco moderno per creare un'atmosfera misteriosa e tranquilla.
Suggerimento: con una varietà di dessert disponibili, vale la pena di provarne diversi. Anche se le ordinazioni vengono effettuate al primo piano, il luogo più frequentato è il seminterrato, quindi non mancate di visitarlo (accessibile con l'ascensore).
Nota: il piano interrato può essere un po' umido a causa dell'impianto idrico che scorre dal soffitto. Anche i servizi igienici si trovano a questo livello.

Voci di menu più popolari

해치 크림 라떼 Haechi Creame Latte 6.800
서리태 그레인 밀크 Seoritate Grain Milk 5.600
누룽지 커피 Nurungji (riso bruciato) Coffee 5.500
해치의 신수림 Haechi Mousse Cake 9.800

Artisan Boulangerie & Specialty Cafe, uno dei locali preferiti dagli espatriati francesi che vivono in Corea

르빵아쎄르
Le Pain Asser

서울 서초구 서래로 17
Seocho-gu Seorae-ro 17

Tel : 0507-1365-3423
Prenotazione tel : X
Da asporto : O
Pren. obbligatoria. : X
APERTO Tutti i gg 08:00-22:00
Ultimo ord : 21:30
Tempo pausa : —

Ambiente: Il caffè offre un ambiente spazioso e confortevole. All'interno si trovano altri posti a sedere. La terrazza è perfetta per godersi il tempo e osservare la gente.
Menu: Il menu comprende un'ampia selezione di dolci da forno francesi, oltre a caffè, tè e succhi naturali appena spremuti.
Caratteristiche: Tutti i prodotti da forno sono privi di additivi chimici come i miglioratori. Tutti i prodotti da forno sono privi di additivi chimici, come i miglioratori. Ogni pane e pasticceria sono preparati freschi ogni giorno in cucina con farina francese e non vengono utilizzati impasti congelati.
Suggerimento: è presente un bar self-service con un mini forno dove è possibile riscaldare il pane. Si consiglia di abbinare i dolci al caffè o al tè biologico.
Nota: è possibile scegliere tra tre diversi tipi di caffè in grani. Se si visita il locale di sera, la varietà di pasticcini potrebbe essere limitata.

Voci di menu più popolari

Espresso 5.000
Fresh Strawberry Latte 9.000
Pain au Chocolat aux Amandes 4.900
Double Chocolate Croissant 4.800
Flan au Vanilla 4.300

Seocho / Seorae Village
서초 / 서래마을

Autentici dessert francesi gustati in un ambiente da salotto
MAILLET

서울 서초구 사평대로22길 14
Seocho-gu Sapyeong-daero 22-gil 14
instagram.com/maillet_patisseriefrancaise

Tel : 02-749-1411
Prenotazione tel : X   **APERTO** Tutti i gg 11:00-21:30
Da asporto : O   **Ultimo ord :** X
Pren. obbligatoria. : X   **Tempo pausa :** —

Ambiente: Situato in un vicolo, il caffè presenta un esterno lussuoso e moderno. L'interno è spazioso, con posti a sedere che consentono un'esperienza confortevole. Ci sono molti tavoli e lo spazio favorisce la conversazione senza disturbare. L'arredamento in stile salone europeo, caratterizzato da toni menta e rosa con accenti di marmo, è elegante e sofisticato.
Menu: Il caffè offre una selezione di autentici dessert francesi, tra cui crostate, paste choux, macarons e altro, oltre a caffè, tè e altre bevande.
Caratteristiche: Il caffè è gestito da una coppia di pasticceri che si sono formati insieme in una scuola di cucina francese.
Suggerimento: si consiglia vivamente la millefoglie, che è punteggiata di bacche di vaniglia visibili. Vicino all'ingresso è possibile acquistare anche dei set regalo.
Nota: ogni tavolo deve ordinare almeno un dessert e una bevanda. L'uso dei computer portatili è vietato nei fine settimana, ma il caffè è generalmente tranquillo durante le ore di pranzo dei giorni feriali.

Voci di menu più popolari

Eclair Vanille Caramel 8.700
Tarte vraiment Vanille 9.900
Mille-feuille Vanille 9.500
Macaron 3.300
Espresso 6.000

Un caffè polifunzionale spazioso e alla moda
먼셀커피
Munsell Coffee

서울 서초구 서래로6길 15
Seocho-gu Seorae-ro 6-gil 15

Tel : 02-533-7236
Prenotazione tel : X   **APERTO** Tutti i gg 10:30-22:00
Da asporto : O   **Ultimo ord :** X
Pren. obbligatoria. : X   **Tempo pausa :** —

Ambiente: Quando si apre la pesante porta nera, si entra in un'area spaziosa. Un lato è decorato con moderni toni neri e grigi, mentre l'altro lato è stato progettato in modo creativo con piante, dando l'impressione di un villaggio nella foresta. Il piano interrato è tranquillo e ha l'atmosfera di un caffè studio, con molti tavoli. La musica di tendenza contribuisce a creare l'atmosfera.
Menu: Il bar offre una varietà di caffè e tè, dolci e birra.
Caratteristiche: Tutti i pasticcini e i dessert sono fatti in casa.
Suggerimento: anche se il primo piano è pieno, nel seminterrato ci sono sempre molti posti a sedere. Dispongono di numerose prese di corrente.
Nota: hanno un menu speciale di bevande che può variare stagionalmente.

Voci di menu più popolari

Cold Brew 6.500
Latte 7.000
Crème Brûlée Espresso 7.500

Seocho / Seorae Village
서초 / 서래마을

 Hannam-dong / Itaewon
한남동 / 이태원

Un tranquillo caffè in città pieno di piante, che offre una fuga rilassante

티플랜트
Tea Plant

서울 서초구 동광로39길 46, 4층
Seocho-gu Donggwang-ro 39-gil 46, 4F
instagram.com/teaplant.seorae

Tel : 0507-1483-8887
Prenotazione tel :   O   **APERTO** Tutti i gg 11:00-23:00
Da asporto :   O   **Ultimo ord** :   22:30
Pren. obbligatoria. :   X   **Tempo pausa** : —

Ambiente: Situato al 4F dell'edificio, accessibile con l'ascensore. L'interno è caratterizzato da un fascino europeo, con un'ampia area circondata da piante che dà la sensazione di trovarsi in una foresta. Lo spazio è inondato di luce naturale dalle grandi finestre su tutti i lati. La disposizione è ben organizzata con molti tavoli, inclusi quelli per gruppi e sale private disponibili in un annesso separato per riunioni più grandi.
Menu: Offre una gamma di caffè e tè, vari vini e diverse opzioni per dessert, pasti e spuntini.
Caratteristiche: È uno spazio unico che ricorda un piccolo giardino e offre una fuga rilassante dalla vita frenetica della città.
Suggerimento: gustare un caffè o un vino con il dessert è un'ottima opzione, ma anche cenare qui è altamente raccomandato. Una visita in una giornata di sole migliora l'esperienza.
Nota: gli animali domestici sono i benvenuti (si consigliano le camere private nella dependance). Il prezzo del tè pomeridiano non include le bevande. Caffè e tè fino alle 21:30, vino fino alle 23:00.

Voci di menu più popolari

Basil Tomato Bagel Sandwich 17.000
Vegan Steak 39.000
Afternoon Tea Set (2-Tray/3-Tray) 27.000/32.000 (a persona)

Uno spazio unico per godersi cibo e shopping

보마켓 경리단점
Bo Market (Filiale di Gyeongridan)

서울 용산구 녹사평대로 286
Yongsan-gu Noksapyeong-daero 286
bomarket.co.kr   instagram.com/bomarket

Tel : 02-792-3380
Prenotazione tel :   X   **APERTO** Tutti i gg 10:00-20:00
Da asporto :   O   **Ultimo ord** :   18:30
Pren. obbligatoria. :   X   **Tempo pausa** : —

Ambiente: La terrazza all'aperto offre posti a sedere, creando un'atmosfera da picnic. Sono in vendita vari articoli di lifestyle, che rendono piacevole curiosare mentre si pranza.
Menu: Principalmente opzioni salutari come poke, insalate e pasta.
Caratteristiche: Uno spazio unico dove si può godere di un negozio affascinante ed eclettico insieme a una dieta sana.
Suggerimento: il tteokbokki è un piatto molto richiesto, quindi non mancate di assaggiarlo.
Nota: animali e bambini sono i benvenuti. Non è possibile prenotare.

Voci di menu più popolari

Today's Soup (Zuppa di oggi) 7.500
English Breakfast 13.500
Salmon Poke 14.900

Hannam-dong / Itaewon
한남동 / 이태원

Un luogo dove si possono gustare i tradizionali dolci turchi, il caffè e il tè nero

케르반베이커리&카페
Kervan Bakery & Cafe

서울 용산구 이태원로 208
Yongsan-gu Itaewon-ro 208

Tel : 0507-1387-5585
Prenotazione tel : X
Da asporto : O
Pren. obbligatoria. : X
APERTO Ve,Sa 10:00-05:00
Do-Gi 10:00-22:00
Ultimo ord : X
Tempo pausa : —

Ambiente: L'esterno è caratterizzato da un edificio in mattoni con una piccola terrazza. L'interno colpisce per l'arredamento esotico turco e i vari ornamenti. Il caffè non è molto spazioso e tende ad attrarre soprattutto visitatori stranieri.
Menu: Offre autentici dolci turchi, caffè e tè nero.
Caratteristiche: Offre un'esperienza che ricorda un viaggio in Turchia, con dolci e caffè tradizionali turchi.
Suggerimenti: Aperto fino alle prime ore del mattino il venerdì e il sabato, è un luogo ideale per le visite notturne. Nelle vicinanze c'è una moschea islamica, quindi potete pianificare la vostra visita di conseguenza. Gustate i dolci con il caffè turco o il tè nero e date un'occhiata agli articoli tradizionali turchi in vendita.
Nota: si trova in un vicolo collinare, il che potrebbe rendere un po' difficile raggiungere il caffè a piedi.

Voci di menu più popolari

Baklava 2.500
Turkish Delight 6.000
Kaymak Muhallebi 6.000
Turkish Coffee 5.800
Turkish Tea 4.300

Una panetteria di tendenza specializzata in dessert di alta qualità

패션파이브 Passion 5

용산구 이태원로 272
Yongsan-gu Itaewon-ro 272
instagram.com/passion5_kr

Tel : 0507-1416-9505
Prenotazione tel : X
Da asporto : O
Pren. obbligatoria. : X
APERTO Tutti i gg 07:30 - 22:00
Gelato Cafe 11:00 - 20:00
Ultimo ord : —
Tempo pausa : —

Ambiente: Situato in un edificio con facciata in vetro lungo la strada principale di Itaewon, il piano interrato è progettato con un concetto di terrazza e offre cibo e bevande. Il primo piano ospita uno showroom di panetteria con alcuni tavoli dove è possibile sedersi e gustare i dolci. L'interno, che ricorda una fabbrica di prodotti da forno, è impressionante. Sebbene il primo piano sia spazioso, non ci sono molti posti a sedere.
Menu: Oltre a un'ampia varietà di prodotti da forno, insalate e panini che possono sostituire un pasto, il negozio vanta dessert unici e lussuosi. Tra questi, le crepes e il gelato sono preparati sul momento. Sebbene siano costosi, il loro fascino visivo è sorprendente.
Caratteristiche: Questo negozio di dolci pregiati è di proprietà del gruppo SPC, che gestisce anche Paris Baguette e Paris Croissant. Lo spazio è pieno di una vasta scelta di dessert, che offre un piacere visivo e un processo di selezione divertente.
Suggerimento: Al primo piano c'è un'area designata dove è possibile ordinare e gustare le loro crepes e i loro gelati preparati al momento. Ordinando questi prodotti è più facile assicurarsi un posto a sedere.
Nota: sebbene sia possibile ordinare i dessert al primo piano e gustarli nel seminterrato, ogni persona deve ordinare almeno una bevanda. A causa della mancanza di posti a sedere, molti optano per l'asporto.

Voci di menu più popolari

Pasticceria varia a partire da 2.300
Bagel Cream Cheese Egg Plate 27.000
Gelato Parfait Peach 37.000

Hannam-dong / Itaewon
한남동 / 이태원

Un caffè unico nel suo genere dove si possono gustare caffè e dessert guardando la pioggia 365 giorni all'anno

레인리포트
Rain Report

서울 용산구 소월로40길 85, 1, 2층
Yongsan-gu Sowol-ro 40-gil 85, 1F, 2F
instagram.com/rainreport_official

Tel : 0507-1360-4302
Prenotazione tel : X
Da asporto : O
Pren. obbligatoria. : X
APERTO Tutti i gg 11:00-21:30
Ultimo ord : 21:00
Tempo pausa : —

Ambiente: Un edificio immerso in un piccolo boschetto di bambù. L'interno è moderno e pulito, con toni neri, e vanta una spaziosa disposizione a due piani. La terrazza esterna ha un'atmosfera piacevole. Al primo piano si trovano tavoli da bar e posti a sedere con vista sulla pioggia artificiale, mentre il secondo piano è composto da una sala e da stanze private.
Menu: Assaggiate una varietà di dessert insieme al caffè e a un'ampia gamma di bevande creative.
Caratteristiche: Il caffè seleziona ogni anno i chicchi di caffè più gustosi in base alle osservazioni meteorologiche annuali e applica metodi di tostatura diversi in base alle caratteristiche dei chicchi di quell'anno.
Suggerimento: provate l'assortimento di dolci d'autore, che offre una selezione di dessert d'autore in un unico piatto.
Nota: il ristorante si trova su una collina, quindi la salita a piedi può essere impegnativa. Si consiglia di prendere l'autobus locale dall'ingresso di Gyeongridan. Il bagno degli uomini si trova al primo piano, quello delle donne al secondo.

Voci di menu più popolari

Signature Sampler 22.000
Strawberry Cheese Soufflé 16.000
Black Cloud 13.000

Un accogliente bar per la ristorazione sulla salita di Gyeongridan-gil

uphill namsan

서울 용산구 회나무로42길 36, 2층
Yongsan-gu Hoenamu-ro 42-gil 36, 2F
instagram.com/uphill.namsan

Tel : 0507-1481-2001
Prenotazione tel : O
Da asporto : O
Pren. obbligatoria. : X
APERTO Tutti i gg 15:00-23:00
Ultimo ord : 22:00
Tempo pausa : —

Ambiente: Gli interni moderni e minimalisti creano un'atmosfera chic. Ci sono due tipi di camere: private e per gli ospiti. Anche se la sala da pranzo principale non è molto grande, ci sono diversi tavoli e una zona bar. Sedersi accanto alla finestra offre una splendida vista su Namsan.
Menu: Sono disponibili vari piatti occidentali, tra cui bistecche, pasta, insalate e menù di dolci unici.
Caratteristiche: Lo spazio funziona sia come bar che come ristorante.
Suggerimento: è piacevole provare il menu del bar o optare per un bicchiere di vino con piccoli piatti o dessert.
Nota: per sedersi al bar è necessaria la prenotazione telefonica o tramite Instagram DM. Siate consapevoli del fatto che per raggiungere il locale è necessario percorrere una collina e salire le scale, il che può essere impegnativo.

Voci di menu più popolari

Coleslaw & Mini Hotdogs 17.000
Basil Pesto Pasta 27.000
Ice Cream & Popcorn 12.000

⑤ Jongno / Gwanghwamun / Insa-dong
종로 / 광화문 / 인사동

Uno dei migliori posti in Corea per gli Einspänner

아키비스트
Archivist

서울 종로구 효자로13길 52
Jongno-gu Hyoja-ro 13-gil 52
instagram.com/archivistcoffee

Tel : 0507-1333-1518
Prenotazione tel : X
Da asporto : O
Pren. obbligatoria. : X
APERTO Tutti i gg 11:00-21:00
Ultimo ord : 20:30
Tempo pausa : —

Ambiente: Situato in un vicolo vicino a Gyeongbokgung, leggermente lontano dal centro. Il caffè non è molto grande ma presenta un interno caldo e accogliente.
Menu: Offre una varietà di caffè come l'Americano, il caffellatte e l'Einspänner, oltre a una selezione di dolci.
Caratteristiche: Famoso per i suoi deliziosi Einspänner. I prezzi delle bevande sono ragionevoli.
Suggerimenti: Osservate i modelli realistici di cibo esposti per aiutarvi nell'ordinazione. C'è uno sconto del 10% sugli ordini di caffè da asporto. Il danese al mirtillo è assolutamente da provare.
Nota : i tavoli sono molto distanziati e lo spazio chiuso può essere piuttosto rumoroso. Tende ad essere affollato anche nei giorni feriali.

Voci di menu più popolari

Espresso 4.000
Einspänner 6.000
Blueberry Danish 7.800

Un'incantevole caffetteria-panetteria che sembra uscita da un film d'animazione

도토리가든
Dotori Garden

서울 종로구 계동길 19-8
Jongno-gu Gyedong-gil 19-8
instagram.com/dotori__seoul

Tel : 0507-1476-1176
Prenotazione tel : X
Da asporto : O
Pren. obbligatoria. : X
APERTO Tutti i gg 08:00-23:00
Ultimo ord : X
Tempo pausa : —

Ambiente: Caratterizzato da un esterno affascinante e da un interno carino che ricorda il film dello Studio Ghibli Il mio vicino Totoro, questo caffè offre un'atmosfera accogliente, simile a quella della foresta, con un ampio e bellissimo giardino. L'interno si estende al secondo piano con ulteriori posti a sedere.
Menu: Varietà di prodotti da forno per il brunch, yogurt greco salutare e un assortimento di piatti vegani.
Caratteristiche: Il caffè offre un'atmosfera fiabesca con posti a sedere confortevoli e menu accuratamente preparati, creando un'esperienza speciale per i visitatori.
Suggerimento: ideale per chi ama le decorazioni carine e i tocchi stravaganti. Da provare le madeleine a forma di ghianda e le bevande con nido d'ape.
Nota: il locale è adatto alle famiglie e dispone di un'area per i bambini e di un'area per gli animali domestici. Aspettatevi un lungo tempo di attesa.

Voci di menu più popolari

Strawberry Yogurt Drink 8.500
Honeycomb Black Seasame Latte 9.500
Real Honey (Greek Yogurt) 14.500
Pretzel Brunch 16.000

⑤ Jongno / Gwanghwamun / Insa-dong
종로 / 광화문 / 인사동

Una grande caffetteria-panetteria nota per il suo delizioso tè al latte

Un caffè complesso culturale vicino alla stazione di Gyeongbokgung progettato da un famoso architetto

카페 할로우
Cafe Hollow

온그라운드
onground

서울 종로구 계동길 33-2, 1, 2층
Jongno-gu Gyedong-gil 33-2, 1F, 2F
instagram.com/hollow_cafe

서울 종로구 자하문로10길 23
Jongno-gu Jahamun-ro 10-gil 23

Tel : 0507-1379-7174
Prenotazione tel : X
Da asporto : O
Pren. obbligatoria. : X

APERTO Tutti i gg 08:00-21:00
Ultimo ord : 20:30
Tempo pausa : —

Tel : 02-720-8260
Prenotazione tel : X
Da asporto : O
Pren. obbligatoria. : X

APERTO Tutti i gg 11:00-23:00
Ultimo ord : X
Tempo pausa : —

Ambiente: Spazioso e confortevole, con una varietà di posti a sedere, tra cui un tetto e una terrazza. Gli interni semplici e minimalisti sono di grande effetto e sono disponibili posti a sedere per gruppi.
Menu: Oltre a varie opzioni per le bevande, c'è una vasta gamma di prodotti da forno. L'ampia scelta di dessert, in particolare di prodotti da forno con guarnizioni uniche, rende piacevole il processo di scelta.
Caratteristiche: Ogni mattina i pasticceri interni lavorano sodo per garantire la disponibilità di pane fresco e caldo.
Suggerimento: il bar offre un set di panini e caffè, che può essere un pasto leggero o una buona opzione per chi ha un appetito ridotto.
Nota: la caffetteria apre alle 8 del mattino, attirando turisti e impiegati nelle vicinanze, ma ha un rapido ricambio. I posti a sedere all'aperto possono essere esposti al fumo di sigaretta.

Ambiente: Il caffè presenta una facciata aperta con grandi finestre che consentono l'interazione con i passanti. All'interno, lo spazio è molto più grande di quanto sembri dall'esterno ed è suddiviso in varie aree tematiche. Il piano interrato ospita un LP Bar, mentre i piani superiori sono adibiti a gallerie con opere d'arte contemporanea di grande impatto.
Menu: Il caffè offre una varietà di bevande, tra cui prugna ade, americano, latte e vino, oltre a mini torte e altri dessert.
Caratteristiche: Progettato e gestito dal famoso architetto Cho Byung-soo, questo spazio è più di un semplice caffè: è un complesso culturale dove arte e musica si fondono.
Suggerimento: si consiglia di visitarlo nelle belle giornate. Se il primo piano sembra affollato, non andate via; esplorate il secondo piano e le altre aree interne per trovare posti a sedere disponibili.
Nota: l'LP Bar nel seminterrato è in funzione la sera, a partire dalle ore 17.00.

Voci di menu più popolari

Pasticceria varia a partire da 2.900
Americano 5.500
Jeju Hallabong Sparkling 8.000

Voci di menu più popolari

Americano 6.000
Latte 7.000
자두 에이드 Red Plum (Prugna rossa) Ade 8.000
유기농 크림 타르트 Organic Cream Tarte 8.000

Jongno / Gwanghwamun / Insa-dong
종로 / 광화문 / 인사동

 Seongsu-dong
성수동

Una caffetteria unica nel suo genere, nota per il suo pane a tema "cacca"

Uno spazio in cui le persone e i loro animali domestici possono rilassarsi e riposare insieme

또옹카페
Ddong Cafe

서울 종로구 인사동길 44 쌈지길 4층 1호
Jongno-gu Insadong-gil 44 Ssamji Gil 4F #1

Tel : 02-722-1088
Prenotazione tel : X   **APERTO** Tutti i gg 10:30 - 21:00
Da asporto : X   **Ultimo ord :** X
Pren. obbligatoria. : X   **Tempo pausa : —**

Ambiente: Situato sul tetto di Samziegil, questo caffè presenta un esterno caratteristico adornato con personaggi unici. All'interno, lo spazio è pieno di vari accessori a tema cacca che creano un'atmosfera umoristica non appena si entra.
Menu: Il caffè offre una serie di prodotti insoliti come il pane alla cacca e l'hotteok alla cacca, oltre ai tradizionali caffè, tè e dessert. All'ingresso del negozio si vendono anche pane di cacca e waffle ttong da asporto.
Caratteristiche: Conosciuto per i nomi stravaganti dei suoi pani, questo posto è perfetto per stimolare la curiosità ed è da tempo un luogo da visitare a Insadong.
Suggerimento: quando si ordina un waffle ttong, viene servito su un piatto a forma di water. Il caffè offre anche una varietà di souvenir stravaganti, che lo rendono un luogo ideale per fare regali unici.
Nota: questo è un luogo ideale per un'esperienza interessante e originale. Si consiglia di visitarlo con i bambini.

Voci di menu più popolari

똥빵 Poop Bread 1.500
똥아호떡 Poop Hotteok 2.000
또옹와플 Poop Wwaffle 15.000

어라운드데이
Around Day

서울 성동구 서울숲2길 24-1
Seongdong-gu Seoulsup 2-gil 24-1
instagram.com/around.day

Tel : 0507-1431-8310
Prenotazione tel : X   **APERTO** Tutti i gg 11:30-21:00
Da asporto : O   **Ultimo ord :** X
Pren. obbligatoria. : X   **Tempo pausa : —**

Ambiente: Un caffè alla moda ricavato da una casa, con un'area caffè al 1° e al 2° piano, una terrazza e un tetto al 3° piano. Lo spazio è suddiviso in diverse sale, ognuna con un'atmosfera diversa.
Menu: Offre caffè, bevande varie, toast alla francese, torte senza glutine e terrine.
Caratteristiche: Tutti i posti a sedere all'interno e all'esterno sono adatti agli animali domestici e sono disponibili varie opzioni di menu per animali.
Suggerimenti: Tutte le torte e le terrine sono prive di glutine e di zucchero, il che le rende una delizia senza sensi di colpa. Particolarmente apprezzati sono i french toast.
Nota: gli animali domestici sono ammessi solo al 1° piano. Le ordinazioni devono essere effettuate al primo piano.

Voci di menu più popolari

Espresso 5.500
French Toast 8.000
Matcha Terrine 7.000

Menu per animali domestici:
Chicken Meat Ball 4.800
Pet ice Cream 2.800

Seongsu-dong
성수동

Una caffetteria per dolci in stile europeo specializzata in ciambelle attorcigliate

봉땅 서울숲점
Bontemps (Filiale di Seoul Forest)

서울 성동구 서울숲6길 16-1
Seongdong-gu Seoulsup 6-gil 16-1
bontemps-seoul.com   instagram.com/bontemps.seoul

Tel : 0507-1464-7769
Prenotazione tel :   X   **APERTO** Tutti i gg 11:50-22:00
Da asporto : O   **Ultimo ord :** 21:50
Pren. obbligatoria. :   X   **Tempo pausa :** —

Ambiente: Presenta un bellissimo esterno in stile europeo con una spaziosa terrazza dotata di ampie panchine. L'interno è decorato con illustrazioni e accessori alla moda, accompagnati da musica, che creano un'atmosfera attraente. Anche se lo spazio non è vasto, offre molti posti a sedere.
Menu: Offre ciambelle intrecciate con una varietà di guarnizioni, oltre a caffè, tè e persino birra.
Caratteristiche: Utilizza lievito naturale al posto del normale riso glutinoso e garantisce la freschezza producendo e scartando i prodotti quotidianamente.
Suggerimento: si consiglia di consumare le ciambelle a fermentazione naturale entro tre giorni. Sono disponibili confezioni da quattro o sei ciambelle.
Nota: la ciambella al mais è molto popolare e spesso esaurita. I bagni si trovano all'esterno e richiedono una password. Gli animali domestici sono ammessi.

Voci di menu più popolari

Salted Caramel 3.900
Pistachio 4.800
Corn Cream 4.800

Un caffè super trendy che presenta dessert e bevande artistici e creativi

누데이크 성수
Nudake Seongsu

서울 성동구 성수이로7길 26
Seongdong-gu Seongsui-ro 7-gil 26
www.nudake.com   www.instagram.com/nu_dake

Tel : 0507-1313-4408
Prenotazione tel :   X   **APERTO** Tutti i gg 11:00-21:00
Da asporto : O   **Ultimo ord :** 20:45
Pren. obbligatoria. :   X   **Tempo pausa :** —

Ambiente: Situato nel centro creativo di Seongsu, offre un design minimalista e artistico che si sposa perfettamente con i suoi dessert d'avanguardia. I posti a sedere variano, con tavoli ben disposti che offrono comfort e stile, rendendolo un luogo ideale sia per i gruppi che per i visitatori solitari. Il mix di angoli intimi e spazi aperti, simili a gallerie, invita i clienti a rilassarsi e a gustare i dessert in un ambiente sereno e visivamente accattivante.
Menu: Conosciuto per aver superato i limiti dei dessert tradizionali, Nudake serve dolci, torte e dessert innovativi e di grande impatto visivo. Queste creazioni uniche si rivolgono a chi cerca un approccio diverso e più artistico ai dolci.
Caratteristiche: Nudake è un'emanazione di Gentle Monster ed è stato progettato per lasciare un'impressione duratura, offrendo un'esperienza di dessert all'avanguardia, unica nel suo genere a Seoul.
Suggerimento: Visitate Nudake se avete voglia di provare qualcosa di veramente diverso, o semplicemente per apprezzare i suoi dessert creativi tanto per il loro fascino visivo quanto per il loro sapore.
Nota: preparatevi a lunghe file durante le ore di punta, soprattutto nei fine settimana e nei giorni festivi, poiché il caffè è molto frequentato sia da locali che da turisti.

Voci di menu più popolari

Vari dessert a partire da 8.500
Americano 5.500
Peak Green Tea Latte 8.000

Seongsu-dong
성수동

Un colorato ed eccentrico negozio di dolci a tema pappagalli

서울앵무새
Seoul Aengmusae

서울 성동구 서울숲9길 3, B1 ~ 2층
Seongdong-gu Seoulsup 9-gil 3, B1 to 2F
instagram.com/seoul_angmusae

Tel : 0507-1393-2042
Prenotazione tel : X
Da asporto : O
Pren. obbligatoria. : X
APERTO Tutti i gg 08:00-23:00
Ultimo ord : X
Tempo pausa : —

Ambiente: Il caffè si sviluppa su più piani, compreso un seminterrato decorato con manifesti colorati per un'atmosfera giocosa e adatta alle foto. L'area principale per le ordinazioni si trova al primo piano, mentre i posti a sedere sono disponibili nel seminterrato e al secondo piano, più luminoso e spazioso.
Menu: Il menu offre opzioni di caffè uniche e dessert di grande impatto visivo, tutti a tema con i pappagalli. Vengono offerte anche zuppe fatte in casa e articoli per il brunch.
Caratteristiche: Gustate dessert e bevande uniche in uno spazio vivace, a tema pappagalli, dove gli animali sono i benvenuti.
Suggerimento: quando ordinate i prodotti da forno, richiedete dei pennarelli per personalizzare il vostro vassoio con dei disegni. Le madeleine hanno la forma di uova di pappagallo.
Nota: le ordinazioni vengono effettuate al primo piano, dove si ritirano i prodotti da forno e si prelevano le bevande nel seminterrato. La caffetteria può risultare angusta e rumorosa a causa dei tavoli ravvicinati e i dessert sono molto dolci. È necessario ordinare almeno una bevanda a persona.

Voci di menu più popolari

Seoul Latte 7.500
Angmusae Vanilla Madeleine 5.800
Lotus Cinnamon Roll 6.000

Un caffè alla moda, in stile galleria, molto frequentato dai giovani

씬느
Scene

서울 성동구 연무장5길 20
Seongdong-gu Yeonmujang 5-gil 20
sceneseoul.com   instagram.com/sceneseoul_official

Tel : 0507-1493-2127
Prenotazione tel : X
Da asporto : O
Pren. obbligatoria. : X
APERTO Tutti i gg 10:00-22:00
Ultimo ord : 21:30
Tempo pausa : —

Ambiente: Un caffè spazioso con cemento a vista e un'atmosfera elegante da galleria d'arte con toni bianchi. Tavoli ben distanziati e alla moda riempiono l'area e le grandi finestre permettono di respirare aria fresca. C'è anche una grande terrazza esterna con ampi posti a sedere.
Menu: Offre una varietà di caffè in grani, tè, frutta, birra alla spina e una selezione di dolci e pasticcini.
Caratteristiche: Un luogo dove gustare bevande e dessert deliziosi e sperimentare le ultime tendenze della Corea.
Suggerimento: assicurarsi un posto a sedere prima di ordinare. Al secondo piano si trova un concept store che vale la pena visitare.
Nota: il caffè a volte chiude per eventi pop-up, quindi controllate il sito web prima di visitarlo. Spesso è affollato.

Voci di menu più popolari

Americano 5.000
Scene Spänner 7.500
Ice Cream Latte 8.500
Orange Butter Scone 4.500

8 Hongdae 홍대

Una caffetteria spaziosa e affascinante, rinomata per il suo autentico kaymak

미크플로 홍대점
Miikflo (Filiale di Hongdae)

서울 마포구 양화로 141 롯데호텔 L7홍대 지하1층
Mapo-gu Yanghwa-ro 141, Lotte Hotel L7 Hongdae, B1F

Tel : 010-9908-0887
Prenotazione tel : X
Da asporto : O
Pren. obbligatoria. : X
APERTO Tutti i gg 10:30-21:30
Ultimo ord : 21:00
Tempo pausa : —

Ambiente: Situato nel seminterrato di un hotel, questo caffè presenta un interno spazioso con un arredamento color pastello, stravagante e carino che sembra di entrare in un libro di fiabe. È particolarmente popolare tra i giovani.
Menu: Offre il tradizionale kaymak e dolci fusion come il kaymak mochi, il pudding e i frullati. Sono disponibili anche caffè, tè e bibite.
Caratteristiche: Conosciuto per il suo kaymak, importato interamente dalla Turchia per garantire un gusto autentico. Il caffè combina qualità e unicità nella sua offerta.
Suggerimenti: Le ordinazioni vengono effettuate tramite un chiosco. Durante l'estate si vendono anche i bingsu (ghiaccioli) con la possibilità di aggiungere il budino. All'interno del caffè è presente una toilette. Si può entrare dall'ingresso dell'hotel L7 o dal negozio Line Friends, entrambi al piano interrato.
Nota: è richiesto un minimo di un articolo a persona. In caso di permanenza superiore alle due ore, è necessario effettuare ulteriori ordinazioni.

Voci di menu più popolari

Kaymak (60g) 8.000
Kaymak Mochi 3.500
Blueberry Kaymak Yogurt Smoothie 6.500
Kaymak Latte 6.500

Un negozio di specialità dolciarie famoso per i dolci arabi

모센즈스위트 홍대본점
Mohssen's Sweets
(Filiale principale di Hongdae)

서울 마포구 와우산로15길 40, 1층 102호
Mapo-gu Wausan-ro 15-gil 40, 1F, Unit 102
instagram.com/mohssen.s_sweets

Tel : 0507-1339-7354
Prenotazione tel : X
Da asporto : O
Pren. obbligatoria. : X
APERTO Tutti i gg 12:00-22:00
Ultimo ord : X
Tempo pausa : —

Ambiente: Un'insegna gialla luminosa fa risaltare questo locale. Sebbene sia indicato come al primo piano, in realtà vi si accede tramite scale. Lo spazio non è grande, ma ha un interno pulito ed esotico che è attraente. Ci sono due tavoli per quattro e diversi posti a sedere per due persone.
Menu: Sono disponibili vari dessert mediorientali, tra cui Kunafa e Kaymak.
Caratteristiche: Il negozio prepara i famosi dessert mediorientali, come la Kunafa e il Kaymak, utilizzando ricette e tecniche apprese da Mohssen, che gestiva un caffè in Kuwait.
Suggerimento: non dimenticate di assaggiare i famosi Kunafa e Kaymak.
Nota: è possibile ordinare da asporto. I dessert sono piuttosto dolci.

Voci di menu più popolari

Kunafa 7.000
Kaymak 9.000

Hongdae 홍대

Una bellissima caffetteria nota per i suoi deliziosi budini

목화씨라운지
Mokhwaci Lounge

서울 마포구 성미산로29길 23
Mapo-gu Seongmisan-ro 29-gil 23
instagram.com/mhc_lounge

Tel : 02-332-5576

Prenotazione tel :   X
Da asporto : X
Pren. obbligatoria. :   X

APERTO Feriale 13:00-21:00
Sa&Do 12:00-21:30
Ultimo ord :   X
Tempo pausa : —

Ambiente: Un edificio a due piani con un esterno in stile europeo e un luogo molto frequentato per le foto sulla terrazza esterna. L'interno ha un'atmosfera vintage, da casa accogliente, con toni di legno che creano un'atmosfera calma e calda. I posti a sedere sono ben distanziati e consentono di conversare comodamente. Al secondo piano ci sono altri tavoli e posti a sedere.
Menu: Offre caffè, bevande non a base di caffè e dessert. Il caffè è noto per l'utilizzo di stoviglie belle e uniche. La presentazione del cibo è notevole.
Caratteristiche: Famoso per il suo budino fatto in casa e per l'ambiente tranquillo.
Suggerimento: si consiglia di ordinare il budino e di gustarlo con un caffè. Il caffè è meno affollato nei giorni feriali.
Nota: i prezzi sono relativamente alti. Viene applicata la politica di una bevanda a persona. I tavoli sono piccoli e non è consentito l'uso di tablet, PC e computer portatili.

Voci di menu più popolari

Americano 5.500
Custarad Pudding 6.500
Basque Cheese Cake 7.000

Uno spazio sensoriale con piatti e dessert fusion in stile giapponese

수택
Sutek

서울 마포구 양화로7길 4-13
Mapo-gu Yanghwa-ro 7-gil 4-13
instagram.com/sutek_love

Tel : 0507-1447-7666

Prenotazione tel : X
Da asporto : X
Pren. obbligatoria. : X

APERTO Tutti i gg 11:30-21:00
Ultimo ord : 20:00
Tempo pausa Feriale
15:00-17:00 (solo menu del caffè)

Ambiente: Uno spazio caratteristico e antico che ricorda un caffè giapponese di quartiere. L'interno, principalmente in legno, offre un'atmosfera calda. Varie decorazioni in stile giapponese aggiungono fascino al locale. Lo spazio non è molto grande.
Menu: Sono disponibili dessert speciali come semifreddi, budini e bibite al melone.
Caratteristiche: Il caffè è noto per le sue bevande e i suoi menu colorati.
Suggerimento: oltre ai dessert e alle bevande, il caffè offre anche cibo, il che lo rende un buon posto per un pasto. I semifreddi e i budini sono particolarmente eccellenti. Il menu del caffè è disponibile durante le pause.
Nota: a causa del lento turnover, si consiglia di visitare il locale nei giorni feriali. Per gruppi di 3-4 o più persone, l'ingresso potrebbe essere possibile solo se ci sono posti disponibili sui divani. Gli animali domestici sono i benvenuti.

Voci di menu più popolari

Banana Brûlée Pudding 8.000
Fruit Parfait 13.000
Melon Soda 6.500

Hongdae
홍대

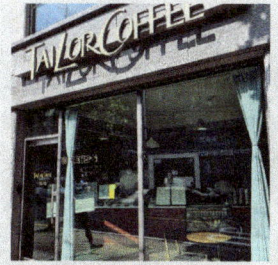   

Una caffetteria rinomata per il suo caffè preparato e preparato con cura

테일러커피 연남점
Tailor Coffee (Filiale di Yeonnam)

서울 마포구 성미산로 189
Mapo-gu Seongmisan-ro 189
tailorcoffee.com

Tel : 02-326-0355
Prenotazione tel : X   **APERTO** Tutti i gg 10:00-22:00
Da asporto : O   **Ultimo ord :** X
Pren. obbligatoria. : X   **Tempo pausa :** —

Un fan sanctuary café decorato con i temi della YG Entertainment

더세임카페
the SameE

서울 마포구 희우정로1길 6-3, 1층 2층
Mapo-gu Huiujeong-ro 1-gil 6-3, 1F, 2F

Tel : 02-336-0536
Prenotazione tel : X   **APERTO** Tutti i gg 10:00-21:00
Da asporto : O   **Ultimo ord :** 20:00
Pren. obbligatoria. : X   **Tempo pausa :** —

Ambiente: Esterno moderno. Un grande tavolo comune al centro del caffè lo rende un luogo ideale per le riunioni di gruppo. Lo spazio è ben curato e pulito.
Menu: Offre un'ampia varietà di caffè, ogni tazza è preparata con cura.
Caratteristiche: La caffetteria offre un'ampia scelta di caffè, che attira gli amanti del caffè che vogliono provarli tutti.
Suggerimento: si consiglia di provare il caffè a goccia o il latte con panna. La torta di zucca è deliziosa.
Nota: i posti alla finestra possono essere caldi in estate. Se non vi sentite a vostro agio a sedere con estranei al tavolo comune, questo potrebbe non essere il posto migliore per voi. Il caffè è di solito piuttosto affollato. Non è l'ideale per le conversazioni tranquille.

Ambiente: Il locale presenta interni bianchi e puliti, ornati da poster degli artisti della YG e pieni di articoli e cimeli degli artisti. Una grande finestra offre una vista sulla sede centrale della YG Entertainment e vi sono ampi posti a sedere al bar. Al secondo piano si trova un'ampia zona divani con una parete multimediale e una terrazza.
Menu: Oltre al caffè, è disponibile una varietà di dessert.
Caratteristiche: Un caffè per gli appassionati della YG Entertainment a prezzi ragionevoli, frequentato soprattutto da fan internazionali del K-pop.
Suggerimento: se siete fan degli artisti YG, vale la pena visitarlo almeno una volta.
Nota: occasionalmente possono essere organizzati eventi, il che potrebbe portare a una maggiore affluenza di pubblico.

Voci di menu più popolari

Espresso 4.500
Cream Mocha 6.500
Bluesy 6.500
Pumpkin Pie 8.500

Voci di menu più popolari

Americano 4.300
흑임자 라떼 Black Sesame Latte 5.000
Ice Cream Croiffle 5,400

9 Yeouido 여의도

Un book café con vista sul fiume Hangang

강변서재
Gang Byeon Seo Jae

서울 영등포구 의사당대로 1 (국회 사랑재 옆 건물) 2층
Yeongdeungpo-gu Uisadang-daero 1
(next to National Assembly Sarangjae), 2F

Tel : 02-6788-3331	**CHIUSO** Festivo
Prenotazione tel : X	**APERTO** Feriale 08:00-19:00
Da asporto : O	Sa&Do 11:00-19:00
Pren. obbligatoria. : X	**Ultimo ord** : X
	Tempo pausa : —

Ambiente: Si trova al secondo piano di un edificio separato a destra dell'Assemblea Nazionale, accessibile con un ascensore. L'area esterna circostante è spaziosa e ben curata, con percorsi pedonali a disposizione. Al secondo piano c'è un tetto che offre una vista senza ostacoli sul fiume Hangang.
Menu: Oltre a tè e caffè, viene offerta una varietà di pasticcini. Il taglio e il confezionamento dei dolci sono self-service.
Caratteristiche: Uno spazio dove potersi rilassare e godere della vista sul fiume Hangang da un edificio con un bel panorama.
Suggerimento: i pasticcini vengono sfornati una sola volta al mattino, quindi si consiglia di visitarlo al mattino prima che si esauriscano.
Nota: nonostante il concetto di book café, potrebbe essere difficile concentrarsi sulla lettura a causa del gran numero di persone e della musica ad alto volume. Si consiglia di visitarlo nei giorni feriali piuttosto che nei fine settimana e di notare che il tetto al secondo piano può diventare molto caldo in piena estate a causa della mancanza di ombrelloni.

Voci di menu più popolari

Espresso 3.000
Chamomile 4.500
Peppermint 4.500

Un caffè viennese (Einspänner) con bellissime piante verdi

서울커피
Seoul Coffee

서울 영등포구 국제금융로 86, 101호
Yeongdeungpo-gu Gukjegeumyung-ro 86, Unit 101
instagram.com/seoulcoffee_yeouido

Tel : 02-785-3669	**CHIUSO** Seollal, Chuseok
Prenotazione tel : X	**APERTO** Feriale 08:23:00
Da asporto : O	Sa&Do/Festivo 09:00-22:00
Pren. obbligatoria. : X	**Ultimo ord** : Feriale 22:30
	Sa&Do/Festivo 21:30
	Tempo pausa : —

Ambiente: Situato al piano terra, questo caffè dispone di un'ampia e piacevole terrazza esterna circondata da alberi. L'interno è caratterizzato da una varietà di tavoli e divani, in grado di accogliere un gran numero di persone, ed è decorato in calde tonalità di marrone.
Menu: Offre caffè viennese (Einspänner), tè al latte, frullati e opzioni di dessert come le focaccine.
Caratteristiche: Conosciuto tra i residenti e i lavoratori di Yeouido come un luogo popolare per il caffè viennese.
Suggerimento: l'orario di apertura del caffè va dalla mattina presto alla sera tardi, il che lo rende comodo da visitare. Si consiglia di abbinare il caffè viennese alle focaccine. Per i vegani è disponibile il latte di soia in sostituzione.
Nota: i tavoli sono relativamente vicini, il che potrebbe non essere l'ideale per conversazioni tranquille.

Voci di menu più popolari

서울비엔나 Seoul Vienna 5.500
서울밀크티 Seoul Milk Tea 5.000

Tradizionali case da tè coreane

Apgujeong / Cheongdam / Garosu-gil
압구정 / 청담 / 가로수길

Una tranquilla casa da tè coreana tradizionale all'interno del tempio di Bongeunsa

연회다원
Yeon Hoe Dawon

서울 강남구 봉은사로 531
Gangnam-gu Bongeunsa-ro 531

Tel : 02-3218-4970
Prenotazione tel : X
Da asporto : O
Pren. obbligatoria. : X
APERTO Tutti i gg 08:30-21:00
Ultimo ord : X
Tempo pausa : —

Ambiente: Situata all'interno del Tempio di Bongeunsa, la casa da tè è caratterizzata da un'atmosfera calda con molta luce naturale. Sono disponibili posti a sedere all'aperto e le finestre aperte offrono una vista diretta sul COEX, che è un luogo molto frequentato. L'interno è spazioso e dotato di ampi posti a sedere.
Menu: Offre tè tradizionali coreani come il tè alle giuggiole e il tè ssanghwa, oltre a dessert tradizionali come hangwa e yanggaeng.
Caratteristiche: Sperimentate la miscela di tradizione e modernità gustando il tè tradizionale in un ambiente in stile hanok con vista sulla città.
Suggerimenti: Visitate il locale in primavera, quando i fiori di prugno rosso sono in piena fioritura. La casa da tè è anche convenientemente vicina al COEX.
Nota: in genere l'ambiente è rumoroso. Alcuni tè sono serviti in bicchieri di carta usa e getta. Il caffè non è disponibile.

Voci di menu più popolari

대추차 Daechu Cha (Tè alle giuggiole) 7.000
수정과 Sujeonggwa (Punch alla cannella) 5.000
식혜 Sikhye (Bevanda di riso dolce) 5.000

5 Jongno / Gwanghwamun / Insa-dong
종로 / 광화문 / 인사동

Un mini-museo e una casa del tè dove è possibile degustare il tè tradizionale coreano e i relativi oggetti d'esposizione

아름다운 차 박물관
Areumdaun Cha Bakmulgwan

서울 종로구 인사동길 19-11
Jongno-gu Insadong-gil 19-11

Tel : 02-735-6678
Prenotazione tel : X
Da asporto : O
Pren. obbligatoria. : X
APERTO Tutti i gg 11:30-20:00
Ultimo ord : X
Tempo pausa : —

Ambiente: Sebbene l'esterno assomigli a un Hanok tradizionale, l'interno è moderno e spazioso. Il design bello e pulito è notevole, e c'è una grande terrazza con tetto, che permette di godere dello spazio indipendentemente dal tempo. L'atmosfera è calma e serena.
Menu: Fedele al suo nome di museo del tè, è disponibile un'ampia varietà di tè e dessert.
Caratteristiche: L'angolo del mini-museo al centro del negozio presenta molti tipi di foglie di tè e dipinti, dove si possono anche annusare i diversi aromi.
Suggerimento: l'ingresso è gratuito. Vale la pena visitarlo anche se non si prende il tè. Il personale preparerà la prima tazza di tè per voi al vostro posto.
Nota: le sedie possono essere piuttosto dure e quindi scomode per lunghi periodi. I prezzi sono alti e alcuni dei tè esposti sono privi di descrizione e non possono essere ordinati.

Voci di menu più popolari

벚꽃차 Kkot Cha (Tè ai fiori) 8.000
한국차 Hanguk Cha (Tè coreano) 8.000
떡 Tteok (Torta di riso) 5.000 - 8.000

⑤ Jongno / Gwanghwamun / Insa-dong
종로 / 광화문 / 인사동

Una casa da tè dove è possibile preparare e gustare il tè con gli utensili forniti

차차티클럽
Cha Cha Tea Club

서울 종로구 종로46가길 13
Jongno-gu Jong-ro 46ga-gil 13
cha-cha.kr   instagram.com/chacha_willbegood

Tel : 070-4239-0713
Prenotazione tel : O   **APERTO** Ma-Do 13:00-22:00
Da asporto : X   **Ultimo ord** : 21:30
Pren. obbligatoria. : X   **Tempo pausa** : —

Ambiente: Contrariamente al suo ingresso moderno, l'interno della casa da tè è un hanok splendidamente ristrutturato, che cattura appieno l'essenza di un caffè del tè. La reinterpretazione dell'hanok con vari oggetti decorativi è particolarmente impressionante. Anche se lo spazio non è grande, i posti a sedere sono disposti in modo spazioso.
Menu: Oltre ai tè tradizionali, il menu propone bevande fusion e dessert piuttosto creativi.
Caratteristiche: Il sommelier del tè interno offre una guida amichevole, migliorando l'esperienza di bere il tè.
Suggerimento: è possibile riempire il tè con acqua calda fino a tre volte. Per due persone, si consiglia di ordinare un tè e provare diversi dessert. Durante il giorno il locale è pieno di luce naturale, mentre la sera si trasforma in un'atmosfera accogliente e poco illuminata.
Nota: la casa da tè si trova in un vicolo molto stretto, quindi è meglio usare Naver Maps per trovarla. Non sono disponibili opzioni per il caffè. I giorni di chiusura sono variabili (di solito lunedì o martedì), quindi assicuratevi di controllare il loro Instagram per gli aggiornamenti.

Voci di menu più popolari

Vari tè da 9.000
바닐라빈 통카 말차 Vanilla Bean Tonka Matcha 7.500
찰떡브라우니 Chal Tteok (torta di riso glutinoso) Brownie 8.000
흑임자 치즈 케이크 Heukimja (sesamo nero) Cheesecake 7.000

Una tranquilla casa da tè hanok con vista panoramica

차 마시는 뜰
Cha Masineun Tteul

서울 종로구 북촌로11나길 26
Jongno-gu Bukchon-ro 11na-gil 26

Tel : 0507-1304-7029
Prenotazione tel : X   **APERTO** Tutti i gg 10:00-20:00
Da asporto : X   **Ultimo ord** : 19:10
Pren. obbligatoria. : X   **Tempo pausa** : —

Ambiente: Situata sulla collina di Samcheong-dong, questa casa da tè si trova in un hanok ristrutturato e offre un'atmosfera serena. L'interno è caratterizzato da una disposizione a forma di "ㄱ" con un cortile centrale e grandi finestre che creano un senso di apertura. Ci sono anche posti a sedere all'aperto.
Menu: Specializzato in vari tipi di tè e bevande a base di erbe, tra cui ssanghwa-tang, tè di giuggiole e tè verde, oltre a dessert tradizionali.
Caratteristiche: Arroccato su una collina, offre una vista eccellente e un profondo senso di fascino tradizionale coreano.
Suggerimento: provate le varietà di tè meno comuni e non perdetevi il tè freddo ai fiori, splendidamente presentato.
Nota: la maggior parte dei posti a sedere è sul pavimento, il che potrebbe risultare scomodo se non si è abituati.

Voci di menu più popolari

더치커피 Dutch Coffee 7.000
꽃얼음차 Ice Flowers Tea 8.000
한과 Hangwa (Biscotti dolci tradizionali coreani) 4.000

⑤ Jongno / Gwanghwamun / Insa-dong
종로 / 광화문 / 인사동

Un tradizionale caffè hanok con splendida vista sul laghetto del Palazzo Deoksugung

사랑
Sarang

서울 중구 세종대로 99
Jung-gu Sejong-daero 99

Tel : 02-771-9951	**CHIUSO** Lu
Prenotazione tel : X	**APERTO** Ma-Do 09:00-21:00
Da asporto : O	**Ultimo ord :** X
Pren. obbligatoria. : X	**Tempo pausa :** —

Ambiente: Situato subito a destra entrando nel palazzo, questo caffè offre una vista sulle mura di pietra e sul laghetto. Emana un fascino tradizionale coreano e opera sia come caffè che come piccolo negozio di souvenir. La maggior parte dei posti a sedere è vicino alla finestra e sono disponibili alcune sedie all'aperto.
Menu: Offre caffè, tè coreani tradizionali, bevande varie e dessert.
Caratteristiche: Situato all'interno del Palazzo Deoksugung, il caffè offre un'esperienza unica immersa nell'atmosfera reale.
Suggerimento: da gustare preferibilmente in primavera, quando i ciliegi sono in fiore. Vicino all'ingresso/uscita del palazzo, si consiglia di visitarlo dopo aver visitato il palazzo.
Nota: è richiesto un biglietto d'ingresso di 1.000 KRW. Nei giorni caldi i tempi di attesa sono più lunghi.

Voci di menu più popolari

Americano 4.000
Sikhye 4.500
Rice Muffin 3.500

Una tradizionale casa da tè coreana con cortile a Insadong

한옥찻집
Hanok Chat Jip

서울 종로구 인사동14길 12
Jongno-gu Insadong 14-gil 12
instagram.com/hak.cafe_insadong

Tel : 0507-1330-0538	
Prenotazione tel : X	**APERTO** Tutti i gg 12:00-21:50
Da asporto : O	**Ultimo ord :** 21:00
Pren. obbligatoria. : X	**Tempo pausa :** —

Ambiente: Un'area spaziosa con interni in stile hanok. Si possono gustare le tradizionali sale ondol con posti a sedere a terra e tavoli normali. Nelle belle giornate sono disponibili anche alcuni posti in terrazza nel giardino. Ogni spazio ha un'atmosfera unica, con molti oggetti decorativi da ammirare.
Menu: Oltre a vari tipi di caffè, sono disponibili anche tè e dessert tradizionali.
Caratteristiche: Provate i sapori profondi dei tè e del caffè tradizionali, preparati con cura per lungo tempo, insieme ai dolci tradizionali coreani in un ambiente hanok.
Suggerimento: si consiglia di abbinare il tè tradizionale ai dolci tradizionali coreani.
Nota: il pat bingsu (fiocchi di ghiaccio ai fagioli rossi) è preparato con una quantità minima di zucchero, il che comporta una minore dolcezza artificiale, per cui potrebbe risultare insipido. Ogni persona è tenuta a ordinare almeno una voce del menu, e il patbingsu conta come tale. Nei periodi di maggiore affluenza, l'utilizzo può essere limitato a due ore.

Voci di menu più popolari

아메리카노 Americano 6.000
모과차 Mogwa Cha (mela cotogna) 7.000
밀크 팥빙수 Milk Pat Bingsu (fiocchi di ghiaccio di fagioli rossi) 12.000

⑤ Jongno / Gwanghwamun / Insa-dong
종로 / 광화문 / 인사동

Una bellissima casa da tè e caffè con dessert gestita da un'azienda specializzata in tè verde

오설록티하우스 북촌점
Osulloc Tea House (Filiale di Bukchon)

서울 종로구 북촌로 45
Jongno-gu Bukchon-ro 45
osulloc.com/kr/ko/store-introduction/312

Tel : 070-4121-2019
Prenotazione tel : X
Da asporto : O
Pren. obbligatoria. : X
APERTO Lu-Gi 11:00-20:00
Ve-Do 10:00-21:00
Ultimo ord : Lu-Gi 19:30
Ve-Do 20:30
Tempo pausa : —

Ambiente: Un locale spazioso con piante verdi e lussureggianti, che assomiglia a una grande casa con temi diversi su ogni piano. Lo spazio a tre piani comprende un negozio al piano terra, una caffetteria al secondo piano e un bar al terzo piano, ognuno con un proprio interno unico.
Menu: Offre una varietà di tè OSULLOC, bevande a base di tè e set di dessert. Il terzo piano offre cocktail analcolici a tema con il tè OSULLOC.
Caratteristiche: Uno spazio culturale che promuove uno stile di vita incentrato sul tè, al di là del semplice consumo di tè.
Suggerimento: il piatto di cialde al tè verde, ispirato alle tradizionali tegole coreane, è altamente raccomandato per il suo esterno croccante e il suo centro masticabile.
Nota: le lezioni di tè presso la sede di Bukchon devono essere prenotate tramite Naver Place. Il caffè è molto frequentato dai turisti e potrebbe esserci un po' di attesa.

Voci di menu più popolari

Sejak Green Tea 9.500
Green Tea O Fredo 7.500
Green Tea Waffle Plate 15.000
Green Tea Roll Cake 6.000

Il primo caffè hanok di Jongno, con un patrimonio di 100 anni di storia

뜰안
Tteul An

서울 종로구 수표로28길 17-35
Jongno-gu Supyo-ro 28-gil 17-35
tteuran.modoo.at   instagram.com/cafe_innergarden

Tel : 0507-1401-7420
Prenotazione tel : X
Da asporto : O
Pren. obbligatoria. : X
CHIUSO Visita Instagram
APERTO Tutti i gg 12:00-22:00
Festivo 10:00-20:00
Ultimo ord : 21:00
Tempo pausa : —

Ambiente: Situato negli stretti vicoli di Ikseon-dong, questo tradizionale caffè hanok è pieno di piante. Dispone di un piccolo giardino all'aperto e, nonostante lo spazio interno limitato, offre numerosi tavoli e posti a sedere sul pavimento.
Menu: Offre tè prodotto con ingredienti 100% nazionali, oltre a vari dessert come il porridge di fagioli rossi, dolci tradizionali coreani e granite (solo in estate).
Caratteristiche: Godetevi l'atmosfera accogliente e il relax di questo caffè hanok di 100 anni fa a Jongno.
Suggerimento: si consiglia il tè alle erbe preparato ogni giorno per 10 ore.
Nota: è disponibile solo il caffè freddo, che potrebbe essere limitante per gli amanti del caffè.

Voci di menu più popolari

콜드브루 Cold Brew 6.000
수정과 Sujeonggwa (Punch alla cannella) 7.000
모듬떡 Dolci di riso assortiti 8.000

6 Samcheong-dong
삼청동

Una tranquilla casa da tè hanok dove potrete godervi un rifugio tranquillo

수연상방 Suyeon Sangbang

서울 성북구 성북로26길 8
Seongbuk-gu Seongbuk-ro 26-gil 8
instagram.com/sooyeonsanbang

Tel : 02-764-1736
Prenotazione tel : X
Da asporto : O
Pren. obbligatoria. : X

CHIUSO Lu,Ma
APERTO Me-Ve 11:30-21:50
Sa 11:30-21:50
Do 11:30-19:40
Ultimo ord : Me-Ve 17:00
Sa 21:00
Do 18:50
Tempo pausa : —

Ambiente: Immersa in un giardino lussureggiante, questa affascinante casa da tè presenta un interno piccolo e accogliente, con solo sei tavoli da tè distribuiti tra salone, sala principale e veranda.
Menu: Offre una varietà di tè e dessert a base di zucca, come la granita di zucca e il porridge di zucca, con piatti tradizionali coreani. Le ordinazioni vengono effettuate tramite tablet.
Caratteristiche: Questa casa da tè, situata nell'ex casa di un famoso autore di letteratura classica coreana, offre una fuga serena immergendo i visitatori nell'ambiente tradizionale coreano.
Suggerimenti: Per godere di un'ottima vista, sedetevi nella parte esterna del salone. Elevata leggermente rispetto al livello della stanza originale e dotata di porte di vetro anziché di carta, offre una vista sul monte Bukaksan oltre il muro del giardino.
Nota: è prevista una certa attesa e nei periodi di maggiore affluenza potrebbe esserci un limite di due ore. È richiesto un ordine minimo di un prodotto a persona. In estate, fare attenzione agli insetti presenti nell'area dei posti a sedere all'aperto.

Voci di menu più popolari

대추차 Daechu Cha (Tè alle giuggiole) 15.000
쌍화차 Ssanghwa Cha (tisana medicinale) 13.500
단호박 빙수 Sweet Pumpkin Bingsu (fiocchi di ghiaccio) 15.500

Dessert coreano

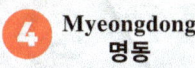

4 Myeongdong
명동

Un caffè pieno di innumerevoli varietà di bingsu e dessert

설빙 명동점
Seolbing (Filiale di Myeongdong)

서울 중구 명동3길 27, 2, 3층
Jung-gu Myeongdong 3-gil 27, 2F, 3F
sulbing.com

Tel : 02-774-7994
Prenotazione tel : X
Da asporto : O
Pren. obbligatoria. : X

APERTO Tutti i gg 10:30-23:00
Ultimo ord : 22:30
Tempo pausa : —

Ambiente: Il caffè si estende al 2° e al 3° piano e offre un ambiente spazioso e confortevole. È più popolare tra gli stranieri che tra i locali.
Menu: L'attrazione principale è la selezione incredibilmente varia di bingsu, oltre a una varietà di dessert e persino di tteokbokki. Vengono regolarmente introdotti nuovi piatti.
Caratteristiche: Come franchising leader nel settore dei bingsu coreani, offre bingsu e dessert creativi e unici.
Suggerimento: si consiglia vivamente il bingsu alla frutta di stagione.
Nota: le ordinazioni vengono effettuate presso un chiosco. La ricevuta riporta un numero, quindi tenete d'occhio il display digitale al 2° e 3° piano. Quando viene chiamato il vostro numero, ritirate l'ordine al 2° piano.

Voci di menu più popolari

인절미설빙 Injeolmi (dolci di riso ricoperti di polvere di fagioli) Snowflakes 8.900
요거통메론설빙 Yogurt Melon Snowflakes 14.900
킹망고설빙 King Mango Snowflakes 14.900

5 Jongno / Gwanghwamun / Insa-dong
종로 / 광화문 / 인사동

6 Samcheong-dong
삼청동

Un caffè di dolci coreani di un rinomato maestro dei dolci di riso coreani

담장옆에국화꽃 안녕인사동점
Damccot (Filiale di Annyeong Insadong)

서울 종로구 인사동길 49, 2층
Jongno-gu Insadong-gil 49, 2F
blog.naver.com/damkkot   instagram.com/ccot_insa

Tel : 0507-1437-2979
Prenotazione tel : X   **APERTO** Tutti i gg 11:00-21:00
Da asporto : O   **Ultimo ord :** 20:30
Pren. obbligatoria. : X   **Tempo pausa :** —

Ambiente: Situato al secondo piano di un edificio sulla strada principale di Insadong, questo locale presenta un esterno pulito e moderno e un interno affascinante e antico. Le grandi finestre lasciano entrare molta luce naturale, creando un'atmosfera luminosa. Il locale dispone di vari posti a sedere, tra cui un tavolo da bar, un grande tavolo per oltre dieci persone e posti all'aperto.
Menu: Il menu offre i tradizionali dessert coreani con un tocco moderno, tra cui prodotti unici come dolci di riso coreani assortiti, yakgwa arrostiti (biscotti al miele) e gelatina di fagioli rossi.
Caratteristiche: Ideale per incontri speciali o per gite con dessert di lusso a Insadong e Samcheongdong. È anche un luogo ideale per un appuntamento unico con molte opportunità di fare foto.
Suggerimento: provate il porridge di fagioli rossi, la granita di fagioli rossi (si consiglia di aggiungere il gelato al bar) e il tè allo zenzero, tutti preparati con ingredienti nazionali e ricette proprie del negozio. Il negozio offre anche diversi set regalo, adatti come souvenir.
Nota: è richiesta una voce di menu a persona. Il locale può essere piuttosto rumoroso. Le ordinazioni possono essere effettuate con un codice QR al tavolo o direttamente al bancone.

Voci di menu più popolari

과일 팥양갱 Fruit Sweet Red Bean Jelly
(Frutta dolce gelatina di fagioli rossi) 5.000
레몬약과 Lemon Cream Cheese Yakgwa 6.800
팥바팥빙수 Red Bean Ice Cream Sherbet 15.800 (+3.500 per il Bar Gelato)

Un esclusivo dessert café circondato da specchi all'interno di un tradizionale hanok

거울한옥 미러룸
Geoul Hanok Mirror Room

서울 종로구 삼청로2길 40
Jongno-gu Samcheong-ro 2-gil 40
instagram.com/cafe.mirrorroom

Tel : 02-6085-3900
Prenotazione tel : X   **APERTO** Tutti i gg 11:30-22:00
Da asporto : O   **Ultimo ord :** X
Pren. obbligatoria. : X   **Tempo pausa :** —

Ambiente: Questo caffè è una moderna ristrutturazione di una tradizionale casa coreana (hanok). L'interno è arredato con tavoli e sgabelli in rovere e, sebbene lo spazio sia piuttosto stretto, gli specchi lo fanno sembrare più grande. La terrazza esterna è dotata di un parasole sul soffitto per garantire il massimo comfort e presenta vetrate a tutta altezza che offrono una vista sull'interno del locale.
Menu: Offre una varietà di bevande, tra cui caffè, tè, frullati e centrifugati di frutta, oltre a una serie di dessert.
Caratteristiche: Questo locale è un'interpretazione moderna del luogo di nascita del famoso artista coreano Jang Seung-eop, che offre un'esperienza culturale significativa.
Suggerimento: si consiglia di visitarlo nei giorni feriali a causa dell'elevato traffico nei fine settimana. La toilette si trova sulla terrazza esterna ed è ben tenuta. I tè alla frutta preparati con ingredienti freschi sono particolarmente buoni.
Nota: le sedie non hanno lo schienale, il che potrebbe renderle scomode per alcuni ospiti.

Voci di menu più popolari

Café Americano 5.500
Homemade Real Apple Tea
(Tè alla mela reale fatto in casa) 9.000
Fresh Mango Ice Blended Smoothie
(Frullato fresco al mango) 9.000

10 Jamsil 잠실

Fusione di dolci tradizionali coreani e dolci moderni

마이서울바이츠
My Seoul Bites

서울 송파구 석촌호수로 258
Songpa-gu Seokchonhosu-ro 258
instagram.com/my_seoul_bites

Tel : 010-2401-6684
Prenotazione tel : O
Da asporto : O
Pren. obbligatoria. : X
APERTO Tutti i gg 10:30-23:00
Ultimo ord : 22:30
Tempo pausa : —

Ambiente: Situato al primo piano lungo la strada principale vicino al lago Seokchon, lo spazio è inondato dalla luce del sole attraverso grandi finestre. I cuscini lilla e avorio creano un'atmosfera accogliente, essendo il lilla il colore principale di My Seoul Bites. L'interno combina un soffitto di ispirazione coreana con pareti da sogno, mentre le maniglie lilla a forma di elefante aggiungono un tocco unico.
Menu: Il menu, pur presentando principalmente dessert in stile occidentale, incorpora ingredienti coreani in modo creativo. Il "dagwasang 다과상 (piatto da tè)" include dessert fusion unici come il cioccolato al gochujang, offrendo un'esperienza indimenticabile.
Suggerimento: Visitatelo in primavera per ammirare i ciliegi in fiore lungo le strade. Non perdetevi il dolce tradizionale coreano, "garaetteok gui 가래떡구이 (torta di riso in padella)".
Nota: Sebbene il lago Seokchon sia vicino, la vista da questo locale al primo piano è limitata alla strada principale e alla Lotte Tower.

Voci di menu più popolari

다과상 Dagwasang (piatto di tè pomeridiano per 2) 34.000
구운 가래떡 & 조청 Garetteok e Jocheong (dolci di riso in padella) 7.500
쿠키바 1조각 (약과/누텔라) Yakwa / Nutella Cookie Bar 4.000

Immagini: crediti

3대삼계장인 비비빅초이 blog.naver.com/chltkdgns159 CC BY 2.0 KR BBQ치킨 빌리지 송리단길점 Fandom Media DOTZ 용진 blog.naver.com/thdwodms233 CC BY-ND 2.0 KR 세히 blog.naver.com/jhs2330074 CC BY-SA 2.0 KR H5NG Fandom Media JS 가든 압구정점 모모짱 blog.naver.com/momozzang31 CC BY-SA 2.0 KR MAILLET 엘리스 blog.naver.com/qkrwldms501 CC BY-ND 2.0 KR uphill namsan Fandom Media 감촌 Fandom Media 갓포아키 삼성짐 술내우 blog.naver.com/reserve_storage CC BY-ND 2.0 KR 강가 롯데월드몰점 Fandom Media 강변서재 Fandom Media 거울한옥 미러룸 코올리 blog.naver.com/swui CC BY 2.0 KR 영자하 blog.naver.com/travelagain_yzakka CC BY-ND 2.0 KR 게방식당 Fandom Media 경복궁 블랙 여의도IFC점 올로링 blog.naver.com/hoyhoy901 CC BY-ND 2.0 KR 고려삼계맨 에세미 blog.naver.com/pulggum1996 CC BY-ND 2.0 KR 구둘 돔바돔바 blog.naver.com/hn0072 CC BY 2.0 KR 금수복국 압구정점 Fandom Media 깐부치킨 압구정역점 코니슬림 blog.naver.com/connie_slim CC BY-SA 2.0 KR 깡통만두 경아리 blog.naver.com/ordinary__day__ CC BY-ND 2.0 KR 꼬시나 에스파냐 Fandom Media 꼼모야 Fandom Media 꼼티플레아 숭늉말랑이 blog.naver.com/snewmallang CC BY 2.0 KR 쫑 blog.naver.com/greemae1 CC BY-ND 2.0 KR 꽃밥에피다 밤비벌꿀 blog.naver.com/honeybamb CC BY-ND 2.0 KR 꾸잉 앤디 blog.naver.com/duckyoo CC BY 2.0 KR 꿀밥상 Mayton blog.naver.com/maytonlife CC BY-SA 2.0 KR 남산터 청담본점 헤긍 blog.naver.com/geungii CC BY 2.0 KR 내려찬 Fandom Media 냐항in안국 Fandom Media 누데이크 성수 에세미 blog.naver.com/pulggum1996 CC BY-SA 2.0 KR 사부작리 blog.naver.com/gracely08 CC BY-ND 2.0 KR 다반 토마토 blog.naver.com/totomatoto1 CC BY-ND 2.0 KR 달마시안 아인 blog.naver.com/artisticspeaker CC BY-SA 2.0 KR 닭으로가 압구정 본점 음니 blog.naver.com/dbqls993 CC BY-SA 2.0 KR 담장옆에국화꽃 안녕이사동점 토요일 blog.naver.com/duckyoo CC BY 2.0 KR 달아헤진 blog.naver.com/zzzzzzhtotz CC BY 2.0 KR 대마트 Fandom Media 대여죽집 Fandom Media 더벡테라스 수정다운 blog.naver.com/s99275 CC BY-ND 2.0 KR power blogger blog.naver.com/8wkwnfma CC BY 2.0 KR 더블플레이치킨 홍대점 챙챙 blog.naver.com/och9_9 CC BY-ND 2.0 KR 더세임카페 또저미 blog.naver.com/dlthwjd1224/ CC BY-ND 2.0 KR 더키친아시아 홍대점 제니 blog.naver.com/page01 CC BY-ND 2.0 KR 도토리가든 꿀밥상 blog.naver.com/och9_9 CC BY-ND 2.0 KR 동화고옥 Fandom Media 물고기506 뚜껑 blog.naver.com/smilekarein CC BY 2.0 KR 두바이레스토랑 Fandom Media 둘둘치킨 여의도공원점 Fandom Media 또옹카페 Fandom Media 뿔안 dainoi blog.naver.com/daji1 CC BY 2.0 KR 마루장이 blog.naver.com/goldbell0 CC BY-ND 2.0 KR 라 크루다 Fandom Media 라망시크레 재연 blog.naver.com/happynchic CC BY 2.0 KR 라쿠치나 지속가능미래인 blog.naver.com/bigmac0236 CC BY 2.0 KR 레인리포트 대주씨 blog.naver.com/gogoju-- CC BY 2.0 KR 록멘 또저미 blog.naver.com/dlthwjd1224 CC BY-ND 2.0 KR 루프펫미 Fandom Media 르뱅아베르 유리언니 blog.naver.com/namyuri1004 CC BY-SA 2.0 KR 리틀사이공 압구정점 제이제이 blog.naver.com/jyeon0921 CC BY 2.0 KR 마라중독 Fandom Media 마이서울바이츠 재연 blog.naver.com/happynchic CC BY 2.0 KR 마이블바이해비치 사부작리 blog.naver.com/gracely08 CC BY-ND 2.0 KR 마지 Fandom Media 마하차이 성수본점 연희 blog.naver.com/colourfully CC BY-ND 2.0 KR 만족의향죽발 밤비벌꿀 blog.naver.com/honeybamb CC BY-ND 2.0 KR 맘모스 레이첼 blog.naver.com/swih CC BY-ND 2.0 KR 먼셀커피 ddoi blog.naver.com/abc528abc CC BY-SA 2.0 KR 메종 파이프그라운드 SoGood blog.naver.com/01-12month CC BY-ND 2.0 KR 멘트루 신사점 동이대장 blog.naver.com/grazie689 CC BY-ND 2.0 KR 명동무김밥 먹지사 blog.naver.com/mukjisa CC BY 2.0 KR 명동함흥면옥 본점 SoGood blog.naver.com/01-12month CC BY-ND 2.0 KR 모던놀랑 센트럴시티점 안리나나 blog.naver.com/alli_nana CC BY 2.0 KR 모센즈위트 홍대본점 데이진 blog.naver.com/lyj9478 CC BY-SA 2.0 KR 모터시티 이태원점 Fandom Media 목덕산방 남산타워점 Fandom Media 목화씨라운지 여어어엉 blog.naver.com/p614a CC BY 2.0 KR 몽중헌 청담점 Fandom Media 무란 압구정본점 아름다울 연 blog.naver.com/ye0nshin CC BY-SA 2.0 KR 목전 Fandom Media 미야사이공 쪼픈 blog.naver.com/hahazz01 CC BY 2.0 KR 미어캣족장 Fandom Media 미크폴로 홍대점 짐미 blog.naver.com/jimin4008 CC BY-SA 2.0 KR 바토스 이태원점 남산터Fandom Media 사발 Fandom Media 산들해 송파점 Fandom Media 산촌 Fandom Media 살라대엠커시 메이커 KIM blog.naver.com/infinity0219 CC BY-SA 2.0 KR 이니이니 blog.naver.com/hyein051_ CC BY-SA 2.0 KR 삼원가든 Fandom Media 새싹비빔밥전문점 Fandom Media 서래 미역 Fandom Media 서백자간장게장 Fandom Media 서산꽃게 Fandom Media 서울로인 서울숲점 올로링 blog.naver.com/hoyhoy901 CC BY-ND 2.0 KR 서울앵무새 영자하 blog.naver.com/travelagain_yzakka CC BY-ND 2.0 KR 서울커피 Fandom Media 서초면옥 본점 Fandom Media 설빙 명동점 성수족발 무감성 blog.naver.com/mjh505 CC BY-ND 2.0 KR 센트레 청담 Fandom Media 소옴 써리 blog.naver.com/ssull_ CC BY-SA 2.0 KR 소선재 Fandom Media 소와나 솜솜이 blog.naver.com/ielf CC BY 2.0 KR yuhappy blog.naver.com/kayoungfly CC BY-ND 2.0 KR 소이연남 남남쩝쩝박사 blog.naver.com/hhhx2 CC BY 2.0 KR anna blog.naver.com/ohhyeonsu CC BY-ND 2.0 KR 수연상방 야인 blog.naver.com/artisticspeaker CC BY-SA 2.0 KR 수온 Fandom Media Fandom Media 수티랑 올로링 blog.naver.com/hoyhoy901 CC BY-ND 2.0 KR 슈가스컬 센트럴시티점 앤디 blog.naver.com/andy317 CC BY-SA 2.0 KR 스미스가좋아하는한옥 소통과 공감 유경철 blog.naver.com/pkm297xo CC BY-SA 2.0 KR 스시미노 국회의사당점 뮤뮤망 blog.naver.com/tnrud5562 CC BY-ND 2.0 KR 스시코우지 뚠찌 blog.naver.com/w757466 CC BY-ND 2.0 KR 스위그빵 Fandom Media 스파카나폴리 맨즈레이디렉티 blog.naver.com/1992readg CC BY-ND 2.0 KR 스통과 공감 유경철 blog.naver.com/pkm297xo CC BY-SA 2.0 KR 슬빌비빔밥 방배본점 앙갱1004 blog.naver.com/soso8893 CC BY-SA 2.0 KR 시래기담은 Fandom Media 시민식당 본점 쏭쏭이 blog.naver.com/yeslord84 CC BY-SA 2.0 KR 썬더버드 민사장 blog.naver.com/leesohyeon77 CC BY 2.0 KR 쎄오 하소연 blog.naver.com/ha_soyeon CC BY-ND 2.0 KR 쏀느 트렐블제이 blog.naver.com/travel_jay CC BY-SA 2.0 KR 아라베스크 Fandom Media 아부자짐 박물관 문화포털 blog.naver.com/kcis_ CC BY 2.0 KR 아키비스트 Fandom Media 양반댁 주말농부 blog.naver.com/dschoi4080 CC BY 2.0 KR 어라운드에이 와사비 blog.naver.com/bmwlp CC BY-ND 2.0 KR 에빌 Fandom Media 엘비스텍 안수지 blog.naver.com/suziesuzie CC BY-SA 2.0 KR 엘카르디나스 익선점 이슈 blog.naver.com/yj5543 CC BY-SA 2.0 KR 역전회관 에피큐어 blog.naver.com/flying0480 CC BY 2.0 KR 연회다원 Fandom Media 오드하우스 Fandom Media 오렌노라멘 본점 독닌 blog.naver.com/9300420 CC BY-ND 2.0 KR 오빌텀 종무록점 베르키온 blog.naver.com/h950803 CC BY 2.0 KR 오설록 티하우스 북촌점 영월 blog.naver.com/fndljj123 CC BY-SA 2.0 KR 오스테리아 리오 Fandom Media 오아시스 한날 라다 blog.naver.com/lada1719 CC BY-SA 2.0 KR 오옌 바이진스 blog.naver.com/byjinss CC BY 2.0 KR 오장동 함흥냉면 새옴 blog.naver.com/younjae4007 CC BY-SA 2.0 KR 옥동식 문라이프84 blog.naver.com/moonlife84 CC BY-SA 2.0 KR 온그라운드 Fandom Media 왕비집 명동중앙점 마로경 blog.naver.com/jkljkl07 CC BY 2.0 KR 우래옥 글짓고 밥짓는 백웅재 blog.naver.com/emptyh CC BY 2.0 KR 안수지 blog.naver.com/suziesuzie CC BY-SA 2.0 KR 엘렌 blog.naver.com/elaine_ez CC BY-ND 2.0 KR 우참판 서래본점 Fandom Media 윤 Fandom Media 율밀대 평양냉면 모모짱 blog.naver.com/momozzang31 CC BY-SA 2.0 KR 먹짱연쓴 blog.naver.com/kyu0391 CC BY-ND 2.0 KR 의정부대찌개 Fandom Media 이문설렁탕 데느님 blog.naver.com/z2inny CC BY-SA 2.0 KR 이슬라 레스토랑 연이 blog.naver.com/ssovely8 CC BY-SA 2.0 KR 익스펠 넝커미 blog.naver.com/everewder83 CC BY-ND 2.0 KR 인랑 휘규 단미 blog.naver.com/i95kitty CC BY-ND 2.0 KR 인사초담 Fandom Media 인쌍촌 Fandom Media 일키아스 Fandom Media 자코비버가 남산부머 blog.naver.com/namsan_couple CC BY-ND 2.0 KR 잔치회관 Fandom Media 장수삼계탕 구림뫄 blog.naver.com/donggoo1214 CC BY-SA 2.0 KR 장인닭갈비 홍대점 궁정미놈 blog.naver.com/ohohoho_my CC BY-ND 2.0 KR 장지녕 간장게장 Fandom Media 전지전능 Minchelin blog.naver.com/sibegg CC BY-SA 2.0 KR 정식당 Fandom Media 제더미버거 데조 blog.naver.com/dailycho-- CC BY-ND 2.0 KR 제스티살롱 성수 밤하늘의 수정 blog.naver.com/jeongss101 CC BY-SA 2.0 KR 조선초가반까 마포점 앤디 blog.naver.com/andy317 CC BY-SA 2.0 KR 종로삼계탕 Fandom Media 주유별장 D타워점 지니 blog.naver.com/songjieun813 CC BY-SA 2.0 KR 진전북삼계탕 토요일 blog.naver.com/duckyoo CC BY 2.0 KR 진중 유유관광광화문 모당 blog.naver.com/momukkjii CC BY-SA 2.0 KR 집반tv blog.naver.com/chefmind97 CC BY-ND 2.0 KR 차 마시는 뜰 구림뫄 blog.naver.com/donggoo1214 CC BY-SA 2.0 KR 차알 파미에스테이션 리뷰여행 Fandom Media blog.naver.com/sunjinro CC BY-SA 2.0 KR 차이797 을지로점 이랑이랑 blog.naver.com/eueuy CC BY 2.0 KR 차차리클럽 하선하 blog.naver.com/shinyk153 CC BY-ND 2.0 KR 체부동잔치집 Fandom Media 초승달 단미 blog.naver.com/i95kitty CC BY-ND 2.0 KR 취아벌 국시 Fandom Media 칠성웅닭 Fandom Media 카페 이로 Fandom Media 카페413 프로젝트 새을 blog.naver.com/birdy2181 CC BY-ND 2.0 KR 카페드리옹 서래본점 Fandom Media 칸티푸르 바니캉 blog.naver.com/ppuccu86 CC BY-ND 2.0 KR 케르반 레스토랑 앤디 blog.naver.com/andy317 CC BY-SA 2.0 KR 케르반베이커리&카페 동동 blog.naver.com/yunjungcute CC BY-SA 2.0 KR 코레아노스키친 방배동안경 blog.naver.com/chorok_o-o CC BY-ND 2.0 KR 퀸즈파크 청담점 샴페인샤워 blog.naver.com/champagneshower CC BY 2.0 KR 큰기와집 이랑이랑 blog.naver.com/eueuy CC BY 2.0 KR 클럽피자 8번가 Fandom Media "이니이니 blog.naver.com/hyein051_ CC BY-SA 2.0 KR 먹댕 blog.naver.com/9899_ CC BY 2.0 KR 타지펠리스 Fandom Media 타파스바 떼슨 blog.naver.com/psw2290 CC BY-SA 2.0 KR 테일러커피 연남점 버르키온 blog.naver.com/h950803 CC BY 2.0 KR 토속촌 삼계탕 식혜만드는 남자 blog.naver.com/kjh2kjh0724 CC BY-SA 2.0 KR 통통김밥 회현점 항상 스마일 blog.naver.com/jinsimon33 CC BY-SA 2.0 KR 트라야 Fandom Media blog.naver.com/b_rumi CC BY-ND 2.0 KR 특별한오목수산 Fandom Media 티플랜트 파누스 민들레 blog.naver.com/dkwlxm77 CC BY-ND 2.0 KR 파씨오네 명랑요리쌤 blog.naver.com/leecan66 CC BY-SA 2.0 KR 팔레드신 Socarlett blog.naver.com/hoisoi1054 CC BY-SA 2.0 KR 재연 blog.naver.com/happynchic CC BY 2.0 KR 팔판동꼬마김밥 앤 토스트 Fandom Media 패션 5 Fandom Media 펌킨 펫하우스 Fandom Media 페럿월드 토마토 blog.naver.com/totomatoto1 CC BY-ND 2.0 KR 페어링룸 홀린 blog.naver.com/whgdms2008 CC BY-SA 2.0 KR 페트라 Fandom Media 포르투 청담 솜솜이 blog.naver.com/ielf CC BY 2.0 KR 푸주옥 Fandom Media 풀리너마이트 홍대 blog.naver.com/page01 CC BY-ND 2.0 KR 프로간장게장 신사본점 ssoso https://blog.naver.com/ily282 CC BY-SA 2.0 KR 피제리아라고 blog.naver.com/abc528abc CC BY-SA 2.0 KR 피플더테라스 사랑까아줌마 blog.naver.com/fromlove409 CC BY-ND 2.0 KR 하나로회관 SunKi blog.naver.com/zzang5788 CC BY 2.0 KR 하동관 아귀 blog.naver.com/summy15 CC BY-ND 2.0 KR 한남면옥 Fandom Media 한뿌리옥 이촌본점 찌멈 blog.naver.com/jjimomstory CC BY 2.0 KR 한옥찻집 그림방문미남 blog.naver.com/ththdud5795 CC BY 2.0 KR 할로우 Fandom Media 할머니의 레시피 라다 blog.naver.com/lada1719 CC BY-SA 2.0 KR 모뭄 blog.naver.com/momo1713 CC BY 2.0 KR 할머니추어탕 잠실점 Fandom Media 합초간장게장 주말농부 blog.naver.com/dschoi4080 CC BY 2.0 KR 해방촌달 앤디 blog.naver.com/andy317 CC BY-SA 2.0 KR 호무랑 (청담) Fandom Media 화해당 여의도점 Fandom Media 황생가칼국수 안수지 blog.naver.com/suziesuzie CC BY-SA 2.0 KR

www.ingramcontent.com/pod-product-compliance
Lightning Source LLC
LaVergne TN
LVHW021958060526
838201LV00048B/1620